JN232278

LEADING DIGITAL

Turning Technology into Business Transformation

一流ビジネススクールで教える

デジタル・シフト戦略

テクノロジーを武器にするために必要な変革

ジョージ・ウェスターマン
ディディエ・ボネ
アンドリュー・マカフィー
グロービス＝訳

ダイヤモンド社

Leading Digital

by

George Westerman, Didier Bonnet, Andrew McAfee

Published by arrangement with Harvard Business Review Press,
Brighton, Massachusetts through Tuttle-Mori Agency, Inc., Tokyo

一流ビジネススクールで教える

デジタル・シフト戦略

テクノロジーを武器にするために必要な変革

はじめに

デジタルマスターを目指す準備はできていますか？

今日のビジネスはデジタル・テクノロジー抜きには語れない。

もちろん、テクノロジー以外にも重要なテーマはある。2007～09年の世界金融危機と、その後のソブリン債務危機は非常に大きな出来事だった。これにより影響を受けた人々や企業は数知れず、今もその影響は続いている。グローバル化やオフショアリング【訳注：企業が生産拠点を海外に移したり、業務を海外に委託したりすること】も重要なテーマで、今後も企業の戦略と組織構造を大きく左右しそうだ。また、人口構造も変化しており、それが市場に深く長期的な変化を起こしている。

このように重要な話題は尽きないが、その影響度においてデジタル・テクノロジーに並ぶものはない。近年、あらゆるもののデジタル化が進展したことにより、さまざまな制約が取り除かれるとともに、心躍るような可能性も生まれて、それがすべての人の生活や企業に影響を与えているからだ。顧客の声を聞きたければ、アンケートやグループインタビューに頼らなくても、ソーシャルメディアを使うことができる。モバイル・コンピューティングのおかげで、社員はどこでも働くことができ、生産性も高められる。ビッグデータにより、より良い予測や判断、意思決定を行える。さらには、まったく新しい組織構造や業務プロセス、製品やサービスを展開し、それらを環境変化に応じて迅速に変えていくことも可能だ。

技術革新の波は長く続いてきたが、近年加速している。この10年間で、デジタル技術は著しく進歩してきた。ウェブ2.0という言葉が2004年には一般的に使われるようになったが、これはウェブ上で大きな変化が進んでいることを示している。その変化とは、誰もがウェブを通して情報を発信できるようになったことである。フェイスブック、ツイッター、ウィキペディアなどには一般ユーザーが作成したコンテンツがあふれ、ウェブが本当に新しいバージョンになったのだということがわかる。

また、新しい世代の電子機器や端末が登場し、パソコンが数十年にわたって支配してきた「知識労働者にとっての最適なデバイス」という地位を、覆すには至らないまでも脅かしそうだ。そして、2007年のiPhoneと2010年のiPadというアップルの画期的な商品によってスマートフォンとタブレットの時代の幕が開き、待望されていたモバイル・コンピューティングが現実のものとなった。このようにテクノロジーの進歩はとてつもないが、本当にインパクトがあるのは、テクノロジーがどれだけ私たちの生活や仕事の仕方を変えているかということだ。企業も個人も、10年前には不可能だったことが実現できるようになっているのだ。

さらには、クラウド・コンピューティングが急速に台頭してきたために、データセンターの地位もデスクトップ・パソコンと同様に低下している。サーバー、オペレーティング・システム(OS)、アプリケーションなどの技術を使うには、それを所有していなければならないという前提が崩れ始めている。また、エンタープライズ・アプリケーション、ソーシャルネットワーク、モバイルデバイス、センサーなど、現代のデジタルインフラのあらゆる要素が莫大なデータを生み出しており、その量があまりにも多いのでビッグという修飾語を使って「ビッグデータ」と表現し、これまでの時代と区別しなければならない。

このようなイノベーションやそれ以外の多数のイノベーションが組み合わさって、シェアリング・エコノミーやクイズ番組で人間に勝てるスーパーコンピュータ、自動運転車など、斬新なものが多く生まれている。そして、それらの斬新なものにより、事業構造や人件費、人間と機械との関係についての考え方などが根本から揺らいでいる。

セカンド・マシン・エイジの到来

ビジネス界がこのような技術革新と初めてぶつかったのが、産業革命だ【訳注:産業革命後の機械化の時代を著者らは「ファースト・マシン・エイジ(第1次機械化時代)」と呼ぶ】。新しい機械は商業や資本主義、そして人間の歴史の成長曲線までをも変えた。今日、デジタル技術における革新により、私たちの世界は「セカンド・マシン・エイジ（第2次機械化時代）」に入ろうとしている。2014年に、本書の著者の1人であるアンドリュー・マカフィーは、エリック・ブリニョルフソンと共著で、この新たな時代についての本を出版した。

あなたは、「セカンド・マシン・エイジ」への準備はできているだろうか？　失礼ながら、おそらくできていないだろう。

こう断言するのは、私たちが過去3年間にわたって、世界中の多くの業界で企業がデジタル技術とどのように関わっているかを調査してきたからだ。データを収集し、数百社もの企業の社員にインタビューを行った。経営幹部と話し、企業の業績を調べてきた。すべてがデジタル化されつつある状況にどう取り組み、その結果はどうなのかについて研究してきた。

最も重要な結論として到達したのが、デジタルマスターと呼ぶべき企業が存在するということだ。つまり、デジタル技術を使って、はるかに高いレベルの利益や生産性、業績を実現している企業が存在するのだ。ただし、その数はごくわずかである。本書でその理由を説明していくが、ほとんどの企業がデジタルマスターとは呼べない。それゆえ、私たちはあなたの企業が、おそらくはセカンド・マシン・エイジに生き残り、繁栄していく準備ができていないと考えるのである。

しかし、希望はある。多くの企業がデジタルマスターとは呼べない段階にある理由は、不可解なものではなく、膨大な数があるわけでもないのである。その理由は非常に簡単に示せる。真のデジタル化が進んでいない企業は、まず、仕事の仕方を変える「デジタル能力」を開発することができない。そして、ビジョンを設定してそれを実行するのに必要な「リーダーシップ能力」がないのである。裏返せば、デジタルとリーダーシップの両方で優れた能力を誇る企業が、デジタルマスターなのだ。

あなたがテクノロジーに関する業界紙を読んでいるならば、デジタルマスターについて、次のように思うかもしれない。「デジタルマスターはだいたいがアメリカ企業だ」「アメリカのデジタルマスターは、北カリフォルニアか西海岸の北西部、またはニューイングランドに拠点がある」「デジタルマスターのほとんどは、ハードウエアとソフトウエアの両方の事業を展開している」

テクノロジーを生業としない企業に注目する

たしかに、アップル、フェイスブック、アマゾンのような巨大企業、そしてサンフランシスコやボストンの新興企業は、テクノロジーを非常にうまく使っている。しかし、これは私たちが言うデジタルマスターではない。実は、テクノロジーを生業とする企業は研究の対象外とした。**私たちは、経済の90%以上を占めるテクノロジーを生業としない企業において、テクノロジーがどのように使われているかを明らかにしたかったのだ。**よって、シリコンバレーのスター企業は対象外となった。また、新興企業や他の中小企業も対象外とした。これらの企業にとって、テクノロジーが関わるチャンスや課題は、大企業が直面するものとは大きく異なるからだ。

私たちは、金融から製造、医薬品に至るまでの業界で、大企業に焦点を当てた。これらの分野の大企業は経済の大きな部分を担っているが、テクノロジーに関するニュースではほとんど取り上げられることはない。こうした大企業のすべてがデジタルマスターではないが、それでもテクノロジーを使ってすばらしい取り組みをしている企業も多く見られる。また、私たちはアメリカ以外の企業の研究にも多くの時間を費やした。世界の大半が「アメリカ以外」であるし、また、ビジネステクノロジーの広がりは世界的な現象なので、世界で何が起こっているのかを理解したかったからだ。

そこで私たちは、世界の大企業を調査し、彼らがICT（情報通信技術）のイノベーションをどのように利用しているのか、その中で最も効果的な方法は何かを研究した。さまざまなタイプの企業が見られた。デジタル化するという大きな課題に苦しんでいる企業もあれば、成功している企業もあった。成功している企業を、前述したようにデジタルマスターと呼ぶこととした。デジタルマスターは、さまざまな業界や分野に見られた。彼らは競合より優れた業績を上げている。私たちの研究によると、収益力は業界の平均よりも26%高かった。固定資産回転率は業界平均より9%高く、既存の製品やプロセスもより効率的だった。

本書でこれから説明していくが、**デジタルマスターになることは不可能ではないし、困難なことでもない。グーグルのトップクラスの人材を引き抜い**

たり、収益の20%を毎年テクノロジーに投資したりする必要もない。もちろん、ある程度の人材と投資は求められるが、より必要なのは時間と、粘り強さと、リーダーシップである。賢明な企業がこれらを備えれば、テクノロジーの進歩を組み合わせて1つの絵を完成させることができる。しかも、一度きりでなく、継続的にそれができるのだ。つまり、デジタルマスターは、デジタル技術がどれだけ変化し続けても、それが自社に効果をもたらすように活用し続けられる。

私たちが研究を通じて確信したこと、そして本書を通して伝えたいことは、どんな企業でもデジタルマスターになれるということだ。本書では多くの事例を挙げて、デジタルマスターとはどのような姿なのか、なぜ重要なのか、どのようにしてデジタルマスターになるのか、を説明していく。あなたにとって納得のいく事例が見つかり、デジタルマスターになる旅の第一歩を本書で踏み出してもらえればと思う。

この旅を始めることは非常に重要だ。というのも、デジタル技術がビジネス界にどんな影響を与えるかについては、まだ誰も目にしていないも同然だからだ。過去10年間のイノベーションや破壊はもちろん驚くべきものだったが、それでもまだ序章にすぎない。

ロボットは、より器用に、より機動力を備え、より周囲に気を配るようになるだろう。工場のフロアだけでなく、倉庫や小売りの現場にも登場する。ロボットの親戚とも言える自動運転車や自動飛行機は、最初は地方で、やがては人口が多い地域で、走ったり飛んだりしはじめるだろう。

センサーがあらゆるものに取り付けられて、その無数のセンサーからのデータが、自動で飛んでいるドローンからのデータと組み合わされる。起業家のギル・エルバスは、「世界中が（ビッグデータという）データの大問題に直面する」[1]と言う。エルバスの発言が言い過ぎかどうかは、ここ数年のうちにわかるだろう。デジタルマスターはこのデータの激流をとらえ、人工知能や機械学習、データの可視化などの最新のイノベーションと組み合わせる。そして、そこから得られる洞察を利用して、より賢明な意思決定を行い、未来をより明確に描いて、非効率をなくし、顧客をより深く理解することができる。これができないデジタルマスター以外の企業は、後れを取ることになるだろう。

今後数年のうちに起こりうるデジタルイノベーションを、すべて予言することはできない。2011年に、発明家であり起業家、ベンチャーキャピタリストでもあるマーク・アンドリーセンがウォール・ストリート・ジャーナルに「世界を席巻するソフトウエア産業」(2) というコラムを寄稿したが、その内容をさらに広げたものが最も優れた予言となるだろう（＊日本語版 http://jp.wsj.com/public/page/0_0_WJPP_7000-293050.html）。つまり、ソフトウエアやハードウエア、ネットワーク、データといったデジタル世界の要素がビジネスの世界に浸透しており、それがより速く、広く、深くなっている。業界の性質や地理的な場所にかかわらず、ビジネスは今後ますますデジタル化されるようになり、このことは不可避である――。したがって、今こそデジタルマスターを目指すときなのだ。

本書の構成

デジタルマスターになりたいのであれば、本書を読み進めてほしい。序章では、デジタルマスターになるとはどういうことかを定義する。そして、その具体的な意味や、企業ごと、業界ごとの違いを見ていく。企業をデジタルマスターたらしめる主な特徴が、私たちの研究から見えてきた。デジタルマスターが行ってきたことは簡単ではないが、どんな企業でも意欲があれば同じ道を歩むことができる。デジタルマスターが優れているのは、次の2つの能力だ。

まず、デジタルマスターは「デジタル能力」を構築する。ビジネスの進め方、顧客との関係やビジネスモデルを見直し、改善することによってそれを行うのである。そして、強い「リーダーシップ能力」を築く。それによって変革を構想し、推進する。2つの能力はそれぞれが重要であり、併せ持つことによって初めてデジタルマスターになれるのである。

続く第Ⅰ部と第Ⅱ部では、デジタルマスターの遺伝子とも言えるこの2つの重要な能力について、順に明らかにしていく。第Ⅰ部ではデジタル能力に焦点を当てる。つまり、デジタルマスターになるとはどういうことなのか、という部分だ。具体的に言うと、企業の営みを変革するために、経営幹部がどんな投資を行い、どんな戦略をとるかという部分である。

第Ⅰ部のスタートとなる第1章では、デジタル能力で最も見えやすい側面、すなわち顧客とどう関わるかについて検討する。デジタル能力は、ウェブサイトやモバイルアプリに影響するだけでなく、顧客体験（顧客が体験すること）を根本的に変えるのだ。第2章では、目には見えにくいが同様に重要な要素である業務プロセスについて解説する。デジタル技術によって、企業は昔ながらの業務プロセスの矛盾を解消する。それによって、効率と敏捷性を向上させ、顧客との新しい関わり方を見つけ、新しいビジネスモデルを実現する能力を構築できるようになる。これらをすべて、競合企業から見えない部分で行うのである。第3章では、新しいビジネスモデルについて説明する。価値提供モデルの再構成から、業界全体を革新するような新しい製品やサービスの開発を行うモデルまでを取り上げる。これらのモデルによって競合他社より優位に立ち、新規参入企業の機先を制することができる。

第Ⅱ部では、もうひとつの重要な側面である、リーダーシップ能力に焦点を当てる。つまり、いかにしてデジタルマスターになるのか、具体的には、経営幹部がどう変化を導くかということだ。大企業では慣性が働き、また、力が分散しやすい。それゆえ新しいことを始めるのが難しく、社員が同じ方向にものごとを進め続けることはさらに難しい。その中で変革を推進する唯一の効果的な方法は、トップダウンだ。上級幹部が指揮を執り、変化を起こすよう社員に働きかけるのである。

第Ⅱ部のスタートとなる第4章では、変革的なデジタルビジョンの作り方を示す。ビジョンは企業が「こうありたい」という大志を示すもので、変革を推進するには不可欠な要素だ。しかし、多くの企業に欠けているものでもある。第5章では、社員の巻き込みについて述べる。これは、ビジョンを実現するために社員を動かしていくプロセスである。

第6章では、デジタルガバナンスについて検討する。ビジョンと社員の巻き込みは、リーダーシップ能力の一部にすぎない。意欲を持った社員が共有するビジョンを強く信じていても、依然としてバラバラな方向に進んでいる可能性がある。ガバナンスは、いわばガードレールとハンドルを提供して、変革を正しい軌道で進めていく役割を果たす。第Ⅱ部最後の第7章では、変革を推進するために必要なテクノロジー・リーダーシップ能力を検証する。デジタルマスターが自社のIT部門と経営陣との間にどう強固な関係を構築し、またその関係を使って社内のプラットフォームやデジタルスキルにどう変化を起こすかについて述べる。

第Ⅲ部は、デジタル変革のためのリーダーの手引きとでも呼べるものだ。第Ⅲ部で示すツールセットはここまでの各章の洞察から生まれたもので、自社独自のデジタル優位性を構築するための、具体的なマネジメントの指針となる。最初の第8章はその出発点で、デジタル化への挑戦の枠組みを作る。意識を醸成し、出発点を理解し、ビジョンを創造し、そのビジョンの下で経営幹部チームの足並みをそろえる方法を示す。第9章では、投資の焦点を絞る方法を示す。ビジョンを行動に変換し、必要なガバナンスを構築し、変革の資金を調達する方法をアドバイスする。

第10章は、変革を起こす組織の動かし方についてだ。目標を示し、社員を巻き込む権限を獲得し、新しい行動を定め、企業文化を進化させ始める。最後の章となる第11章では、変革を維持する方法について述べる。具体的には、基本的なスキルの構築、インセンティブと報酬の体系との整合、進捗状況の継続的なモニタリングなどだ。そして、第Ⅲ部の各章には、自社の状況を評価するためのチェックシートと、参考になる事例、そして実際に活用できる手法を盛り込んだ。

本書の結論はいたって単純だ。本番を迎えるのはこれからだ、ということだ。今後10年のうちに、産業、経済、そしておそらくは社会全体が、次々に現れるテクノロジーによってその姿を変えていくだろう。つい最近までSFの世界にしか存在していなかったようなテクノロジーが、現実のビジネスの世界に入ってきて、ビジネス界を一変しつつある。**デジタルマスターになるのは簡単なことではないが、今こそが最も良いタイミングだ。**待てば待つほど、デジタルマスターへの道のりは困難なものとなる。

ジョージ・ウェスターマン
ディディエ・ボネ
アンドリュー・マカフィー

CONTENTS

序章

WHAT IS DIGITAL
MASTERY?

デジタルマスターとは何か？

これほど熟達するまでに、
どれほどの努力をしなければいけなかったか人々が知ったなら、
さほどすばらしいとは思ってくれまい。

ミケランジェロ

ナイキ・デジタルスポーツの挑戦

スポーツ用品メーカーのナイキは、イノベーションで事業を築いてきた。最高経営責任者（CEO）のマーク・パーカーは、**「ナイキはイノベーションの会社だ……私たちが行っていることすべての中心に、イノベーションとデザインがある」**[1]と言う。このイノベーション重視の姿勢は、ナイキの製品にとどまらず、顧客との関わり方や、社内業務の管理方法にも及んでいる。そして、デジタル技術により、新しい種類のイノベーションも可能になってきている[2]。

例えば、顧客はオンラインで、数百色の組み合わせから自分だけのスポーツシューズを決めて注文することができる。また、製品のデザインや製造は、デジタル機器によりかつてないほど迅速かつ効率的に行えるようになっている。さらに、デジタル技術のおかげで業務の透明性や実績が向上し、世界各国に及ぶサプライチェーンでは効率が高まり、廃棄物の削減や社会的責任の強化も進んだ。

さらに、ソーシャルメディアの存在により、ナイキはスポーツやスポーツイベント、スポーツウェアに関するやりとりで、なくてはならない存在になっている。そして、「フューエルバンド」（FuelBand：活動量計）などのナイキのデジタル製品を使うことで、スポーツ愛好家たちは自分のトレーニング内容を把握し、オンラインで結果を共有したり、“デジタルコーチ”から助言を受けたりすることができる。一方のナイキは、ソーシャルメディアとデジタル製品から、顧客の活動や好みについて豊富なデータを得ている。

ナイキのマネジャーたちは、新しい改善の方法がないかと常に探しており、さまざまな部署でこうしたイノベーションが起こる。パーカーは言う。「私たちはいつも、自分たちの可能性を見つめている。自分たちと競合がどのくらい離れているかではなく、自分たちの現状が可能性にどのくらい追い付いているかを見ている。これこそリーダーが注力すべきことだ。可能性を見つめていけば、信じられないものを作り出せるのだ」[3]

2010年にナイキの経営幹部は、これまでとは違うさらなる投資を行うことを決めた。新しいデジタル製品を開発し、同社の商品カテゴリー全体で顧客とどのように関われるかをイメージしなおすために、「ナイキ・デジタルスポーツ」という新しい組織を作ったのだ。ここではマーケティング担当者とデザイナー、エンジニアが協働し、〈Nike+〉のシンボルロゴの下で、製品の開発と立ち上げを行っている。この組織は、社内の他部門が行うデジタルの取り組みにも力を貸す。

また、この組織の「イノベーション・キッチン」では、マーケティングから製造までの幅広い分野で、新しいデザインと手法が生み出されている。そのアクセラレーター・プログラム【訳注：短期間で大きな事業成長を目指すプログラム】により、ナイキのデジタル化の仕組みができ上がりつつある。データアナリストは、ナイキのデジタル製品やマーケティング活動から集められた大量のデータを掘り起こし、世界中の顧客をより良く理解しようとしている。

ナイキのグローバル・デジタル・ブランド・イノベーションのディレクター、ジェシー・ストーラックは、「ナイキの創業からの目標は変わっていない。私たちはスポーツを愛する人たちとつながり、より良いパフォーマンスが出せるよう力を貸したいのだ」[(4)]と言う。ナイキは、もはや単なる製品の販売元ではなく、人々の生活の一部になりつつある。

ナイキの事例が特殊なわけではない。アジアンペインツの例を見てみよう。売上高18億ドルの[(5)]、インドで最大、アジアでは第3位の塗料会社だ。同社はグローバル化を進めて、年率15%以上というスピーディーな成長を10年間持続してきた。その一方で、効率を高め、顧客体験を変え、環境への負荷を減らしてもきた。そしてアジアンペインツは、10億人を超えるインド市場でデジタルでの優位性を構築したことにより、世界17カ国に事業を拡大してきた[(6)]。こうした成果を実現できたのは、過去10年間に連続的に行ってきたデジタル変革があったからこそだ。

最高情報責任者（CIO）で戦略担当トップのマニッシュ・チョークシーによると、同社では「120ものビジネス拠点が2、3万に及ぶ小売業者と直接取引を行っているが、この事業で効率と成長を促進すること」[(7)]が課題だった。そこで、同社はまず強力な情報システムを導入して、製造、注文処理、およびサプライチェーンを統合した。これによって、成長の基盤ができ上がった。

ここから同社のさまざまな変革が始まる。例えば、日常的な顧客の注文処理を1カ所のコールセンターに集約し、効率と顧客サービスを向上させた。すると、同社の営業担当者は、単なる注文受け係から、いつでもウェブ経由で連絡が取れる顧客関係担当マネジャーに変わった。また、新しくオートメーション化された工場では、労働集約型工場よりも、品質と環境安全性が高まった。

同社はサービスにも事業を拡大し、例えば、缶入り塗料を販売する代わりに壁の塗装を請け負うなどの展開を行った結果、新たな売上げ以外のものももたらされた。サービスを提供することで、高価格帯の製品がより適切に使用されるようになり、顧客満足度が向上したのだ。また、通常は直接会うことがない最終消費者の理解にもつながった(8)。アジアンペインツはウェブサイトで、今後もデジタル変革を続けていくと明言する。「私たちが目指しているのは、供給業者、社員、顧客など、すべてのステークホルダー（利害関係者）が1つとなった、拡張版の企業と言えるものを創ることだ」(9)

ナイキとアジアンペインツはまったく異なる業界に属している。また、製品や顧客、歴史もまったく異なっている。しかし、デジタル技術を使ってビジネスを推進する方法については共通している。**ナイキとアジアンペインツは両社ともデジタルマスターであり、デジタル技術を使ってビジネスのやり方を変えている**のだ。デジタルマスターは競合他社よりもうまくテクノロジーを活用し、大きなメリットを得ている。メリットは目に見える顧客とのやりとりだけでなく、目に見えにくい社内の業務においても生じている。デジタルマスターの優位性は業績数字を見れば明らかだ。デジタルマスターは、同業他社に比べてはるかに収益力が高いのである(10)。

では、デジタルマスターは何か特別なことをしているのだろうか。どうすればデジタルマスターになれるのだろうか——。ナイキとアジアンペインツも、始めからデジタルマスターだったわけではなく、両社とも時間をかけてデジタルでの優位性を構築してきた。また、両社は異なる道筋を通ってデジタルマスターとなった。それでも、両社ともに実現したことがある。それは私たちの研究で明らかになった点でもある。すなわち、デジタルマスターはデジタル能力に投資するだけではなく、リーダーシップ能力を創造してもいるということだ。リーダーシップ能力により、デジタル活動を最大限に生かせるようにしたのである。では、その方法をお伝えしよう。

デジタルマスターの遺伝子

私たちは単純だが大きな疑問から研究を始めた。「世界の大企業は、急速に進化する新しいデジタル技術をどのようにビジネスに活用しているのか」という疑問だ。研究を始めたとき、特定の分析の切り口や事例が念頭にあるわけではなかった。ただ、大企業が報道されているよりもはるかに多くのことを行っていると知っていただけだ。そして、デジタル技術業界と、他の多くの業界の大企業、特によりゆっくりとした慎重な文化を持つ大企業のスピードを比較してみることに興味をそそられた。

私たちがこれまでに学んできたのは、明確な答えがない大きな問題を前にしたときには、経営幹部がどのように答えるか、実際に聞いてみるのが一番だということだ。そこで、私たちは世界の大企業50社の150人の経営幹部の話を聞いた。そこから、彼らが新しいデジタル化の課題をどのように考えているか、また新しいテクノロジーを使って何に取り組んでいるかを理解しようと考えたのだ。

すると、ほとんどの企業はすでに、ソーシャルメディア、モバイル、アナリティクス（データ解析技術）、組み込み機器【訳注：機械などに組み込まれるソフトウエアやオペレーティング・システム】などのテクノロジーに投資していることがわかった。しかし、私たちがデジタルマスターと呼んでいる企業は、そうでない企業よりもはるかに大きな進歩を遂げていた。両者の比較から、デジタルマスターがどのようにデジタル活動を考え、管理しているか、その違いが見えてきた。すなわち、デジタルマスターをデジタルマスターたらしめたのは、単に何に投資するかだけではなく、変化をどう導いたかだと気づいたのだ[11]。私たちのこの見解を世界の約400社を対象とした調査で検証し、確信を強めた。

デジタルマスターは2つの重要な軸で優れている。1つは、どのようなテ

クノロジーを持つのかという部分（デジタル能力と呼ぶ）、もう1つは、どのようにして変化を導くのかという部分（リーダーシップ能力と呼ぶ）である。2つとも、デジタルマスターになるために非常に明確な軸であり、それぞれが独自の役割を持っている。何に投資するかも大切だ。一方で、その投資を企業変革のためにどう活用するかも、成功の鍵となる。どちらの軸も1つだけでは十分ではない。それぞれの軸が業績の異なる部分に関連しており、1つだけでは部分的な強みしか得られない[12]。2つが組み合わさることで、デジタルマスターは競合企業に対して明らかな優位性を築けるのである。

デジタル能力

デジタルマスターは、デジタル化のチャンスがあると、どこに、どのように投資すべきかがわかる。この場合、投資規模よりも投資の理由や影響のほうが重要だ。**デジタルマスターは、テクノロジーとは自分たちのビジネスのやり方を変える方法だと捉えている。**顧客との関わり方や社内のオペレーション、さらにはビジネスモデルさえも変えるものだと考えている。

デジタルマスターにとって、ソーシャルメディア、モバイル、アナリティクスなどのテクノロジーは、最終的なゴールではないし、顧客や投資家に何かを知らせるためのものでもない。これらのテクノロジーは、顧客をより良く理解し、社員に力を与え、社内の業務プロセスを変革するための道具なのである。

しかし、必要なのはテクノロジーだけではない。デジタルに賢く投資して変化を実現できればすばらしいが、それだけでは不十分だ。適切な分野に投資すれば、競合他社よりも既存の固定資産（人や施設など）からより多くの売上げが得られる（固定資産回転率が高くなる）が、利益率が高くなることはない。真にデジタル優位性を確立するにはリーダーシップも求められるのだ。

リーダーシップ能力

デジタルマスターにとって、「本気のリーダーシップ」は単に言葉の上だけのものではない。テクノロジーを変革に変えるスイッチだ。経営の大御所の多くが「1人ひとりに力を発揮させよう」と現場の奮起を促しているが、私たちの研究ではボトムアップで変革に成功した事例は見つからなかった。反対に、**デジタルマスターはどこも、経営幹部がトップダウンの強力なリーダーシップを発揮して変革を進めていた。**彼らが方向性を決め、勢いをつくり、会社全体として確実にやり遂げるようリードしたのだ。

トップダウンのリーダーシップとは、細部まで定めた完全な計画を用意することではない。また、会社に活気を与えて、あとはただすばらしいことが起こるのを待つことでもない。私たちが調査したデジタルマスター企業では、リーダーは明確で幅広い将来ビジョンを創造し、カギとなる取り組みを立ち上げ、ビジョンを実現するよう時間をかけて社員を巻き込んでいた。リーダーは変革のプロセスに終始関わり続け、変化を推進し、ビジョンにそぐわない活動や行動は修正した。そして、どうやってビジョンを拡大し、組織を次のデジタル優位の段階に進めるかを常に考えていた。アジアンペインツやナイキなどの企業が経験したように、変革に向かう道では、すべてのステップが新たな可能性につながっていた。それはデジタルでの優位性を活用し、拡張する可能性だった。

トップダウンのリーダーシップとは、強力なガバナンスと調整を行うことでもある。会社全体が一体となって、適切なペースで適切な方向に動くようにするのは非常に難しい。社員が自部門のことだけに執着したり、新しい行動の仕方をなかなか受け入れられなかったりすることも多い。真の優位性は、デジタルのさまざまな活動がつながることによって生じるが、それは社員の足並みがそろっていなければ実現できない。

ナイキは2010年にデジタルスポーツという組織を立ち上げ、同部門は社内のデジタル化に向けたさまざまな取り組みに対して調整機能やイノベーションを提供し、共有できる資源も用意した[13]。コーヒー大手のスターバックスもナイキと同様の狙いで、2012年に最高デジタル責任者（CDO）という役職を設けた[14]。アジアンペインツは最高情報責任者（CIO）の役割を拡大し、情報だけでなく戦略も担当領域とした。一方で、他の企業はデジタル運営委員会があれば十分だと考えている。組織や役職の設け方はどうあれ、重要なのは結果だ。すべてのデジタルマスターは、将来について大胆かつ独自の明確なビジョンを構築し、社員を目標に向かわせ、技術サイドとビジネスサイドの強い結び付きを育み、強力なガバナンスを通じて全体を動かす方法を見出している。

デジタルマスターに至る4つのレベル

ナイキやアジアンペインツのようなデジタルマスターが、デジタルとリーダーシップの2つの軸で優れているとするならば、他の企業はどうだろうか。2つの軸はまったく別のもので、それぞれの重要性の理由も異なっている。したがって、2つの軸を組み合わせることで、デジタルの熟達度合いを4つのレベルで見ることができる（図1.1）。デジタルマスターは両方の軸で優れているが、大半の企業はそうではない。デジタル能力は強いがリーダーシップ能力は弱い企業がある一方で、その逆の企業もある。もちろん、両方の軸ともに弱い企業もある。まだデジタルマスターへの道のりを歩み始めていない企業だ。

4つのレベルの中で、**デジタルマスターへの道の出発点にいるのが初心者だ。このレベルの企業の大半は傍観する戦略をとっており、行動を起こす前に確信を得たいと思っている。**なかには、デジタル化は他業界の話であり、自分たちの業界には関係ないと考えている企業もある。また、行動を起こすためのリーダーシップが欠けている企業もある。その結果、「初心者」の企業には基本的なデジタル能力しかない。そして、業績に関するいくつもの指標で、競合他社に後れを取っている。

多くの「初心者」は、規制やプライバシーを言い訳にして行動を起こさない。一方で、競合他社はすでに行動を始めている。例えば、保険会社はソーシャルメディアをなかなか採用しない。代理店にブログやソーシャルメディアの使用を認めることが、規制の関係で難しいからだ。しかし、ノースウェスタン・ミューチュアルは、代理店にリンクトインを使わせる安全な方法を見つけ、ファイナンシャルアドバイザーが顧客との関係構築や維持に使える

図 1.1　デジタルマスターに至る4つのレベル

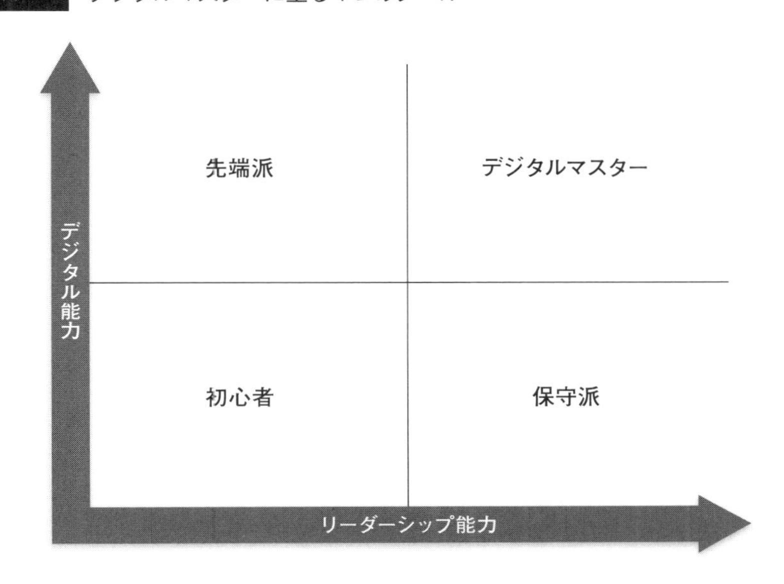

出典：George Westerman, Maël Tannou, Didier Bonnet, Patrick Ferraris, and Andrew McAfee, "The Digital Advantage: How Digital Leaders Outperform Their Peers in Every Industry," Capgemini Consulting and MIT Center for Digital Business, November 2012.

ようにした(15)。同様に、多くの医療系や製薬系の企業が、ソーシャルメディアの使用における規制とプライバシーの問題に慎重な態度をとっている。しかし、ある医療機器メーカーでは、画期的な新しい機器について医療関係者に案内する際にソーシャルメディアを使った結果、従来型のメディアよりも案内ははるかに速くなった(16)。

これに対して、まず行動するのが「先端派」だ。**「先端派」は目新しいデジタルツールを見ると購入する。**技術的に先端を行っていること見せびらかすが、それは表面だけで中身は何も変わっていない。「先端派」にはデジタル化に向けた強力なリーダーシップとガバナンスが欠けているため、費やしたものの多くを無駄にする。あるいは、これまでのやり方を完全に変えて、デジタル能力を統合し拡張できるようにする必要があることに気づく。私たちが調査したある企業は、さまざまな（互換性のない）テクノロジーを使って、事業のさまざまな部分に社員が協業するプラットフォームを構築した。社員は縦割り組織の中では協力しあえたが、企業全体で知識を共有することはできなかった。別の企業は、3つのモバイル・マーケティング施策を社内の異なる部門で行っていたが、対象とする市場には重複があった。使っていたソリューションは、業者も技術も異なっていたため、互換性を持たせることができなかった。

最良の解決策を見つけるために実験を行うことは、決して間違ったことではない。しかし、いずれの「先端派」も、活動を調整したり、投資全体に相乗効果をもたらしたりする仕組みを持っていなかった。さまざまなプロセスやシステムを互換性なく構築することは、進歩のように見えるかもしれない。しかし、それによって大きな機会は制限されてしまう。互換性がないと、顧客との関係性深化や、統一されたオペレーションへの取り組みを妨げるのだ。

「保守派」の能力は「先端派」とは反対だ。**「保守派」はデジタル化の推進に必要なリーダーシップ能力を持っているが、慎重すぎるため、強いデジタル能力を構築することができない。技術的な流行には関心がなく、それぞれのテクノロジー投資を慎重に検討し、しっかりと調整することに重点を置いている。**

「保守派」企業のリーダーは、その希少な時間や労力、資金を無駄にするようなミスを犯したくないと考える。特にヘルスケアや金融サービスなどの規制が厳しい業界では、この慎重さは有用だ。しかし、それは進歩よりもコントロールやルールを重視する「ガバナンスの罠」を作り出すことにもなる。コントロールや確実性を重視すると、デジタル変革がもたらす大きな恩恵を手にするために、経営陣や社員を動かすのが難しいことに気づくのである。失敗を防ごうとするあまり、「保守派」はほとんど進歩できないのだ。

なぜデジタルマスターになることが重要か

デジタルマスターは、競合他社が直面する難しい問題をすでに克服してきた。デジタルマスターはどこへどのように投資するべきかを知っており、そ

図1.2　デジタルマスターは同業他社よりも高い業績を上げている

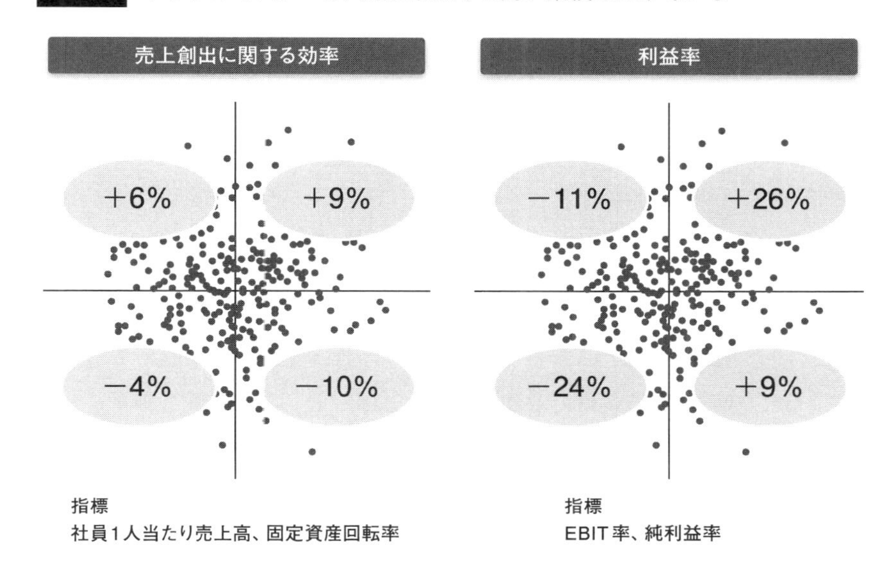

注：調査対象の上場企業184社に関し、象限ごとに同業の大企業との業績の差を示した

EBIT：金利税引き前利益

出典：George Westerman, Maël Tannou, Didier Bonnet, Patrick Ferraris, and Andrew McAfee, "The Digital Advantage: How Digital Leaders Outperform Their Peers in Every Industry," Capgemini Consulting and MIT Center for Digital Business, November 2012.

のリーダーたちは自社を未来に導くことに本気で取り組んでいる。デジタルマスターは、業界で競争優位を築くために、デジタルでの優位性をすでに活用している。

デジタルでの優位性を定量化するために、私たちは30カ国391社の企業を対象に調査を実施した(17)。調査対象は、売上高5億ドル以上の大企業に限定した。調査では、特定の質問において統計的手法を使ってデジタルマスターを特徴づける2つの因子（軸）を抽出した。具体的には、構成因子をクラスター分析にかけ、最も統計的に独立している2つの因子を抽出した。そして、対象企業を各軸の中央値で分けて、各企業を4つの象限のいずれかに配置し、各象限には調査対象企業の約25%が含まれるようにした。

次に、調査対象企業のうち、株式が上場されている184社の財務状況を分析した。それぞれの企業の業績数字から、各業界の年間売上高5億ドル以上の企業の平均業績数字を差し引いて、184社の業績数値を調整した。そして、その数値を各象限ごとに平均して比較した。

その結果、デジタルマスターの業績数字は、ほかとは大きく異なることが明らかになった（**図1.2**）。デジタルマスターとなるための2つの軸、デジタル能力とリーダーシップ能力は、それぞれ異なる業績に結び付く。したがって、片方の軸だけ優れている企業は、同業界の競合他社と比べて、指標によっては優れた業績を上げているが、一方で後れを取っている指標もある。しかし、両方の軸で優れているデジタルマスターは、最も高い水準の業績を上げており、複数の業績指標で他社を大きく上回っている。**デジタルマスターは同業他社に比べて26%も利益率が高く、資産に対する売上げも9%高いのである**[18]。

デジタル能力と売上創出力

デジタル能力が優れている企業は、所有している資産からより大きな売上げを上げることができる。社員1人当たり売上高と固定資産回転率を用いた指標では、「先端派」とデジタルマスターは業界の平均業績をそれぞれ6%と9%上回った。その一方で、デジタル能力で後れを取っている「初心者」と「保守派」は、業界の競合企業を、それぞれ4%と10%下回っている。

デジタル能力の優劣によって業績の違いが生じるのはうなずける。デジタルを用いることにより、物理的な活動の範囲が拡大し、向上するからだ。eコマースを活用すれば、大きい企業でも小さい企業でも、自社の製品やサービスを世界市場で販売できる。デジタルを活用したビジネスであれば、企業は実際に所有する生産能力以上を扱うことも可能だ。さらに、デジタル能力により新しい顧客と接点を持ち、また既存顧客と新しい方法で関係を深め、それによって売上げを伸ばすことができる。

例えば、ナイキはソーシャルメディアを通じて話題を作り、アジアンペインツはコールセンターを用いたり、営業担当者がモバイル機器を活用したりしている。そうすることで、社員や施設に新たに投資しなくとも、売上げを増やすことができているのである。

売上創出力の差はかなり大きい。例えば、「先端派」（デジタル投資には強いが、リーダーシップには弱い）は「保守派」と比べると、資産単位当たりの売上げが16％多く、「初心者」と比べると10％多い。しかし、デジタル投資に弱い「保守派」は売上げのレバレッジは低いものの、ほかの点では優れている。

リーダーシップ能力と収益性

もう一方の軸に移ると、リーダーシップ能力に優れた企業は、同業他社に比べてかなり利益率が高いことがわかる。「保守派」とデジタルマスターはEBIT（金利税引き前利益）率と純利益率を用いた指標において、同業他社の平均をそれぞれ9％と26％上回っている。一方、リーダーシップ能力が弱い「初心者」や「先端派」は、競合企業の平均をそれぞれ11％と24％下回っている。

リーダーシップ能力に優れた企業は、強力なビジョンと規律あるガバナンスによって、さまざまなデジタル投資を共通の方向に向けて行うことができる。変革後の将来像に結び付かないような活動は断ち切り、成功した投資を企業全体に拡大する。そして、社員が価値のある新しい機会を見つけるように仕向ける。

アジアンペインツは、強力なガバナンスと、ITサイドとビジネスサイドとの関係性により効率性を獲得した。それをベースにして新たなデジタル能力を立ち上げて、デジタルマスターとなったのである。ナイキのデジタル組織は、デジタル製品やデジタル能力を開発し、さらに他部門を助けて、組織横断でデジタル活動を管理している。両社とも、デジタル化に向けた強力なリーダーシップが、デジタル化の努力における効率と広がりを作り出すことに気づいたのだ。

デジタルマスターの業績優位性

デジタル能力とリーダーシップ能力のどちらかの軸で優れている企業は、一部の点で競合他社を上回る。両方の軸で秀でたデジタルマスターは、他社をはるかにしのぐ。デジタルマスターは平均して、業界の競合企業よりも26％も利益率が高い。また、社員数と固定資産当たりの売上げは9％多い。調査対象とした売上高5億ドル以上の大企業にとっては、この違いが最終的には何百万ドルの利益の差にもなりうるのである。

デジタルマスターは、デジタル能力とリーダーシップ能力を組み合わせて、いずれの軸でも優れた業績を達成する。優れたデジタル能力のおかげで、デジタルの新しい取り組みが簡単に行えるようになり、そのリスクも低くなって、新しいキャッシュを生み出す売上創出能力がもたらされる。また、強力なリーダーシップのおかげでシナジーが生まれ、それによって投資資金が確保でき、一方で社員は新しい機会の発見に取り組めるようになる。これらの2つの能力が組み合わさることで、ますますデジタル優位性が高まるという好循環が生じるのである。

なお、私たちの分析は、因果関係ではなく相関関係を示すものだ。デジタル能力とリーダーシップ能力に秀でることが、より高い業績につながるとも考えられる。しかし一方で、競合他社よりも業績が優れている企業が、デジタルマスターの2つの軸においても優れているとも考えられるのである。どちらが原因でどちらが結果なのかは、学術研究の観点からは重要だ。しかし、企業経営の観点からすれば、どちらであってもアドバイスは同じだ。

次のように整理しよう。世界で最もマネジメントが優れている企業、つまり売上創出と利益率の両方で他社を大幅に上回る企業は、デジタルへの取り組み方が共通している傾向がある――。すなわち、競合他社よりも優れたデジタル能力と、リーダーシップ能力の両方を構築しているのである。世界で最もマネジメントが優れている企業がこのようにデジタル化を進めているのであれば、同じようにすることが得策だと言えるだろう。

図1.3　業界別のデジタル熟達度

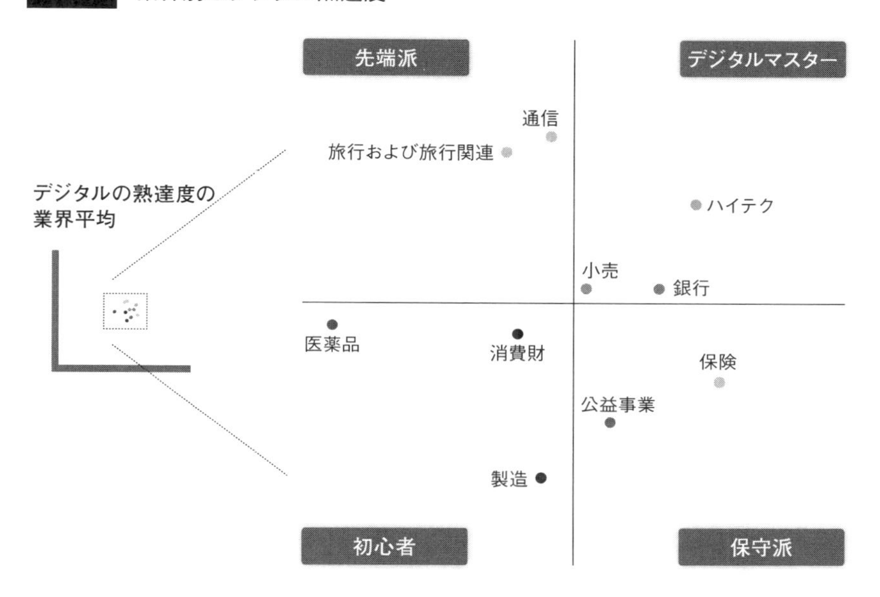

注：業界別のデジタル熟達度の平均値は、少なくとも20社以上の回答を得た業界を示した

出典：George Westerman, Maël Tannou, Didier Bonnet, Patrick Ferraris, and Andrew McAfee, "The Digital Advantage: How Digital Leaders Outperform Their Peers in Every Industry," Capgemini Consulting and MIT Center for Digital Business, November 2012.

待っている時間はあるか？

デジタルへの移行が他の業界よりも早く進んでいる業界がある。旅行業界や出版業界では、何年も前からデジタルに特化した競合やデジタルでの販売に直面してきた。しかし、まだデジタルがあまり脅威になっていない、医薬品や公益事業（電気・ガス・水道）のような業界もある。そのような業界にいる場合は、待っていても大丈夫だろうか。

図1.3には、業界別のデジタルの熟達度を示した。それぞれの点は、20社以上が集まった業界の、平均的な熟達度を表している。デジタルマスターの象限にすでに入っている業界もあれば、まだ遅れている業界もある。ハイテ

図1.4 業界別デジタルマスター比率

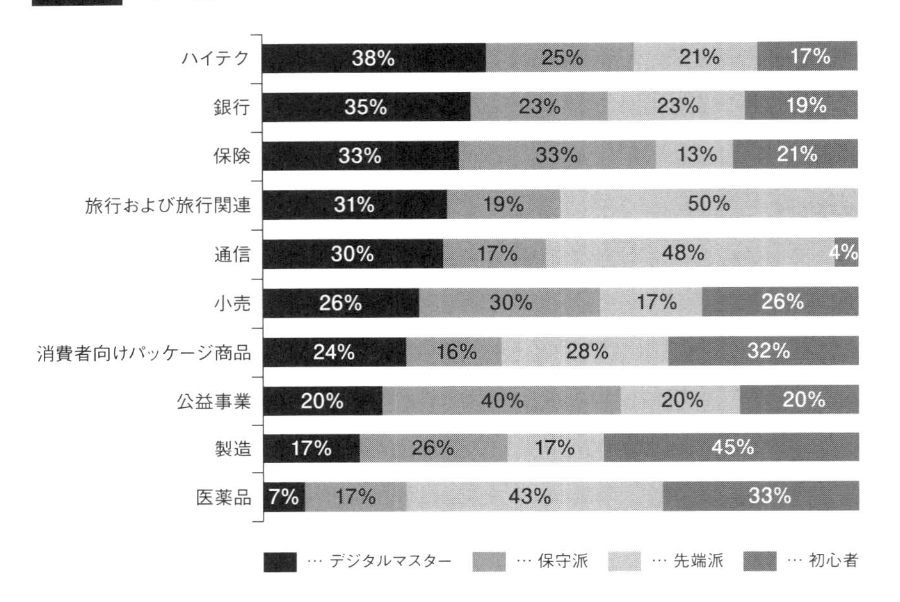

注：業界別のデジタルマスターや他の分類の比率は、少なくとも20社以上の回答を得た業界を対象とした

出典：George Westerman, Maël Tannou, Didier Bonnet, Patrick Ferraris, and Andrew McAfee, "The Digital Advantage: How Digital Leaders Outperform Their Peers in Every Industry," Capgemini Consulting and MIT Center for Digital Business, November 2012.

ク業界の多くの企業はすでにデジタルマスターである。一方で、医薬品業界のデジタルの熟達度ははるかに低い。通信や消費財などの業界は、デジタルマスターまであと一歩のところにいるが、デジタルマスターになるためには、デジタル能力かリーダーシップ能力、あるいはその両方をもう少し備える必要がある。あなたの会社が業界平均以下なら、急いだほうがいい。

しかし、業界に後れを取っていない場合はどうだろうか？　あなたの業界が、消費財や医薬品、製造業などの「初心者」の業界であれば、まだ時間があると思うかもしれない。つまり、業界全体が遅れているのであれば、わざわざデジタルマスターになるためにコストや労力をかける必要はないと考えるのだ。このような考え方は理解できるが、間違っている。

あなたの業界がデジタルマスターの象限に入っていない場合、「自社は他のどの企業よりも先に、デジタルでの優位性を確立できる」と考えることもできる。この考え方は先ほどよりは少し正しいが、やはりまだ間違っている。

あるいは、競合他社を観察し、素早くその後についていけばいいと思うかもしれない。この姿勢もあまり正しくない。競合を出し抜くには遅すぎるし、デジタルマスターにならなければ素早く後を追うこともできないのだ。

あなたの会社がデジタルマスターでないなら、**図1.4**は良くない知らせかもしれない。**図1.4**では、業界別に象限ごとの企業の割合を示している。ほとんどの業界では、調査対象とした大企業の4分の1以上がすでにデジタルマスターだ。さらに重要なことは、すべての業界ですでに少なくとも1社のデジタルマスターがいることだ。言い換えれば、医薬品から製造、ハイテクまであらゆる業界で、すでにデジタル優位性で成果を上げている企業がいる。つまり、そのほかの企業は出遅れているのだ。

このような状況において、行動を起こさないわけにはいかないはずだ。考えてみてほしい。デジタルマスターになるには3、4年しかかからないものの、業界の一部の企業はすでにデジタル優位性を確立している。しかも、あなたが必要な能力を構築しはじめる間にも、デジタルマスターはすでに持っている能力を活用できるのだ。あなたが追い付こうとしても、デジタルマスターはもっと先に行ってしまう。

今すぐ始める方法

デジタルに熟達することは重要だ。どの業界においてもそうだ。デジタルマスターの遺伝子は明らかになったので、どんな企業もそれを採用することができる。しかし、デジタルマスターになるには時間がかかる。そして、多くの企業で時間は飛ぶように過ぎる。

デジタルマスターにはどうやってなるのだろうか。いくつかの道筋がある。ナイキは「先端派」を経てデジタルマスターになった。最初は、同社は縦割

あなたの会社のデジタル熟達度は?

デジタル能力

先端派

- 部門ごとには先進的なデジタルの機能を多数備えている(例:ソーシャル、モバイルなど)
- 包括的なビジョンはない
- 部門間調整はこれから
- 部門ごとにはデジタル文化が存在する可能性がある

デジタルマスター

- デジタル化に向けた強力かつ包括的なビジョンがある
- 部門の壁を越えた優れたガバナンスが行われている
- 複数のデジタルの取り組みがさまざまな方法で価値を生み出している
- 強力なデジタル文化がある

初心者

- 先進的なデジタル技術がビジネスにおいて価値があるのか、疑問に思っている
- いくつか実験的な試みを行っている場合がある
- デジタル文化は未熟である

保守派

- デジタル化に向けた包括的なビジョンはあるが、不十分な可能性もある
- 先進的なデジタル機能はほとんど備えていないが、従来型のデジタル能力は十分に備えている可能性がある
- デジタルに関するガバナンスは、部門横断的に強力に実施されている
- デジタルのスキルと文化を構築するための手順がある

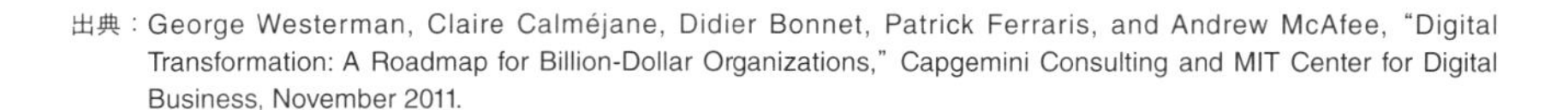

出典:George Westerman, Claire Calméjane, Didier Bonnet, Patrick Ferraris, and Andrew McAfee, "Digital Transformation: A Roadmap for Billion-Dollar Organizations," Capgemini Consulting and MIT Center for Digital Business, November 2011.

り組織でそれぞれにデジタル能力を開発していた。その後、デジタルスポーツという組織を通じて新しいリーダーシップ能力を追加し、部門横断的で新しいデジタル能力を立ち上げた。

アジアンペインツは別の道をたどった。「保守派」を経てデジタルマスターになったのだ。アジアンペインツの経営幹部は、より一体化した企業になるというビジョンを確立し、ガバナンスとIT能力を構築した。その後、繰り返し能力を積み上げ、顧客との関わり方や社内のオペレーション、ビジネスモデルを変革していった。アジアンペインツもナイキも、デジタルマスターになったことで大きな恩恵を得た。

あまり一般的ではないが、「保守派」や「先端派」を経由せずに一気に「初心者」からデジタルマスターに飛躍した企業もある。第1章で取り上げるバーバリーはこれをやり遂げた。一足飛びに行うのは困難でリスクもあるが、時にはこれが唯一の道になる。特に、メディアやエンターテインメント、情報サービスのような待ったなしの状況においては、事態を脱却する最良の方法かもしれない。

図1.5では、デジタル熟達度の4つの象限についてより詳細に示した。ここには、各象限が直面する可能性のある課題も提示した。これを使って、あなたの会社がどの象限にあるか考えてみよう。自分で考え、同僚にも聞いてみよう。デジタルの取り組みは、会社に真の変化をもたらしているだろうか、単なるお飾りになっていないだろうか。あまりに慎重になりすぎて、デジタルの機会を見逃していないだろうか。巻末に掲載したチェックリストは、あなたが自社の位置付けを考えるのに役立つはずだ。

あなたの会社が「先端派」であれば、まずはリーダーシップ能力を構築し、デジタルの取り組み全体で相乗効果を生み出そう。統一的なビジョンを見つけ、会社全体で調整を行うためのガバナンスにお金をかけよう。スターバックスのようにCDOを雇うか、ナイキのようにデジタルに特化した組織を作ってもいいだろう。「先端派」からデジタルマスターへ移行するためには、バラバラなデジタル活動やデジタル技術をまとめ、整合が取れたデジタル・プログラムに再編する投資が必要になることがある。このような再編は短期的には苦痛を伴うが、やがてはコストの削減やリスクの低減、敏しょう性の向上といったメリットが生じるだろう。

あなたの会社が「保守派」であるならば、リーダーシップの強みを生かして、新しいデジタル能力をうまく構築できるだろう。すべての企業には、例えば顧客との関係深化や社内業務など、改善できることがわかっている分野がある。これらの問題に対処するための実験をいくつか試してみよう。その後、成功した取り組みを企業全体に広げていく。アジアンペインツの経営幹部のように、デジタルビジョン【訳注：自社のデジタル化を推進するためのビジョン】をどのように拡大するかを考え続けよう。新しいデジタル能力でほかに何ができるか考えよう。会議やイノベーション・コンテストを通じて社員を巻き込み、デジタルの新たなチャンスを見つけよう。そして実行するのだ。

あなたの会社が「初心者」であれば、顧客に関してでも社内業務に関してでもデジタルの実験を行って、様子を見てみるとよい。それから、デジタルビジョンを構築し、実現に向けた能力開発に着手する。その際には、会社の性質に合う能力から始めるとよい。態勢が整ったら、より困難なものにも挑戦しよう。例えば、保険会社や銀行などであれば、まずは保守的な文化を活用してリーダーシップ能力を築き、続いてデジタル投資を拡大することが考えられる。反対に、ファッションやメディアなどの変化が速く顧客中心の業界は、新しいデジタル能力の開発から始め、その後で強力なリーダーシップ能力を構築するという方法が考えられるだろう。

ここまで、デジタルマスターになるとどんな利点が得られるか見てきた。あなたも自社のデジタル熟達度について考え始めたはずだ。ここからは、あなたの会社のデジタル変革戦略をどう具体化するかを考えていこう。第Ⅰ部以降で、その方法を示していく。

第Ⅰ部では、デジタル能力の構築とは何を意味するのかを、深く掘り下げていく。私たちの研究から、企業が新しいデジタル能力を構築できる3つの分野が明らかになった。それは、顧客体験、業務プロセス、ビジネスモデルの分野だ。それぞれの分野に1つずつ章を割り当て、エールフランス、バーバリー、シーザーズ・エンターテインメント、コデルコなど、世界の多くの事例を用いて説明を行う。

第Ⅱ部では、リーダーシップ能力を築く方法を示す。リーダーシップに関しては、私たちは4つの要素を発見した。変革ビジョンの共有、強力なガバナンス、深い関係性（エンゲージメント）、強固なテクノロジー・リーダーシップである。第Ⅱ部でもそれぞれの要素に1つずつ章を割り当て、シーザーズ、コデルコ、プロクター・アンド・ギャンブル、パージュ・ジョーヌ、スターバックスなどの企業の事例を用いて説明する。そして、第Ⅲ部はあなたがロードマップを構築するのに活用できるパートだ。具体的な経営への助言を提示し、同僚と一緒にできる自己評価用の表も示した。あなたの会社ならではのデジタル優位性を創造するために活用してほしい。

第 I 部

BUILDING DIGITAL CAPABILITIES

デジタル能力を構築する

何が企業をデジタルマスターたらしめるのか――デジタルマスターには明確な「遺伝子」がある。その遺伝子の1つである「デジタル能力」を見てわかるのは、デジタル変革を起こすには機転のきいたデジタル投資が必要だということだ。しかし、あまりにも多くの企業が、デジタルにおいて優れていることと、デジタル技術そのものとを混同している。デジタルマスターは、テクノロジーそのものではなく、テクノロジーによってビジネスを変えることを重視しているのである。

第Ⅰ部では、経営幹部がどのようにして企業の営みを変革してきたかを詳しく見ていく。企業の差別化は、3つのデジタル能力を通じて実現できる。すなわち、顧客体験、業務プロセス、ビジネスモデルだ。それぞれ順に見ていこう。

第 1 章

CREATING A COMPELLING
CUSTOMER EXPERIENCE

心をつかむ顧客体験を創造する

他人のための行いにこそ価値があり、
それが人生の重要な秘訣の一つだ。

ルイス・キャロル

顧客体験の差別化が難しい3つの理由

顧客体験の変革は、デジタル変革の中心部分だ。デジタル技術が顧客との関わり合い方を変えている。ほんの数年前には想像もできなかった新しい手法や可能性が、変化をもたらしているのである。

顧客の声を聞きたい、しかし、アンケートやフォーカスグループなど対象が限定的な手法には頼りたくないのであれば、ソーシャルメディアを使えばよい。顧客に移動中にも自社ブランドと関わり続けてほしいのであれば、モバイル・コンピューティングを利用できる。顧客の居場所を知りたければ、位置情報技術が便利だ。より良い予測を行って、顧客ごとにぴったりと合った体験を提供したいのであれば、顧客分析を用いることができる。

デジタルマスターにとって、これらの新しいテクノロジーは単に手に入れればよいものではないし、投資家に見せびらかすためのものでもない。テクノロジーは顧客に近づくために使える手段である。デジタルマスターへの道は、ウェブサイトや携帯アプリだけでは終わらない。顧客体験を真に変革し、それを通じて顧客を自然に動かすことへと続くのである。魅力的な顧客体験をうまく提供できれば、それは顧客と企業の両方に価値を生み出す。顧客の定着率が向上し、顧客ロイヤルティも高まっていく。

しかし、大きな組織では、差別化された顧客体験を提供することはなかなか難しい。その1つ目の理由は、顧客の期待値が大幅に上がっていることだ。私たちがこの研究で最初にインタビューした150名の経営幹部のうち70%が、顧客の期待値がこれまでになく高まっていることを、変化の要因として挙げている[(1)]。2つ目の理由は、新しいデジタルチャネルを従来からの業務に組み込むことは、組織にとって難題となる可能性があるということだ。3つ目の理由は、こうしたデジタルの取り組みを行うには、組織文化を変革する必要があるということだ。具体的には、時間感覚や意思決定方法、ルールなどを新しくする必要があるが、それらは伝統的な大企業が行ってきた顧客との関わり方とは異なる。したがって、「初心者」企業や「保守派」企業のように、あちこちで少しずつ試してみてもよいし、「先端派」企業のように、目についた新しいものすべてに投資することもできる。しかし、それでは大きな成果は得られないだろう。

こうした難しさはあるが、顧客の心をつかむ体験を生み出せれば、大きな見返りが待っている。

昔ながらのバーバリー・ブランドをデジタルで再生する

2006年、アンジェラ・アーレンツがバーバリーで実権を握ったとき、同社の売上成長率は、同業他社を大幅に下回っていた(2)。業界全体の成長率は年率12～13%だったが、バーバリーはわずか1～2%だったのだ。高級品市場は急速に発展していたのだが、バーバリーは、イノベーションの面でも、製品やサービスの面でも、市場に後れを取っていた。そして、フランスやイタリアの、はるかに大規模な競合企業との競争は厳しかった。競合はどこも多くのブランドを持ち、バーバリーの何倍もの売上げと利益を上げていた。

この流れを覆すために、何かをしなければならなかった。

バーバリーの経営陣は、根本を問い直すことから始めた。それは、「私たちのビジョンは何か」ということだった。ここを起点に、経営陣はバーバリー独自の資産と戦略の方向性を見据えながら、5年間の戦略立案プロセスを進め始めた。アーレンツは次のように説明した。

「同業他社にはなくて、私たちにはあるものは何だろうか？　まず、私たちはイギリスのブランドである。第2に、私たちはコート作りから出発した。そしてもう1つ。同業他社はいずれも『有閑マダム』をターゲットにし、主にベビーブーム世代に焦点を合わせている。しかし、**私たちは莫大な広告予算のある他社に正面から立ち向かうことはできない。そこで、私たちは、ミレニアル世代のお客様を追いかけることに決めたのだ**」(3)

この最後の点を決めたことは、バーバリーのデジタルへの道において大きな意義があった。同社は、ミレニアル世代の顧客、つまり20代の人々をターゲットにマーケティング投資を行うことにした。そして、富裕層の平均年齢が伝統的な市場よりも15歳若い、新興国に集中した。この層を引き付け、効果的にコミュニケーションを取るのに必要だったのが、ミレニアル世代の母国語とも言える「デジタル」を使うことだった。このとき、バーバリーでデジタルのビジョンが現実として動き始め、デジタル変革が始まった。

これに成功するためには、アーレンツは純粋かつ世界的なブランドビジョンが必要だと判断した。デジタルに精通した最高クリエイティブ責任者（CCO）のクリストファー・ベイリーが「ブランドの権威」となって、顧客が目にするものは何でも彼のオフィスを通さねばならないこととした。アーレンツとベイリーは協力して、このビジョンを組織内に伝えた。アーレンツは言う。「今後は人や地域にとっての最善を追求するのではなく、ブランドにとっての最善を追求すると伝えた。『デジタル化の大波』が来ていることを話し、その状況をもとに、なぜ、どこに焦点を当てる必要があるのか、ブランド表現を世界で統一し、純粋なものにする必要があることを納得してもらったのだ」[(4)]

経営陣が新たなビジョンの下にまとまったので、アーレンツとベイリーはデジタルマーケティングに力を注ぐことを決めた。彼らは、ミレニアル世代の顧客に近い、若くて力のあるマーケティングチームを採用した。そして、年間マーケティング予算のかなりの部分を、従来のメディアからデジタルメディアに配分しなおした。

同社のデジタルマーケティング活動は秀逸で、これまでに革新的な取り組みをいくつも成功させている。例えば、Burberry.comのサイトを改良し、11の言語で見られるようにした[(5)]。また、フェイスブックでのサンプル配布という革新的な手法で香水を発売した。さらには、ツイッターを使って、ファッションショーのライブ配信「ツイートウォーク」を行った。グーグルと協力し、ユーザーが自分の「キス」を世界中の誰にでも送れる「バーバリー・キス」も開発した[(6)]。そして、中国のソーシャルメディア、ウィチャット（微信）と提携し、2014年秋冬のファッションショーで携帯コンテンツをいくつも提供した——。同社は、つながりを重視するクリエイティブ思考の文化に助けられ、デジタル技術を用いて、ブランドのそのときどきのワクワク感を世界中の顧客と共有したのだ。

バーバリーは、並行して小売りへの投資も続け、毎年20〜30店舗を新規出店していた。同社はオンラインに加えて実店舗でも、顧客をデジタルのイノベーションで巻き込んでいった。そこで用いられたのが、「リテール・シアター」のコンセプトだ。アーレンツは次のように話す。「私たちは『リテール・シアター』のコンセプトを実現するために、テクノロジー企業と提携し、多様なコンテンツを世界中の店舗に配信した。テクノロジーを使ったのは、ブランドに命を吹き込むためだ。音楽。店舗内外の巨大スクリーンに映し出される鮮やかな動画コンテンツ。そして店員全員が持っているiPad。そのiPadからは、店舗で扱っているかどうかにかかわらず、世界中のコレクションすべてにアクセスできる。店舗にお客様を招待して、店舗でファッションショーの生中継を見られるようにもした。お客様はその場ですぐにiPadからコレクションを購入でき、6～8週間後にはその商品が届く。このようにして、店舗を私たちのデジタルイノベーションの展示場のようにしたのだ」[(7)]

こうしたさまざまなデジタルイノベーションの前に、バーバリーは数年間をかけて基幹業務プラットフォームを導入し、それによってシステムを統合し、世界中のオペレーションを透明化した。すべてのチャネル、メディア、プラットフォームを通した顧客体験を改善するには、顧客情報の一元化が不可欠だった。

アーレンツは、「これらを実施しなかったら、初期のデジタルイノベーションの多くは実現できなかっただろう」[(8)]と言う。

また、同社はサービスにも大きく投資した。店員をトレーニングしただけでなく、ウェブサイトでも、24時間365日、顧客がクリックすれば、顧客サービス担当者と9つの言語で電話やチャットができるようにしたのである[(9)]。

バーバリーの次の課題はアナリティクスだった。同社は新しいコミュニケーション手法には、それぞれにデータ解析ツールを適用した。また、最高顧客責任者（chief customer officer）を置いて、店舗やデジタルでのすべての顧客とのやりとりから、最大限の洞察を得ようとした。

「カスタマー360」プログラムも立ち上げた。これは、顧客に購買履歴、買い物の傾向、ファッションの好みをデジタル上で共有してもらい、そのデータに基づいて、店員が顧客それぞれに合わせた対応ができるようにするものだ。店員はタブレットで顧客のデジタルデータを見ることができ、例えば、ブラジルの顧客がパリ滞在中に買ったものや、ツイッターでバーバリーについてどう発言したかも知ることができる[10]。

アーレンツは、「私たちのビジョンは、バーバリーと関わる必要のある人なら誰もがBurberry.comを訪れ、実店舗に来たお客様とまったく同じ体験を味わえるようにするということだった。そうした人々に私たちの世界であるバーバリー・ワールドに来てもらいたい、そして、本社を訪れているかのように、さまざまなタイプの事業をすべて見られるようにしたいと考えたのだ」[11]と説明する。

今日では、他のどのメディアよりも、デジタルを介してバーバリー・ブランドを見る人が増えている。高級ラインの場合、60%の人々がオンラインで買い物をし、店舗で受け取っている。アーレンツは、「真にすばらしいブランドであるためには、オンラインと実店舗とが同じように見えたり、感じられたりしなければならない」と言う。

バーバリーは2013年と14年に、シンクタンクのL2から、最も「デジタルIQ」が高いファッション・ブランドの1つに選ばれた。また、「ファスト・カンパニー」誌の「最も革新的な小売企業トップ10」にも、2年連続でランクインした。インターブランドが選ぶ「最高のグローバル・ブランド」ランキングには、5年連続で名前が挙げられた[12]。

デジタルマスターが生み出す顧客体験の4つの違い

バーバリーは、デジタルと実店舗との間で顧客体験の境界を感じさせない、優れた企業の例である。だが、ほかにも優れた例はある。私たちの調査によると、デジタルマスターは4つの関連する要素を組み合わせて、顧客体験を変えている。この4つを合わせて行うことで、顧客価値の方程式が根本的に変わるのである。第1に、デジタルマスターは顧客の行動を理解し、**顧客起点の体験を設計する**ことに時間をかける。顧客が何をしているのか、そしてなぜ、どこで、どのように、それを行うのかを把握する。そして、すべてのチャネルにおいて、どこで、どのように顧客のデジタル体験を増やせるかを検討する。

第2に、デジタルマスターは、デジタル技術を使い、新しいデジタルチャネルにうまく投資することで、**顧客との接触と関わり合いを強化する**。使いやすい携帯アプリを提供し、満足感のあるソーシャルメディアを作り上げ、マーケティング支出を見直して、顧客との結び付きを強めるのである。

第3に、**顧客データをすべての顧客体験の中心に据える**。デジタルマスターは、製品やサービスの使用状況の把握から顧客層の分類まで、測定や分析を行うことでより科学的な企業になった。そして、積極的に個々の顧客に合わせた取引を行い、予測的なマーケティング・キャンペーンを設計している。

最後に、デジタルマスターは、**実際の体験とデジタル上での体験とを途切れさせることなく結び付けている**。古いものを新しいものに置き換えているのではない。既存の資産を活用して顧客体験をより良くするために、デジタル技術を使っているのだ。

顧客起点の体験を設計する

優れた顧客体験は、当然のことながら、達成しようとする明確なビジョンをもとに設計されている。カジノなどを運営する世界的な娯楽企業、シーザーズ・エンターテインメントのCEO、ゲーリー・ラブマンは「体験は、顧客が望むとおりのものでなければならない」[13]と指摘する。

デジタルでつながっている顧客は、製品、サービス、および情報が自分のニーズに合っていて、タイミング良く提供されることを期待している。彼らは、どのプラットフォームを使っているかにかかわらず、見ているまさにその瞬間に、すべてを提供してほしいと考える。接点が多くなればなるほど、チャネルをまたいだやりとりの複雑さが増し、企業は顧客とのやりとりをより詳細に理解しなければならなくなる。では、顧客が本当に望む魅力的な体験とは、いったいどのようなものだろうか。新しい顧客体験を提供するには、顧客行動と組織における要件を徹底的に理解する必要がある。

顧客が製品やサービスとどう関わり、チャネルやブランド、インフラや社員とどう関わるのか、それを体系的に知ることで、顧客の意思決定や使用方法について深く知ることができる。顧客は、あなたの会社と関わる前、関わっている最中、そして関わった後にどのように行動しているのだろうか。顧客にとって難しい点はどこにあるだろうか。どのようにそれを解消することができるだろうか。顧客体験のどの部分をデジタルで強化できるだろうか。どの顧客がデジタルを利用して自社と関わる傾向にあるだろうか。その関わり方はどのようなものだろうか――。

保険会社アリアンツで、市場管理部門の責任者であるジョー・グロスは次のように言う。「どの顧客接点にデジタルが影響を与えているのか、それを特定することから始めた。もちろん、そうした接点はバリューチェーン全体に存在する。顧客を認識する段階から、流通、販売、製品の提供、価格設定などが含まれる。これらの接点を特定した後、それぞれの評価基準を考えたのだ」(14)

スターバックスの最高デジタル責任者、アダム・ブロットマンも同様のやり方で進めた。「私たちは、顧客のニーズが何であり、ビジネス上の戦略は何か、すでに存在するデジタルの顧客接点(タッチポイント)と、これから設置しなければならないデジタルの顧客接点が何かを考える。そして、その状況に対して、時間と努力をどう注いでいくべきかを計画するのだ」(15)

顧客基盤が大きいと、顧客の行動がみな同じであることはない。データ分析をすることで顧客基盤をグループ分けできるようになり、そのグループの特定の行動パターンに従って顧客体験を決められる。例えば、バーバリーは新興市場における高所得のミレニアル世代の消費者は、従来型のファッションの消費者とは異なり、デジタルを豊富に活用した体験を求めることを早いうちから理解していた。

同様に、スキー場などのリゾートの運営を行うベイル・リゾートで最高マーケティング責任者を務めるカーステン・リンチは、顧客体験を向上させるためには、スキーヤーの行動をより詳細に理解する必要があると気づいた。「長年のCRM(顧客関係管理)システムの利用で、基本的な属性データと行動データは得られている。……しかし、スキー・ビジネスには、お客様のスキーへの思いが大きく影響するものだ。お客様がなぜ山に来るのかを、基本的なデータからわかること以上に理解する必要がある」[16]。彼女は具体的な顧客像を描くことで、顧客層をさらに区分することにした。「例えば、本格的なスキーヤーで、なおかつ、ぜいたくな経験もしたいと思っている『山岳リゾートの王道を行く人』がいる」[17]。また、「スキーよりも、食事やショッピング、温泉が気になる『おしゃれな滞在者』もいる。『スキー愛好家』はスキーそのものを最大限に楽しみたいと思い、ぜいたくは求めない。私たちは、それぞれの顧客層が、年に何日スキーをしたか、どこでスキーをして何にお金を使ったかを把握している。それに基づいて、それぞれの顧客に伝える内容も変えることができるのである。……いま試している新しい技術は、お客様について知っているすべての情報をあらかじめ代理店のシステムに自動入力するものだ」[18]

顧客体験を設計するためには、最初からその提供についても考えておく必要がある。あなたの組織では、ハードルはどのくらい高いだろうか。どのプロセス、人材、技術を変えれば、新しい顧客体験を提供できるだろうか。顧客があなたの会社と接点を持つようにするには、どんなツールを提供すればよいだろうか。例えば、「セルフサービス機能」を提供し、顧客が自ら荷物の配送状況を追跡したり、複雑な工業製品をオンラインで設定したり、ピザが届けられる正確な時間を知るなどが考えられる。

しかし、残念ながらやるべきことを実施している企業はあまりにも少ない。フォレスター・リサーチによると、経営幹部の86％が顧客体験を戦略的な最優先事項と考えているにもかかわらず、そのための全社プログラムを導入している企業は半数以下だという。また、必要な予算を確保している企業となると、わずか30％だ[19]。

デジタルマスターは正しく投資する。顧客起点の魅力的な体験を設計するために投資するのだ。また、顧客体験を提供するためなら、組織をどのようにでも変えようという覚悟も持っている。

顧客と接触し結び付く

デジタルへの投資なくして、デジタル変革は起こらない。デジタルマスターは顧客体験をクリエイティブに向上させようと、うまくデジタルに投資する。ここで重要なのは投資の規模ではなく、投資の効果だ。デジタルマスターにとって、ソーシャルメディアやモバイル、アナリティクスなどの新しい技術は、顧客に近づくための手段にすぎない。

スターバックスは1971年にシアトルで第1号店を開き、その後、世界で最も認知度の高いブランドの1つに成長した。同社が数十億ドル規模の企業となったのは、単にコーヒーを提供したからではなく、店舗やオンラインで独自の「スターバックス体験」を創り出すことができたからだ。しかし、スターバックスは最初からデジタルマスターだったわけではなかった。

同社は急速に拡大してきたが、2008年には既存店の売上高が減少するようになり、株価は2年間でほぼ半減した。技術面も同様に振るわなかった。古い技術で運用されているPOSシステムは直感的に操作できず、店長が使える電子メールもなかった。こうした流れを変えるために、CEOのハワード・シュルツの下で、リーダー陣が多くの戦略的な行動をとった。なかでも鍵となったのは、デジタル技術を使い顧客を獲得する新たな方法である。同社の最高デジタル責任者のアダム・ブロットマンは、「スターバックスのデジタルとは、ウェブサイトやPOSシステムなどだけではなく、顧客とつながり、顧客体験を変え、会社を動かすためのものだった」[20]と言う。同社はモバイルとソーシャルチャネルを活用することを決めたのである。

スターバックスのモバイル活用は、2009年にリリースされた「マイ・スターバックス」アプリから始まった。このアプリを使うと、顧客は最寄りの店舗を見つけられ、スターバックスのコーヒーについて詳しく知ることができ、また自分だけのドリンクを作ることもできた。

2011年1月には、スターバックス・カードをモバイルアプリに組み込み、ロイヤルティ・プログラムをデジタル化した。このアプリを使うと、顧客はスマートフォンなどを使って店頭で支払いができる。また、前払いのロイヤルティ・カードには、オンラインやスマートフォンからも、また店頭でも入金ができた。こうした手法は、既存のPOS技術と難なく統合できた。POSはそれ以前に、バーコードが読み取れるよう設定されていたのだ。このプログラムは立ち上げ以降、大きく成功しており、2012年には全ロイヤルティ・カードでの支払いのうち、20%がモバイル経由で行われるようになった[21]。

スターバックスは、モバイル技術の進歩に合わせて、モバイル決済機能を拡大し続けている。2012年には2500万ドルの投資を行い、モバイル決済アプリの「スクエア」を使ってレジで支払いができるようにした[22]。また、アップルの「Passbook」にも対応するようになった。Passbookは、iPhoneやiPod Touchなどでチケットやクーポン、ポイントカードをまとめて管理できる機能だ。

スターバックスのモバイル決済は顧客に利便性を提供しているだけでなく、財務上のメリットもあることが示された。モバイルアプリと「スクエア」によって、スターバックスが支払う取引の手数料が大幅に削減されたのである。2012年のモバイル決済件数は1週間に300万件以上だった[23]。顧客とスターバックスの両方に利益がもたらされている。

また、スターバックスはソーシャルメディアでも大きな存在感を築いた。2012年までに、フェイスブックでのファンが5400万人、ツイッターのフォロワー数が340万人、そしてインスタグラムのフォロワー数が90万人となり、ソーシャルメディアを活用する企業のランキングで1位に選ばれた。

スターバックスのようなデジタルマスターは、技術とチャネルに精力的に投資する。加えて、マーケティングに使う媒体の組み合わせを最適化して、投資対効果を最大にする。バーバリーは年間マーケティング予算のかなりの部分を、大胆にもデジタル媒体に投資した。消費財大手のプロクター・アンド・ギャンブル（P&G）は、メディア予算のほぼ3分の1を、デジタルとソーシャル、モバイルに投資している[24]。世界最大規模の広告主としては、思い切った決断だ。ただし、すべての企業がこれほど大胆でなくてもかまわない。調査会社のガートナーは、大手米国企業は平均してマーケティング予算の約25%をデジタルに使っていると推定している[25]。どの程度の金額であっても、増えたチャネルを最大限に活用したいのであれば、予算の再配分が必要となる。

スターバックスがソーシャルメディアから得ているものは、単にファンだけではない。ソーシャルメディアを利用して、顧客主導型の革新も進めている。ウェブサイト「マイ・スターバックス・アイデア」では、15万人を超える顧客から、製品やスターバックスでの体験、および企業としての取り組みを改善するためのアイデアが寄せられている[26]。

アイデアが提出されると、サイトを訪れた顧客はそれらのアイデアに対して賛否を投票することができる。スターバックスはここから、最も良いアイデアを見つけて実行できる。そして、社員はそうしたアイデアの実行状況を「アイデアズ・イン・アクション・ブログ（実行途中のアイデアについてのブログ）」に書き込むので、顧客は自分のアイデアが店舗でいつ実現されそうかを知ることができる。

例えば、ある顧客は、日中に同僚のコーヒーを買いにスターバックスへ行く人のために、より簡単に複数の注文ができるようにしてほしいと提案した。するとスターバックスは、1カ月も経たないうちに「ランナー・リワード・プログラム」を導入した。このプログラムは、コーヒーを代理で買いにくる人が注文をしやすいようなフォームを提供し、5杯目のドリンク（買いにきた人のドリンク）を無料にするというものだ[27]。

ブロットマンは言う。**「私たちがデジタルでやっていることは、どれも（顧客との）関係を深めて強化するためのものだ。デジタルにだけできること、スターバックスにだけできることを行っているのだ」**[28]

顧客データを体験の中心に据える

近年、あらゆるモノや行動がデジタル化されているため、大量の情報が生まれている。いまでは、経営幹部は貴重なデータを入手でき、顧客体験を深く理解することができる。魅力的な顧客体験をデザインするためには、こうしたデータを必ず活用すべきだ。データを加えることで科学性が増し、推測が精緻な予測となり、また継続的に仮説を検証することができる。

デジタルマスターは、データをもとに考えることをとても重視している。しかし、より科学的に顧客体験を設計するには、異なる組織学習が必要になる。シーザーズ・エンターテインメントのCEO、ゲーリー・ラブマンは次のように説明する。

「私がシーザーズに来たとき、当社は膨大な量の顧客との取引データを集めていた。顧客のためにもデータを役立てる必要があったが、どうすればよいのかわからなかった。当社にはロイヤルティ・プログラムがあり、当社のサービスを購入していただいたお客様に無料の食事やホテルの部屋などを提供できるよう、多くの情報を集めてはいた。しかし、そもそもどのようにデータを構造的に設計し、そのデータをアナリティクスにどう適用すればよいのかが描けなかったのだ。例えば、ある条件の下でXさんの来店頻度が増すようにするにはどうすべきなのか、また異なる条件の下で、Yさんを再度来店させるにはどうすべきなのかがわからなかった」[29]

今日では、シーザーズでは異なる光景が繰り広げられている。同社はロイヤルティ・プログラムを通じて、顧客1人ひとりの取引や属性、カジノ利用データを収集し、それぞれについて詳細なプロフィールを作成する。そして、この情報は会社全体で使われ、顧客に関する意思決定をより良いものにするのである。

例えば、同社のマーケティング担当者は、的確な優待価格を限られた顧客に提供することができる。一方で、接客係は同じ情報を使って、到着時の挨拶から部屋の準備まで、お客様が滞在中のほぼすべての場面に個別に対応することができる。お客様がカジノで夜に損失を被ったなら、フロアマネジャーは費用対効果を分析したうえで、顧客体験が良くなるよう、優待サービスを提供することさえできる。

大口顧客（業界用語で「クジラ」とも言う）にこのような個別対応を行うことは、業界の中では一般的だ。しかし、それ以外のカジノ客はみな同じような体験しかしていない。これに対して、シーザーズはデータに基づいた手法を使うことで、はるかに多くの顧客に個別対応ができるようになっている。ゲーリー・ラブマンは、「市場の真ん中にいる、何千万人もの人々にサービスを提供しないわけにはいかない」[30]と語った。

シーザーズの顧客情報の活用では、モバイルと位置情報のデータが重要な役割を果たす。顧客のモバイル体験は、同社の施設のドアに入る前から始まる。同社のTエクスプレス・サービスを利用する顧客は、シーザーズの40の施設のどれかに到着する前に、SMS（ショートメッセージまたはテキスト）を使ってチェックインできる。このサービスを使えば、列に並ぶことなくベルデスクで鍵を受け取ることができる。

また、Tエクスプレスは、モバイルの位置情報とSMSを組み合わせて、適切なタイミングで、個々の顧客にとって意味のある特別なサービスを提供する。「例えば、その人がパリにいるならば、エッフェル塔の無料入場券を2枚送る。午後6時以降にシーザーズパレス【訳注：同社が運営するカジノ付きホテル】にいるならば、ベット・ミドラーのショーの割引を提供するかもしれない」。シーザーズのマーケティングチームのメンバーはこう説明する。「ショーのチケットが何枚か残っているような場合、顧客がどこにいるかわかれば、チケットを有効活用できるのだ」[31]

デジタル世界が広がり、企業が利用できるデータの情報源や量が何倍にもなった。ソーシャルメディアや利用状況などから得られる豊富な情報は、構造化されたものも、されていないものも活用する必要がある。さらには、こうしたデータをモバイル機器からの位置情報と組み合わせると、データはさらに価値の高いものになる。重要なのは、これらのデータを統合してより良い意思決定を行い、個々の顧客に合わせた体験の質を高め、真の競争優位性を生み出せるかどうかだ。

米国の金融機関、キャピタル・ワンは、クレジットカード市場で成長を続けていることで知られている。その成長の核となっているのが、高度なデータ分析機能だ。同社は社内外のデータを用いて、クレジットカード市場を効果的にグループ分けしている。

同社の「カードラボ」からは、各利用者の個人的な嗜好が見えてくる。カードラボの利用者は、カードの見た目を変えられ、ポイント、金利、手数料を自由に組み合わせられる[32]。また、キャピタル・ワンは、データ収集会社のバンドルを買収したことにより、ビザカードとマスターカードの2000万件を超える利用状況を追跡できるようになった[33]。さらには、銀行のサービスにクーポンを取り入れた。そして、顧客の現在地と購入履歴をもとに、顧客ごとに最適なモバイル決済の方法を勧める(34)。もちろん、こうしたすべてのデータマイニングが、キャピタル・ワンが顧客をより良く理解するためにも役立つのだ。

この大量のデータにより、キャピタル・ワンは個々の顧客の好みに関して、非常に細かな洞察を得ることができる。それだけではない。同社のデジタルイノベーション研究所では、これらの顧客に関する洞察を利用して、顧客体験を改善する革新的な方法を継続的に見つけている(35)。同社では、毎年最大6万種類に及ぶ商品構成を分析し、最も有望なものを追求する。デジタルコンタクトセンターは、この洞察を用いて顧客からの要求をより良く予測し、顧客サポートの改善につなげている(36)。

キャピタル・ワンではその戦略が奏功し、業績が向上した。同社の純利益は、2000年から2010年にかけて年率19.3%成長した。また、2009年の金融危機の後でも、2010年から2013年にかけて10.7%の成長を達成した(37)。

これらの例が示すように、**デジタルマスターの文化では、共通して追求しているものがある。どこから洞察を得るか──属性からか、モバイルか、ソーシャルメディアのデータか、あるいは昔ながらの細部への注目からか──にかかわらず、デジタルマスターは情報を活用し、高度な分析をして、優れた顧客体験を提供している**のである。

実体験とデジタル体験を切れ目なくつなぐ

店舗や電話、メール、ソーシャル、モバイルなど、顧客と複数のチャネルで結び付いている企業は、これらのチャネルでの顧客体験を統合しなければならないと感じている。さまざまなチャネルを通じた体験を提供するには、現場と運営側の両方で、変革を計画して実行する必要がある。イノベーションは古いものの否定や、単に新しいものを取り入れることからもたらされるのではない。バーバリーの例からわかるように、イノベーションは、デジタルと現実世界を創造的に融合させることから生じる。そこから、魅力的な顧客体験が新たに創造され、継続的なイノベーションが育まれるのである。

同様に、スターバックスの独自の顧客体験は、顧客を引き付けて顧客と結び付こうとしたことから始まった。しかし、スターバックス体験は店舗の外にも広がっている。魅力的で新しいオンラインの可能性と店内での体験を結び付け、顧客体験をデジタルで豊かなものにしているのである。スターバックス・デジタル・ネットワークによって、店内の顧客はWi-Fiに無料接続し、コーヒーを横に置きながら、ニューヨークタイムズやエコノミストなどの高品質なデジタルコンテンツを見ることができる。また、ザガットの無料レストランレビューやフォースクウェア【訳注：訪れた場所の評価や情報を共有できるソーシャル・ネットワーキング・サービス】のチェックインなど、地域のコンテンツにアクセスもできる(38)。

顧客体験をさらに良いものにするために実体験とデジタルを組み合わせているのは、消費者を顧客とする企業だけではない。公共サービスもこれに取り組んでいる。クリーブランド美術館は、来館者の体験を向上させて関心を高めてもらうためにテクノロジーを用いる。館長のデイビッド・フランクリンは、「すべての美術館が、技術と芸術の融合という究極の目標を目指して模索している」と言う(39)。

同美術館では、3000点の展示物すべての画像が、幅12メートルほどのタッチスクリーンにハガキ大のサイズで表示されている。来館者が画像に触れると、スクリーン上でその画像が拡大され、類似したテーマの展示物が近くに表示される。そして、実物の展示場所などの情報も提供される。さらに来館者が画像上のアイコンに触れると、それがiPadに転送される（iPadは自分のものでもよいし、美術館から1日5ドルで借りることもできる）こうすることで、来館者は自分のお気に入りリストを作成でき、このリストをもとに自分だけのツアーが組めるのである。しかも、それをほかの人とも共有できる。「壁に掲示できる情報はとても少ないし、カタログを持って歩く人もいない」とフランクリンは言う。このアプリを使えば、芸術作品がもともと置かれていた環境を再現することもできる。例えば、白い壁のギャラリーに展示されたタペストリーではなく、タペストリーでいっぱいの部屋の中にあるタペストリーを見るという楽しい体験ができるのだ。また別の機能を使うと、大きなタペストリーの一部を取り出して、漫画や映画の予告編のように並べ替えられる。その体験は楽しく、ためになり、夢中になる。こうした取り組みによって、テクノロジーに関心の高い人が新たに来館するようになり、昔から来ている人たちの来館頻度もまた増えたのである。

従来型の組織を待ち受ける難題

デジタル時代には、顧客の期待に応え、同時に顧客の期待を増幅させなければならない。ここ数年で、デジタルに強い企業がさらにハードルを上げている。モバイルアプリでタクシーを呼ぶのも、オンラインでペット用の保険に加入するのも、簡単で便利だし、ニーズが満たされ、楽しくさえある。**一方で、顧客の期待と現実とのギャップが広がっている。ハリス・インタラクティブ社の調査によると、2011年には89%の消費者が、不快な経験をしたためにその企業の製品やサービスを買わなくなったという。この数字は、2006年の68%から増加している**[40]。

顧客がオンラインでの体験を実体験と切り離すことはない。顧客は製品やサービスを全体的に見ようとし、客観的なアドバイスを求め、比較する。気になるブランドについては、オープンに「良い」あるいは「悪い」とフィードバックを公開する。フォレスター・リサーチによると、2010年に不満足なサービスを受けた米国の消費者の4分の1が、ソーシャルネットワークを通じて体験を公開したという。2009年に比べると50%の増加だ[41]。残念ながら、こうした上昇傾向に近々歯止めがかかる気配はない。だから、準備をする必要がある。

魅力的な顧客体験の創造は、デジタル変革の重要な柱の1つである。機会はたくさんあるが、それを正しく行うのはなかなか難しい。顧客行動を徹底的に理解し、チャネルにうまく投資し、顧客データを把握し、古いものと新しいものとをクリエイティブに融合させる必要があるからだ。第2章で示すように、高い業務能力と優れたITシステムも必要だ。また、組織を変えるための強力なビジョンとリーダーシップも求められる。魅力的な顧客体験を提供するうえでどんな障害が立ちはだかろうと、それを乗り越えてほしい。そうすることで、長期的には業績が向上し、社内の文化を内側から変えることができる。

次の章では、デジタルマスターがどのようにして適切な業務能力を身につけ、効率や柔軟性、顧客満足度を高めているのかを示す。それに続く第Ⅱ部では、適切なリーダーシップ能力をつける方法を説明し、バーバリーのように、顧客体験や会社全体を変えることができるようにする。

デジタル・シフト戦略チェックリスト

顧客体験

- ✓ デジタル変革の中心に顧客体験を置く。
- ✓ 顧客体験を顧客起点で設計する。
- ✓ 新しいデジタルチャネルを通じて、顧客との接触や関わり合いを増やす。
- ✓ データとアナリティクスを中心に据えて、顧客体験を新たに創造する。
- ✓ デジタル体験と実体験とを切れ目なく融合させる。
- ✓ イノベーションを継続する。イノベーションに終わりはない。顧客体験をデジタル面で向上させれば、そのすべてが新たな可能性を開くだろう。

第2章

EXPLOITING THE POWER OF CORE OPERATIONS

核となるオペレーションを活かす

私たちの前にあるものも、後ろにあるものも、
私たちの内にあるものに比べればほんの些細なものにすぎない。

ラルフ・ワルド・エマーソン

デジタル変革に手順はあるか

世界最大の鉱業会社であるコデルコ（チリ銅公社）。この企業がデジタル変革に取り組む際に最も重視したのは顧客体験ではない。目を向けたのは社内の業務プロセスである。目指したのは、効率の向上とイノベーションの推進だ[(1)]。チリの国営企業である同社は、約1万8000人の社員を抱え、銅生産量は世界の10％を占める。2012年の銅生産量は180万トン、売上高は159億ドルにのぼる[(2)]。

鉱業の業務プロセスは、きれいなものとはとても言えず、危険も多く、労働集約的だ。プロセス間の調整も難しい。というのも、業務に関する最新の情報は、地下深くの採掘場をはじめ、運搬トラックや銅鉱石の処理設備のそばなど、現場でしか得られないものが多いからだ。コデルコ経営陣は、生産性や労働者の安全、環境保護といった課題に直面し、今後どうすべきか、戦略的な観点から懸命に考えた。そこで目をつけたのが、デジタル技術である。人の力で片付けてきた鉱山の業務の数々を、デジタル技術を活用して変容させたいと考えたのだ。

このビジョンを実現すべく、経営陣はコデルコ・デジタルという構想に着手した。これは、鉱業のオートメーションを大幅に向上させるためのものであり、同時に、経営陣が長期的なデジタル化のビジョンを描き、社内へと展開し、さらに進化させていくためのものでもあった。この構想を率いたのはCIO（最高情報責任者）のマルコ・オレジャナである。オレジャナは、経営陣や社員だけでなく、ベンダーやパートナー企業、さらには 競合他社とも協力し、業務プロセスの革新に取り組んだ。オレジャナはこう話す。

「鉱業は、以前は肉体労働と関わりの深いものだった。今では知識やテクノロジーとの関わりのほうがずっと強い。当社は、イノベーションを取り入れ、仕事の仕方を変え、鉱山の現場で働く人々との関わり合い方も新たなものにしたのだ」[(3)]

コデルコでは、まず社内の管理システムを改善し、その後、採掘プロセスの変革に取り組んだ。プロセス変革の最初のステップは、「リアルタイム採掘」の導入である。これは、業務全体を即時に（リアルタイムで）チェックし、業務状況の改善を目指すものだ[4]。4つの鉱山では、集中業務センターにいる専門家が、現場のさまざまな箇所からのデータを使って、遠隔地から作業の調整にあたる。情報の入手と共有は即時に行われ、必要に応じて作業内容や生産スケジュールが調整される。

こうした取り組みを基盤として、さらに大きな変革が進められた。今では、巨大な鉱山用トラックが自律走行し、時間どおりに目的地に到着する。事故は人間が運転していたころに比べて減少した。自律走行トラックの導入で学んだ経験を生かし、採掘に使うほかの機器の自動化も進められた。モバイルやアナリティクス、組み込み機器などの新たな技術を使い、作業のプロセスも変わり続けている。オレジャナによれば、すでに社員の多くは「鉱山の現場まで通う代わりに（管理センターのある）市内に通勤し、体力の代わりに知識を使っている」という[5]。

相次ぐ変革は、コデルコの業務をさらに大きく変えつつある。一元的な情報ネットワークとプロセスの完全自動化により、未来の鉱山は大きく変わりそうだ。コデルコは「インテリジェント採掘」を目指しており、そこでは採掘作業員が危険な地下環境で作業する必要はもうない。2010年には、さまざまな鉱業会社から集められていた33人の採掘作業員が、68日間にわたって地下に閉じ込められるという事故が起きた。それ以降、インテリジェント採掘の実現はますます重要になっている[6]。情報ネットワークで結ばれた完全自動のマシンが、集中管理センターの遠隔管理で24時間絶え間なく作業にあたるのだ[7]。

採掘作業をデジタルによって変革することでもたらされるのは、安全性だけではない。採掘現場が無人になれば、現場の設計の仕様も変えられる。トンネルが崩れて人が巻き込まれるのは大きな悲劇だが、無人トラックだけならそれほどひどくはない。無人を前提とすることで、建設のコストも期間も縮小でき、同社の業績にもプラスの影響を与える。少ないリスクで安価に採掘できるとなると、現在では実現不可能な規模の大量の鉱石を採掘することも可能になる。業務プロセスに関する情報改善と、無人運転トラックの導入から始まった取り組みは、今やコデルコ全体の経済性を変えつつあるのだ。

プロセスを自動化し、危険の多い場所の無人化を進める一方で、コデルコは社員との関わり方もこれまでとは大きく変えている。「当社はとても保守的な社風なので、文化を変えることが一番の課題だ」とCIOのオレジャナは言う[8]。経営陣が取り組んでいるのは、実行スピードのアップ、データを重視した意思決定の推進、そしてイノベーションの拡大だ。オレジャナによれば「新しいアイデアを奨励し、社員の取り組みを後押しするため、イノベーションを表彰する社内制度を設けた」という。どこかの鉱山で誰かがイノベーションを生み出すと、その内容と関わった社員が社内全体に公表される。

コデルコも、鉱業会社でよく見られる組合対経営陣という対立構造とまったく無縁ではない。だが同社では、経営側と社員が一緒になって、デジタル化のチャンスを見つけ、実現しようとしている。「社員にとってより安全な環境が必要だった」とオレジャナは言う。「また、鉱山やトンネルでの作業などしたくない、という最近の社員にも魅力的に映るような事業をつくっていく必要もあった」[9]

インテリジェント採掘などのモデルをもとに考える経営手法によって、コデルコの経営陣は鉱業における新たな領域を切り開きつつある。コデルコでは、過去の実績に基づく意思決定から、リアルタイム予測によるマネジメントへの移行が進んでいる。「当社には大きなチャレンジだ。新しいタイプの情報を集めて処理し、活用していくには、ERP【訳注：Enterprise Resources Planning　企業の経営資源を適切に分配し有効活用するための手法、基幹業務統合システム】などの今あるツールに手を加える必要がある」とオレジャナは言う。「だが、これが競争優位となって生産性アップや効率化につながることは間違いない」

すでにコデルコでは、デジタル変革から大きなリターンが生じている。例えば、業務効率と安全性は着実に向上している。古い鉱山の寿命は延び、新たな事業機会も発見されている。業界内外のベンダーと協力し、業務のやり方や調整方法を革新している。国有企業であるコデルコだが、ビジョンを掲げ実行することで、社内の業務のあり方ばかりか、業界も変えつつある。さらには、世界中の鉱業の性質までをも革新しているのだ。

バーバリーやアジアンペインツ、シーザーズといった企業と同じように、コデルコの事例からは、**業務プロセスのデジタル変革に取り組むことがその後のデジタル変革の布石となる**ことがわかる。こうしたパターンは、基本的なITからモバイルや組み込み機器などの最先端の技術まで、デジタルツールを使う企業ではよく見られる。業務プロセスをデジタル変革するには、プロセスやデータの統合や調整をきちんと行えるような、しっかりした技術基盤がまず必要になる。その後、技術や情報をビジネスにどう活用できるかを再考する。するとそこから、顧客体験や各種の業務、ビジネスモデルなどに関する新しい機会が見つかってくる。

オペレーションのデジタル変革がもたらすもの

顧客体験の変革に比べると、業務オペレーションの変革はあまり華やかなものではない。社内向けの技術やプロセスは、顧客向けのものほど洗練されたものではないだろう。優秀な現場スタッフは、セールス担当よりも無骨で無愛想かもしれない。とはいえ、見た目が華やかだからといって内面もすばらしいとは限らない（その逆も然り）。

どの業界でも共通することだが、生産性や効率性、敏しょう性といった点で競争優位を手にするのは、業務オペレーションがしっかりしている企業だ。第1章のバーバリーやシーザーズといった企業の例で見たとおり、業務遂行能力の高さは、優れた顧客体験をデジタルで提供するための必要条件となっている。だが、顧客体験の変化は見えやすいが、業務オペレーションの変化は外側からは見えにくい。

こうした業務オペレーションの見えにくさが、競争優位の面で重要になってくる。生産性や敏しょう性が高まったという結果自体は競合他社にも見えるが、どうやってそうなったのかまでは見えないからだ。また、優れた業務オペレーションは簡単には真似できない。きっちり調節された機械のように、作業の際にはプロセス、スキル、情報の3つが足並みをそろえていなければならない。単に技術やプロセスを取り入れただけでは、業務オペレーションは真似できないのだ。

トヨタのリーン生産方式がよい例である。トヨタはライバル企業からの工場視察を快く受け入れていた。それでも米国の自動車メーカーがリーン方式を習得するまでには何年もかかった[10]。最近では、アマゾンやグーグルが活用する各種のデジタル手法も同様の例だといえる。こうした手法についての概要はすでによく知られているのに、もっと歴史の長い企業はいまだにうまく導入できずにいる。こうした例からわかるように、あなたの会社を優位に立たせている業務上の秘訣に競合他社が気づいたとしても、競合がその秘訣を活用できるようになるまでには何年もかかるのだ。

こうした機会は巷にあふれている。すでに世界のあらゆる業界のさまざまな企業が、デジタルを用いた業務オペレーションで優位性を築いている。質の良いデータを手にすることで、企業の幹部は意思決定を向上させられる。社員は、行ったことのない場所にいる会ったこともない相手と日々協力し、どこからでも常に職場にアクセスできる。現場の最前線にいるスタッフは、最新の情報をもとに決定を下し、以前なら決してできなかった創造的なやり方で課題を解決している。各種の診断に使うロボットやワークフロー管理などの技術は、コストや品質、安全性から環境保護に至るまで、さまざまな点で人間を大きく上回る成果を上げる。

ほかにも、人間の仕事を補う技術もあれば、生産性を高めるもの、仕事をさらに満足のいくものにするための技術などがある。こうした技術は、カスタマーサービスから弁護士や外科医に至るまで、幅広い職種で使われている。業務プロセスの仮想化という手法もある。具体的には、もともと仕事が行われている場所から作業プロセスを切り離す、意思決定に必要な情報をあらゆる情報源から集めてアクセスできるようにする、といった方法である。こうした技術は、グローバルに広がる自社のナレッジや事業規模をもっと活用しようとする企業で取り入れられている。

さて、どこから始めればよいだろうか。**まずは、社内プロセスをデジタル面で最適化することだ。核となるプロセスをデジタル化するほか、社員の仕事の仕方を変えるのもよいだろう。**リアルタイムで業務が見えるようにする、あるいは意思決定の仕方を変えるということもできる。だが、これは出発点にすぎない。デジタルマスターのような優れた企業は、プロセスの改善を超

図3.1　非デジタル時代の業務上の3つのパラドックス

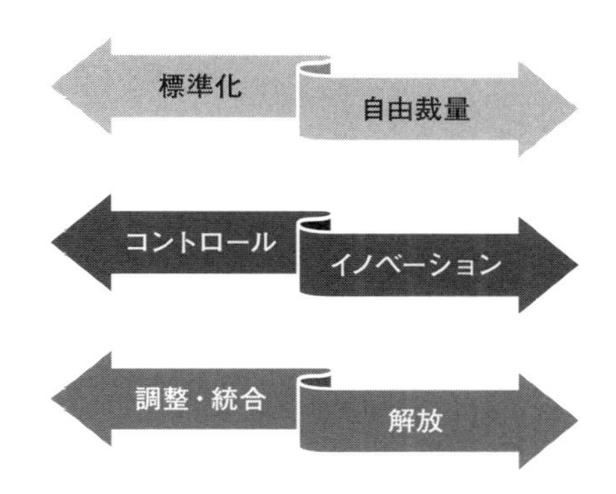

えてはるかに先に進んでいる。こうした企業にとって技術は、ビジネスのやり方を考え直す方法の1つとなっている。古くなった技術の限界から生じている時代遅れの前提を、新しい技術で打ち破っているのだ。

デジタル化以前の業務上のパラドックス

業務パフォーマンスを向上させるには、相容れない課題に向き合う必要がある。例えば、グローバルでのニーズと各地域のニーズのどちらに重点を置くのか。目の前の効率化と今後の成長では、どちらを重視すべきか。リスク管理とイノベーションのどちらに取り組むか、といった具合だ。どちらか一方を最善にすることはできても、両方いっぺんにというのは難しそうに見える。業務改善に用いられる6つのレバーは、かねてから経営における3つの主要なパラドックスを生み出してきた（図3.1）。デジタルによらない技術やマネジメント手法には限界があり、経営陣は「どちらも」ではなく「どちらか」をとるしかなかった。

例えば、標準化と自由裁量は、両立しないものと考えられてきた。熟練工に自分で仕事のやり方を選べるよう権限を与えると、生産ラインで働く作業員よりも効率は落ちると考えるのが一般的だ。一方で、標準化された業務にあたる作業員は、仕事を任されているとは感じにくく、充足感も少なくなる。標準化は自動化につながり、自動化によって人間の行う作業は単純なものになり、賃金の減少や雇用の削減にもつながる[11]。人間がやっていた仕事がコンピュータの仕事にどんどん変わっていったら、労働者はどうなるのだろうか[12]。

コントロールとイノベーションも両立しないものと見られがちだ。各プロセスをきちんと管理して、それらが設計どおりに動いて、違いが生じたら検出されるようにすることは、効率性の向上やリスクの削減につながる。だが、あまりに違いをコントロールしてしまうと、プロセスの革新は起こりにくくなる[13]。例えば、グローバルで決められているプロセスを各地の顧客に合わせて調整する、あるいは改善のための実験を行うといったことができなくなるからだ。とはいえ、イノベーションを求めてコントロールを緩めると、非効率や不正が生じる可能性も出てくる。

3つ目は、プロセスが複雑に入り組む中で、互いに歩調を合わせる必要があることから生じるパラドックスだ。20世紀には、紙の書類や職場での確認、進捗会議などの方法で調整が行われていた。営業担当者や現場担当者、警察の捜査官らは、定期的にオフィスに顔を出し、数々の書類に記入をするなどの必要があった。進捗会議や電子メールが多すぎると感じる社員が多いのも、こうしたことが原因だ。社員がオフィスや仕事場の外にいると、それぞれの仕事内容を突き合わせて調整することはとても難しい。

その結果、（経営陣が望む）調整・統合と（社員が望む）解放とは、デジタル化していない世界では両立しなくなる。これまでは、組織としての調整・統合力を高めようとすると、オフィスなどの場所や決まった方法などに人を縛り付ける必要があった。これが余分な負荷となって、社員の生産性の低下や、束縛感を生じさせ、エネルギーを奪ったりもした。古い技術による縛りから解放すれば、人々はより重要な業務に集中できる。だが、縛りをなくすと、業務の引き継ぎがうまくいかずに問題が起こることもある。

こうした両立しない選択肢が、二者択一ではなくなるとしたらどうだろう。標準化と自由裁量（またはコントロールとイノベーション、あるいは調整・統合と解放）のどちらも実現できるものなら、それに越したことはないだろう。

デジタル変革で過去のパラドックスを打ち破る

手ごわいパラドックスを前にすると、変動や柔軟性を減らすほうを選ぶのが経営者の典型的な選択だ。標準化を進め、コントロールを強めて、前よりも確実に調整ができるよう、業務プロセスを設計しなおす。これは、コンピュータが登場する前は理にかなったアプローチだった。また、過去50年以上にわたるコンピュータ化の過程の中でも、中心的な考え方だった。

しかし、デジタル技術によりこれまでとは違う新しい波が来ている。スマートフォンやビッグデータ分析、ソーシャルメディアによるコラボレーション、組み込み機器といったものは、以前のパラドックスを打ち壊す可能性がある。モバイルやコラボレーションの技術は、職場の机や紙の報告書、進捗会議などから人々を解放するが、同時に人々の間の距離を縮めて調整・統合を促すこともできる。また、標準化によって創造性が失われる作業もあるが、一方では作業にあたる人々への自由裁量が可能になり、別の点で創造性が生まれる。そして、業務プロセスのバラつきや不正を減らすためのコントロール技術が、プロセスでイノベーションを起こすのに役立つかもしれない。では、各社がどうやってこうしたパラドックスに取り組んでいるのかを見てみよう。

標準化と自由裁量

フレデリック・テイラーの時代からずっと、エンジニアは標準化で業務プロセスの効率を高めてきた。タイムスタディ【訳注：ある作業を行うのにかかる時間を測定・分析する手法】などの方法を用い、プロセスを分解して各ステップを標準化する。不要な動作をなくして、社員にはマニュアルどおりに作業するよう指示する。コンピュータ以前の時代にも、こうしたやり方で製造業では画期的なイノベーションが起こった。例えば、互換性部品や移動式組立ラインなどだ。

自動化が可能になったのも標準化のおかげだ。過去25年間にわたる、プロセス・リエンジニアリングとエンタープライズ・リソース・プランニング（ERP）は、企業に目覚ましい利益をもたらした[14]。標準化された組立ラインにはロボットが入り込み、文句も言わず1日24時間働き続ける。ミスも人間よりずっと少ない。自動車塗装のような危険性の高い作業も、ロボットなら人間と違って安全確保のために保護する必要がないので、効率的にこなせる。コンピュータの能力が増すにつれ、機械によって代用できる仕事はますます増えるだろう[15]。

だが、人間と機械を入れ替えなくても、標準化を行えば人間の効率が高まる。例えばERPシステムは、各プロセスのパフォーマンスや受けた注文の進み具合について安定的に情報を提供して、人間がより良く仕事を行えるようにする。コックピットや薬局などでのプロセスの標準化も、それによってさらに安全で効率的に仕事ができるようになるが、仕事がなくなるということはない。

標準化と自由裁量の間のパラドックスに、企業はどう対処しているのだろうか。まずは標準化から始めるというのは、懸命な判断だ。というのも、新しい技術がこれまでなかったような機会をどんどん生み出しているからだ。例えば、携帯電話やeビジネス、組み込み機器は、何十億もの個別のデータを生む。こうしたデータから情報を得ることで、業務プロセスの標準化や改善について洞察が得られるだろう。だが、標準化により引き続き効率化を高めることに注力する企業がある一方で、標準化と自由裁量の間のパラドックスを打ち破り、両方を手に入れようとしている企業もある。

標準化で効率を上げる：UPS

世界で貨物運送事業を展開するUPSは、標準化と業務の効率化で成功を収めた。同社は220カ国で事業を行い、約40万人の社員を抱えている。2012年の1年間の顧客数は880万人、取り扱った荷物は約41億個にのぼる。同社では、各種サービスと配達ルートの何百万もの組み合わせから成る複雑な物流網をコントロールしている。UPSのプロセス管理の責任者であるジャック・レヴィスは、次のように説明する。「当社では、時間どおりに配達することを目指すだけでなく、ニーズに合ったさまざまなサービスを提供している。一度選んだ配達のオプションを配送中に変えることもできる。これは、常に受注を集中管理し、配送スケジュールを調整して、莫大な数の車両や航空機が積んだ荷物の配送状況を追跡しているからこそできることだ」[16]

過去数十年にわたり、UPSは業務プロセスの最適化の点で他社をリードしてきた。ドライバーが配送トラックからどうやって降りるかなど、細部に至るまでプロセスを標準化することで、UPSは効率性と安全性、品質を改善してきた[17]。レヴィスはこう話す。「UPSでは各種の機器や車両、センサーなどから大量のデータが生み出されている。複雑なデータの集まりを分析して、事業に活用できる知識に変えることが目標だ」[18]

配達ルートの最適化は大きなチャンスであると同時に、複雑な問題でもある。レヴィスはこう説明する。「1日当たり、全世界で10万6000人のドライバーが1600万個を超える荷物を配達している。それぞれのドライバーが無数の回り方をするので、配達ルートは指数関数的に増えていく。したがって、『ドライバーが最も効率的なルートをとれるようにするには、センサーや車両から集めたデータの海をどう処理すればいいのか』という問題を考える必要がある」[19]。この難問が解ければ得られるものは大きい。1日にドライバー1人当たりの運転距離が1マイル減れば、1年に5000万ドルの削減になるのだ[20]。

レヴィスのチームは、配送ルートから数百万マイルを削減するべく高度なアルゴリズムを用いた。そのプログラムでは事業上の規則や地図データ、顧客情報や就業規則などが総合的に解析され、最適な配送ルートが6～8秒で提示される。こうして最適化されたルートが、ドライバーが通常使うものとよく似ていて、削減されるのは「ここで4分の1マイル、そこで半マイル」といった程度の場合もある。しかし、小さな削減でも何千もの配達で積み重なっていくと、大きなメリットが生じる。

このプロジェクトはUPSにとって大規模な試みで、約500名がこのプロジェクトに取り組んだ。だが、オペレーション上の効果はそれを上回るものとなっている。これまでのところ、走行距離は1年間で8500万マイルも減少した。これは燃料にして800万ガロン以上の削減に相当する。エンジンのアイドリングの時間も1000万分短くすることができた。ここでは、車両に搭載したセンサーが、トラックのエンジンを切ったり入れたりするタイミングを決めるのに役立っている。この技術だけで、65万ガロン以上の燃料を節約し、二酸化炭素排出量は6500トン以上削減されている。

レヴィスは言う。「当社ではこの取り組みを『データ解析のプロジェクト』ではなく、ビジネスプロジェクトとして考えている。ビジネスのプロセスや手法、手順、データ解析を1つにすることが目標だ。現場の利用者にとってはデータ解析の結果を使うということも単に仕事の一環になる」[21]

標準化 vs. 自由裁量のパラドックスを打ち破る

社内のプロセスを標準化することで、UPSは何百万ドルものコストを削減した。ほかにも、同じような改善でかなりのコスト削減を実現している企業は多い。こうした変革には十分な価値がある。しかし、標準化と自由裁量というパラドックスの一方にだけ力を入れる結果になってしまうことがある。

このパラドックスを打ち破ることに成功した企業もある。標準化によって社員のスキルや意欲が失われる場合もあるが、そうはならないやり方もあるのだ。例えば、定型業務は、そうした仕事に充実感を覚える社員に担当させる。また、標準化によって一部のスタッフが不要になったとしても、残った人員はもっと充実した仕事ができるようになるかもしれない。

こうした変革は、大規模にも小規模にも行える。あるメーカーは、人事関連の業務の多くを標準化し、自動化した。この会社では100人以上いた人事部門のスタッフを30人以下に削減したが、社員の満足度は高まった。人事関連の定型業務は、社員がシステムを使ってセルフサービスで簡単に行えるようになった。人事部門のバイスプレジデントによると、同部門に残った社員の満足度も以前より向上しているという。彼らは、今では「休暇の日数を数えるのではなく、管理職としてのスキルを向上させる」ことに注力している[22]。このように、社員が能力を発揮できる仕事が増えていることを受け、人事部門では新たな採用を計画している。

アジアンペインツでは、取引先の小売業者から注文を受けるプロセスを標準化した。以前は、数百人の営業担当者が数千に及ぶ取引先を定期的に訪問していた[23]。営業担当者は、塗料などの製品の注文を受け、問い合わせに答え、地域の配送センターに注文内容を連絡する。連絡を受けた地域の配送センターが注文を届けていた。配送センターの多くは、ほぼ別個に運営されていた。

業務改善のチャンスがあるとにらんだ経営陣は、ERPシステムを導入した。これにより、受注から入金までの全プロセスを管理し、一歩進んだサプライチェーン・マネジメントを実現しようと考えたのだ。新システムの導入に伴い、地域内はもとより地域を越えた業務の標準化が必要となった。ERPシステムにより、効率と情報の質も向上した。同社のCIOで戦略担当役員のマニッシュ・チョークシーは「当社はこの時期に、財政的にもオペレーションの点でも、成長に向けた非常に強い基盤を構築した」と話す[24]。

システム導入後まもなく、経営陣はさらなるプロセス標準化の機会を見出した。分析の結果、現場の営業担当者が直接注文を受けるのではなく、集中コールセンターで注文を受けるほうが、顧客体験も売上げも改善する可能性があるということがわかったのだ。この変更によって、業務プロセスのうちいくつかの段階をなくすことができた。また、受注に関して規模の経済が働くようになった。

この変革には、サービスの質が上がるというおまけも付いた。それまでは、地域や営業担当者によって顧客満足度にはバラつきがあった。しかし、集中コールセンターをつくり、そのための技術的なプラットフォームが整備されたことで、この状況は変わった。経営幹部は、顧客に関するあらゆる活動を初めて全社レベルで一元的に把握できるようになり、その結果、どの地域の取引先にも、確実に同じレベルのサービスを提供できるようになった。コールセンターの責任者は、オペレーターの仕事ぶりに目を配り、必要に応じてトレーニングや変更を実施するようになった。改善は受注プロセス以外でも行われた。流通センターによって業績に差があることやその理由を、経営陣が把握できるようになったからだ。

では、社員はどうなっただろうか。コールセンターの担当者は、自動システムによって定型化された業務を行う。それでも、コールセンターの社員は、以前就いていた仕事よりも、今のほうがずっといいと感じている。

営業担当者はというと、それまで中心となっていた受注業務はなくなったが、それにより、もっとほかの仕事ができるようになった。今では、会社のシステムへモバイル機器でアクセスでき、また社内での研修やサポートもあって、営業担当者は高い技能を必要としない注文取りの仕事から、力のある顧客リレーションマネジャーへと変貌を遂げた。コールセンターのスタッフが喜んで受注業務を引き受けるなか、営業担当者の取引先へのサービスは良くなり、充実感も増している。

このように**標準化と自由裁量を同時に実現している例は、私たちが調査したほかの企業の中にも多く見られた**。あるオンライン薬局では、定型業務のほとんどが自動化されており、薬剤師は患者へのアドバイスや、複雑な注文の処理など、もっと能力を必要とする業務にあたっている。錠剤を瓶に詰めるような業務はもう行わない。第1章でも取り上げたシーザーズでは、しっかりした標準化と自動化によって業務プロセスは効率的になり、社員は顧客1人ひとりの最新情報を得られるようになった。顧客担当者は、上司に確認しなくとも、部屋のアップグレードや食事への招待などのサービスを提供できる。特別な対応が必要になりそうな顧客についてもリアルタイムで情報が入り、その方法を決めることもできる[25]。

コントロールとイノベーション

コデルコで上層部がリアルタイムで鉱山の状況を把握できるのは、集中業務センターのおかげだ。情報が1カ所に集まるので、上層部は起こりうる問題を見極められ、対策を手配し、より良い計画を立てることができる。バラつきを抑えることで業務プロセスの効率や安全性は上がり、一方で、リアルタイムでコントロールできるので、作業量の変動や鉱石の組成、機械効率の変化などに対応することができる。加えて、情報の一元化は、どんな分野で変革が行えるかを見つけ出すのにも役立っている。

多くの場合、自動化が適しているのは、厳密に管理する必要がある作業だ。飛行機の自動操縦装置は、航空機の機体が航空路から外れないよう推力と方向を微調整している。化学工業のプロセス・オートメーションでは、混合する化学物質の量や温度を調整して化学反応を最適化し、製品の品質を維持している。会計システムは、有効な口座や金額でなければ取引を進められないようチェックする。

その一方で、自動化によってイノベーションの機会が減る場合もあるし、バラつきのうち価値があるものを失うこともある。例えば、システムであまり厳しく管理されると、優良顧客に対して担当者が特別な対応をするのが難しくなる。また、サプライチェーンがシステムで厳密にコントロールされていると、店舗マネジャーは本部の指示に従わざるをえず、地元の顧客に適した商品構成にすることができなくなる。

標準化と自由裁量の例と同じく、コントロールとイノベーションのパラドックスに関して新たなチャンスを探すとしたら、まずはコントロールから見てみるとよい。モバイル機器や組み込み機器といった新しい技術によって、プロセスの効率や製品の品質を高める方法や、不正を防ぐ方法が新たに生まれている。しかし、コントロールのみに集中しようとする企業がある一方で、パラドックスを打ち破り、コントロールとイノベーションを同時に達成しようとする企業もある。

工程品質をコントロールする

アジアンペインツは、販売プロセスでは標準化と自由裁量というパラドックスの両方を実現していたが、製造においてはコントロールに集中することを選んだ[26]。ペイント製造は、ミスの生じる可能性が高く、利益率の低い事業だ。最大のコスト要因は原材料で、コスト全体の60%を占める。化学物質は適切な量とタイミングで混ぜ合わせる必要があり、また管理が適切でないと環境にダメージを与えるおそれもある。

塗料の需要が大きく伸びていたため、アジアンペインツでは3年ごとに新工場を建設する必要が生じた。CIO 兼戦略担当役員のマニッシュ・チョークシーは、世界レベルの工場を建設するには「労働効率を上げ、品質を高め、なおかつ廃棄物を減らすために、高度な自動化が必要となる」と話す[27]。

経営幹部は、その生産改善技術に可能性があると見て、2010年にはほぼ完全に自動化された20万トン規模の工場を新設し、さらに2013年には30万トン規模の完全自動化工場を新設した。情報管理に関しては、新工場はいずれも完全に一元化された。現場管理システムや倉庫からのデータは、途切れることなくERPに送られている。これにより、同社の業務効率はさらに向上した。貯蔵タンクから原材料が供給され、機械が混ぜ合わせ、最終製品として容器に入れられるところまで、全体が連続したプロセスとして行われる。進捗状況のモニターや機械のメンテナンスは技術担当者が行うが、ほかはすべてコンピュータがコントロールしている。

同社幹部にとって、自動化には人件費の削減以外にも大きなメリットがある。自動化により、さらなる規模の拡大や品質の向上、より高い安全性や環境保護が実現できる。職場での事故は減少し、入れ替わりが激しい工場の仕事で、新規に雇用すべき人数も減少する。また、製造プロセスの変動が減るので、製品の品質は高まる。さらには、各工程のデータを遠隔地から測定できるため、エンジニアは製造上の問題に以前より早く対応できる。

不正をコントロールする

新しい技術により、不正行為をコントロールする新たな方法が生み出されている。金融サービス会社には、無許可の取引を検出して防止するシステムや、コンプライアンス組織がある。クレジットカード会社は、不正管理業務をリアルタイムで、かつ自動で行っている。ほかの業界でも、デジタル技術による不正管理の可能性は広がりつつある。

社員による盗難や詐欺はさまざまな企業でよくある問題の1つだ。公認不正検査士協会によると、組織では一般的に、不正によって収入の約5%を失っているという[28]。全米レストラン協会によると、会員企業では年間売上げの4%を不正によって失っており、2007年の値ではその金額は85億ドル以上になるという。レストラン業界では税引き前利益率が2～6%であり、これは無視できない数値だ[29]。

不正の一例を見てみよう。レストランでは、ウェイターが自身の収入の足しにするため不正を働くことがよくあり、顧客や雇い主から盗み取る方法もたくさんある。例えば、顧客が支払った現金を自分のポケットに入れておいて、システム上で売上げをキャンセルしたり無料化したりする。あるいは、顧客からの支払いを受けた後で注文内容を転送するなどだ。こうした不正は、多くがマネジャーの目につかないところで行われている。ウェイター側も見つからないように、さまざまなテクニックを使っている。

最近、この問題に対処しようと、米国を本拠地とする大手のレストランチェーンが、あるソフトウエアを導入した。このシステムは、あらゆる現金取引をチェックして不正を見つけ、ウェイター側も弁解の余地がないほどに内容を明白にする。マネジャーはその不正がいつどこで起こったことなのかをはっきりさせ、そのうえでウェイターに向き合うことができる。不正をなくす方法はさまざまで、監視されていることを十分にわからせるという方法もあれば、罰金を科したり解雇したりといった方法もある。

このレストランチェーンの392の店舗でシステムによる効果を調査したところ、システム導入により、重大な不正は平均で21％も減少した[30]。さらに興味深いことに、各店舗の総収入が平均して7％も増えたのだ。これは、社員の生産性が著しく上がったか、システムが検知する以上に不正が抑えられていることを示唆している。さらには、（レストランでの不正の主な原因である）飲料の売上げは約10.5％増加した。

ファミリーレストランでの飲料の利益率は60～90％で、レストランの利益の約半分を占めるため、この結果はとりわけ意味のあるものだった。レストランのオーナーにとっては、こうしたデジタルによるコントロールは、大規模な投資も業務プロセスの変更も不要で、すぐに利益を増やせるチャンスとなる。もちろん、ウェイターにとっては取り分を増やすチャンスなどではない。

別の例も見てみよう。政府は長らく、納税申告や株式取引における不正の兆候を見つけるのにコンピュータを活用してきた。政府は現在、他の分野での不正発見の可能性についても検討している。例えば最近の調査で、自動車排出ガス検査での不正の兆候が見つかっている[31]。政府はこうした兆候を活用して、取り締まりの的を絞り、腐敗を減らせる可能性がある。

コントロール vs. イノベーションのパラドックスを打ち破る

プロセスで生じるバラつきを抑制し不正を減らすことに関して、技術の活用がもたらすメリットはとてつもなく大きい。しかし一方で、技術によりイノベーションを促進することもできる。プロセスを厳しく管理することで、アジアンペインツ、シーザーズ、コデルコといった企業は、問題領域を見つけてプロセスを改善する機会を得た。こうした企業では、対照実験を行うことができる。実験群と対照群を比較し、その差を測ることができるのだ。

シーザーズ CEO のゲイリー・ラブマンはこう話す。「シーザーズで解雇が行われるとしたら、理由は次のいずれかだ。まずは、会社から何かを盗んだ。2つ目は、誰かに対してハラスメントをした。そして3つ目は、対照群なしで実験を行った」[32]

あるレストラン会社は、スポーツイベントやエンターテインメント関連の会場などに設置した売店で、プロモーションや価格設定などに関して盛んに実験を行っている。デジタルサイネージ【訳注：ディスプレーなどの表示画面にさまざまな情報を発信できるシステム】を使って、セット販売やさまざまな価格設定を試して、それぞれの売上アップへの効果を測定するのだ。

販売担当者は、その会場で行われているのが野球の試合なのかサッカーなのか、コンサートなのかによって、メニューを変更することができる。現在同社が実験しているのは、天気や時間帯、在庫レベルに応じて需要を調整するため、価格を変化させてその影響を見ることだ。各地で得たアイデアは共有され、他の地域でも活用できるようになっている。だが、アイデアを違う場所で活用する際にはあらためてテストを行う。ミルウォーキーからのアイデアがマイアミでも本当に使えるのか、その逆はどうかを確認するためだ。

セブン - イレブン・ジャパンの例にはさらに目を見張るものがある。同社では強力かつ集中的にプロセスが管理されており、それによって効率が高まる一方でイノベーションも可能になっている[33]。同社は、本部や配送センターと各店舗をリアルタイムでつなぐ、情報とプロセスのプラットフォームを構築してきた。各店舗の店長は発注した商品の状況をすべて把握できるようになっている。

同社では、温かい食品なら1日2回、それ以外の食品は1日1回、食品以外はそれより少ない頻度で配達される。各店舗で見られる画面上には売上状況がリアルタイムで表示され、過去の同時期と比較することができる。店長は何が売れていて何が売れていないのかを把握でき、それに応じて発注を調整する。発注の調整は1日単位で行うことができ、例えば、肌寒く雨模様になりそうなときは温かい食べ物を多めに発注する。

このような同社の強力なプロセス管理によって、イノベーションも可能になっている。同社では定期的に新商品を開発しているが、いくつかの店舗でテスト販売をすることで、商品についてのフィードバックが素早く得られる。良い商品は残り、そうでないものは姿を消す。同社では、料金支払いなどのサービスに関しても実験を行っている。多数の店舗が各地にあることを活かして、顧客の利便性を向上させるのが狙いだ。

セブン-イレブン・ジャパンは、地域のレベルでも新しいイノベーションの機会を育んでおり、店長が自ら、何が売れそうか仮説を立て、それに基づいて注文をすることが奨励されている。例えば、子供たちがある決まった色の服を着ているのを見て、同じ色のアクセサリーを注文するなどだ。あるいは、顧客からの要望をもとに、新商品の提案をすることもできる。実験が成功したら、それは全店舗で共有できるイノベーションへと姿を変える。毎年商品の約半分を新商品が占める同社にとって、各地域のイノベーション能力がもたらす商機はとても重要なのだ。

セブン-イレブン・ジャパンの例は、コントロールかイノベーションかというパラドックスを、技術によって打ち破れることをはっきりと示している。バラつきを減らすための基準やプロセスは、企業の業績向上につながる実験の機会も提供する。

このような、厳しくコントロールされたプロセスを活用した実験は、アマゾンやグーグルなどのデジタル企業ではイノベーションのためのテクニックとしてよく知られている[34]。そして今、このテクニックはデジタルの世界からリアルの世界へと急速に移行しつつある。こうしたイノベーションには、今日のデジタル技術から得られる、一元的でリアルタイムのデータが不可欠だ。しかし、得られた情報を他社とは異なる方法で活用しようと積極的に取り組まなければ、デジタルを使ったオペレーションがもたらすイノベーションの可能性を切り開くことはできない。

調整・統合と解放

新しいデジタル技術によって、かつての束縛から人々は解放されつつある。好きなときに好きな場所で仕事をするという働き方もますます増えている。コミュニケーションも同様だ。少数の友人でも数百人の「友人」でも、望みどおりにやりとりすることができる。機密情報も、組織の内外を問わずさまざまな人々と簡単に共有できる。働く人々にとって、これはまさに自由だ。だが管理者にとっては、混乱以外のなにものでもない。

その一方で、デジタル技術によって複数のプロセスがより緊密に同期されるようになっている。倉庫や店舗で使われるモバイルのスキャナーは、在庫システムや財務システムに直結しており、自社に情報を伝えるだけでなく、他の企業にまで発注を出したりする。GPSと携帯電話があれば、現場スタッフの居場所も追跡できる。スタッフのスケジュール管理も仕事の成果の監視も、これまで以上に行える。製品に取り付けられた無線IC（RFID）タグ【訳注：製品などを識別するのに使われる無線ICチップ】やセンサーによって大量の情報が手に入り、その製品を追跡し、リアルタイムでプロセスを監視することができる。

これらの新技術やデータを活用する企業の多くが評価するのが、「調整・統合」することのメリットだ。だが、可能になるのはそれだけではない。企業の中には、どのようにして「調整・統合と解放のパラドックス」を打ち破るかを見通しているところもある。さまざまな制約から人々やプロセスを自由にし、一方でそれぞれの活動をより緊密に調整し、統合することを同時に行っている。

サプライチェーンをデジタルで調整・統合する

サプライチェーンには、デジタル技術を活かせる要素が多くある。例えば、サプライヤーや仲介業者、サービスプロバイダーや顧客といった、サプライチェーンでつながっているパートナーと、リアルタイムで情報を共有できる。また、サプライヤーとより積極的に協働し、原材料の流れを可視化することで、発注の精度が上がり、調達コストの削減につながる。サプライチェーンをデジタルで変革した企業は、他社を大きく引き離し、巨額の利益を手にしている。

日用品やヘルスケア製品のメーカーである米国のキンバリー・クラークは、需要動向をリアルタイムで把握できるようなデータ分析を用いて、需要を主軸に据えたサプライチェーンを構築した。このサプライチェーンによって、同社は過去のデータからの予測に基づいて製造を行うのではなく、顧客が実際に購入した分の補充に必要な分量だけを製造し、在庫できるようになった。

同社は、ウォルマートなどの小売店からのPOSデータを活用して需要予測を立て、それをもとに店舗への出荷を行い、データは社内での対応や計画作成にも役立てている。サプライチェーンのパフォーマンスを測る新たな指標も生み出された。この指標は、出荷数と予測の絶対差として定義され、出荷率として報告されるもので、SKU（最小在庫管理単位）ごと、出荷場所ごとに追跡できる。この指標を活用することで削減できた予測誤差【訳注：予測値と実績値の差】は、週ベースでは35％、2週間ベースでは20％にのぼる。18カ月間では、1～3日分に当たる安全在庫【訳注：需要の変動を見込んで安定的に商品を供給するために確保しておく予備在庫】が削減されたほか、完成品在庫は19％の削減となるなど、収益に直接影響する大きな改善効果があった[35]。

アパレル小売業のザラもよい例だ。ザラの「ファストファッション」のビジネスモデルを支えるのは、購買者を中心に据えた独自のサプライチェーンの能力である[36]。デザイナーなどの本社スタッフは、顧客の購買についての情報をリアルタイムで見て、新しいデザインや価格帯を検討する。製品に関する情報が標準化されているので、製造仕様書を準備すればコンピュータがサポートして素早くデザインできる。

製造工程では、裁断された各パーツがバーコードで管理され、サプライチェーン内で状況を追跡できるようになっている。配送センターでは手作業は最小限に抑えられており、光学式読み取り装置が毎時6000着のアイテムを分類して配送する。さらに、集中配送センターの近くで製造することで、サプライチェーン上のリスクを軽減し、リードタイムも削減している。

バリューチェーン全体を完全にコントロールすることで、デザインから製造、各店舗への配送まで、他社なら約9カ月かかるところをザラでは約14日間で行っている。バッチサイズ【訳注：1回のオペレーションで処理する量】が小さいため短期間での予測精度が高く、在庫コストは抑えられ、陳腐化もしにくい。そのため、値下げも少なくて済み、利益率は高くなる。ザラでの売れ残りは在庫の10％だが、業界平均では17～20％にのぼる。

調整・統合 vs. 解放のパラドックスを破る：エールフランス

キンバリー・クラークやザラといった企業は、サプライチェーン上のあらゆる要素をデジタル化により緊密につなぎ、莫大な利益を生み出してきた。調整し統合することに焦点を当てたこうしたアプローチはとても有効だが、「調整・統合か解放か」というパラドックスを打ち破る方法もある。それぞれの業務の調整や統合は強化しつつ、仕事によっては紙の書類やデスク、勤務時間などに縛られずに、人々が自由に作業できるようになるのだ。

エールフランスは、航空機の運航業務において紙の書類を電子化することで、調整・統合と解放のパラドックスを打ち破れることに気づいた[37]。同社の課題は、4000人のパイロットに関わり、世界中で1日当たり数百にのぼる運航計画にも関わってくる。これまでは、パイロット別、航空機別、飛行ルート別にそれぞれ異なる文書を機内に備えておく必要があり、飛行機に乗せられる紙は1回のフライトにつき60ポンド（約27キロ）に及んでいた。

それだけでなく、業務を調整し統合するという点では、紙の文書は優れたものではなかった。安全性やスケジュール管理といった点で重大な決定を下そうにも、入力担当者が情報を紙のフォームからシステムに入力するまで待つしかなかった。一刻を争うような場合には、担当者が電話か無線で個別に調整せざるをえず、事後にあらためてフォームに記載しなければならないこともよくあった。

フライトごとに文書を準備し管理するのは簡単なことではない。かつては、参照用として各航空機に書類が備えられたほか、パイロットは自宅にコピーを保管していた。パリのオルリー空港とシャルル・ド・ゴール空港には書類専用の部屋があり、就航路線の目的地別に用意される情報カードがいくつものラックに収められていた。いずれの航空機にも、搭載されたエンジンシステムによって異なる専用のマニュアルと性能計算書があった。また、各フライトについて、管理部門の職員がフォルダーを準備し、気象情報や空港に関する詳細、航空経路などをまとめていた。

こうしてできる書類の山のおかげで、エールフランスのフライトの安全性は維持されていたわけだが、業務は非常に複雑化した。エールフランスで副操縦士を務めるセバスチャン・ビーニョーはこう説明する。「以前は、飛行計画を毎月紙で受け取っていたものだ。パイロット4000人に加え1万5000人のパーサーや客室乗務員の1人ひとりに、飛行計画に関する書類が郵送されていた」(38)

2006年、エールフランスの経営陣は、テクノロジーを活用することで紙のフォーマットやマニュアルから社員を解放し、同時にプロセスをうまく調整し統合できるのではないかと考えた。それによりコストとリスクが削減でき、パイロットの訓練も改善できて、さらには、緊急かつ重要なプロセスを素早く進められる可能性があった。

エールフランスは、さまざまな情報やフライトに関する文書をデジタル化することから始めた。次いでパイロット全員にノートパソコンを支給し、パイロットは、以前は紙で行っていた仕事をパソコンを使ってできるようになった。一方で、航空機には電子フライトバッグと呼ばれるタブレット端末を備え、航空関連の業務で使う紙を減らす道を開いた。スタッフはさまざまな文書をリアルタイムで、1つの場所にいながら読めるようになり、その効果は絶大だった。デジタル文書は紙の文書よりもアップデートしやすく、管理も簡単だ。また、1度タップするだけでパイロットはほぼ最新の文書を入手できる。乗客にとっても、オペレーションの効率が上がったため、待たされる時間が減るというメリットが生じた。

上々のスタートとなったが、問題もあった。アプリケーションの設計に課題があり、またパイロットが新しい方式への移行に乗り気でなく、満足のいく状況ではなかったのだ。そこで2009年には、速くて簡単でモダンなシステムを開発しようと、IT担当者と現役パイロットが一緒に取り組んだ。わずか数カ月で、チームはパイロットパッドと呼ばれるiPadを使ったシステムを開発した。パイロットにとっては、元のパソコンを使った方式よりもずっと使いやすいものとなった。

エールフランスのこうした業務上の変革は、ほとんど顧客の目に触れるものではなかった。しかし、乗務員間の調整や機体の準備がよりスムーズになり、待ち時間が短縮され、安全性が向上するなどの効果が生じ、顧客に対してもプラスの効果があった。

エールフランスは、デジタル化で業務を調整し統合することで業務プロセスを大幅に改善した。しかし、メリットはさらに広い範囲に及んだ。パイロットはストレスの原因となっていた、労力の必要な作業から解放された。パイロットパッドを使うことで、世界中どこからでもオンラインでスケジュールにアクセスできるようになり、現在では、何らかの情報が更新されると、その情報に関係するパイロットの6割が24時間以内に確認している。どこにいても最新の情報を把握できるのだ。

パイロットに欠かせない講習も行いやすくなった。これまでは、最新の航空機の情報や操縦方法を理解するには、集合形式でセミナーを受ける必要があった。その方式だと、多忙なフライトスケジュールの合間を縫っての参加は簡単ではなかったが、新たに導入されたeラーニング形式なら、パイロットはいつでもどこでも講習を受けることができる。

今のところ、パイロットパッドは成功を収めている。紙の書類から自由になることで、エールフランスはこれまで以上に業務プロセスをうまく調整し、統合することができたのである。それだけではなく、タブレットを導入することでパイロットの自由度は増し、飛行以外の業務なら時間や場所を選ばずに行えるようになった。

「パイロットパッドの導入で、フライト関連の業務は効率的になり、行いやすくなった。今では、パイロットから受ける質問は『パイロットパッドはいつもらえるのか』というものだけだ」。2013年、エールフランスはこのシステムを全パイロットに拡大した。フライト業務担当部門は、パイロットを対象としたこの方法に可能性を感じ、新しいデジタル能力を用いてさらに活用を進めようと計画している。例えば、2014年には客室乗務員にもiPadが支給される。

業務上の強みを構築する

オペレーションのデジタル変革が始まったのは1960年代から70年代で、簡単な取引システムが対象だった。その後、80～90年代には、コンピュータや電子メール、オンラインシステムの導入により、デジタル変革は加速していった。2000年代に入ると、携帯電話やいつでもアクセスできるインターネット、グローバル・コミュニケーションのコストの低下などにより、さらに飛躍的にデジタル化が進んだ。現在では、フレキシブルロボットや高度な解析技術、音声入力や翻訳技術、3Dプリンティングなどのテクノロジーによって、さらにデジタル変革は加速している。

あなたの会社ではどうだろうか。業務をデジタル変革する機会はありそうだろうか。業務にデジタルを活用することで手に入るのは、優れたツールだけではない。デジタルの活用は、人とプロセスと技術を独自の方法で組み合わせて、競合より優れた業績を上げるのに役立つのだ。本章で紹介した例には、プロセスに新技術を加えただけというものは1つもない。ここで取り上げた企業は、自社の業務プロセスを再考するきっかけとしてデジタル技術を活用している。業務を変革することでどんな効果があるのかをしっかり理解できていれば、業務オペレーションで他社が真似できないような優位性を築くことができるのだ。

どのように業務を変革するか考えるにあたっては、モバイルやアナリティクス、組み込み機器などについて考えてはいけない。考えるべきなのは、「これまでずっと制約になってきたものは何か」ということだ。あまりにも当たり前のことで、制約だと気づきもしなかったようなことである。そのような制約の前提となっていることは、今も真実なのだろうか。新技術によってまったく違うやり方ができないだろうか——。チャンスをつかむにはこうしたことを考える必要がある。

6つのレバーについて、あなたの業務ではそれぞれどのように適用できるかを考えてほしい。そのうえで、技術を活用し、パラドックスを打ち破る方法を見つけるのだ。だが、そこで終わりにしてはいけない。私たちが調査したデジタルマスターは、業務の変革に向けて複数のレバーを使っていた。単独で使う場合も、組み合わせて使う場合もあった。1つの変革が別の変革を招き、さらに別の変革へとつながっていったのだ。

さまざまな企業が製品設計や製造工程を紙から解放し、業務プロセスを新しいやり方で調整し、統合しようとしている。コデルコはより良く管理できるよう自動化し、それによってプロセスを革新した。アジアンペインツは、過去からの前提を見直し、販売プロセスを標準化する一方で、現場の営業担当者に自由裁量権を与えて、彼らがもっと戦略的な仕事に取り組めるようにした。シーザーズは、プロセスをデジタル管理し、一方で社員が自身で意思決定できる環境を整え、また各プロセスを改善するようなイノベーションを見出そうとしている。

業務をデジタル変革するには、その場その場で改良していくのではなく、ビジョンが必要だ。それだけではなく、リアルタイムで入手できる質の良いデータも求められる。そうしたデータを人や機械が活用する。多くの企業の場合、業務変革は、過去のシステムや情報を徹底的に見直し、さまざまなプロセスやデータを一元化するところから始まる。簡単な仕事ではないが、やる価値はある。第7章で見ていくが、自社のテクノロジー・プラットフォームを改善することがすべての基礎となるのである。

デジタル・シフト戦略チェックリスト

業務オペレーション

- ✓ デジタル以前の時代の前提から自分を解放する。
- ✓ 業務プロセスのボトルネックや非効率を見出し、新しいデジタル技術が業務の見直しに役立つかを検討する。
- ✓ 6つのレバーがそれぞれ業務を改善するのにどう役立つかを検討する。
- ✓ パラドックスを生む2つの要素を一度に扱えない場合は、標準化かコントロールから始める。そうすればほかのレバーも活用できる可能性がある。
- ✓ 業界内外の他社の例を十分検討する。
- ✓ 顧客体験と並び、しっかりしたデジタル・プラットフォームが業務変革には不可欠である。これについては第7章で詳しく検討する。

第 3 章

REINVENTING
BUSINESS MODELS

ビジネスモデルを改革する

インスピレーションと想像力を抑えてはならない。
モデルの奴隷になってはならない。

ヴィンセント・ヴァン・ゴッホ

ビジネスモデルの改革は、なぜ実現しにくいか

第2章で述べたように、バーバリーなどのデジタルマスターは、顧客体験を変革することで価値を生み出している。また、コデルコのように、業務オペレーションを変革して業務効率を格段に向上させているデジタルマスターもある。だが、それ以上の変革も可能だ。顧客体験や業務オペレーションを見直し、事業の経済性を再考して、そこからビジネスモデルそのものの改革を図るのだ。

デジタル化の進展による変化の波は、次々と起こるようになっている。市場の勢力図は絶え間なく変化している。これまで企業や業界を守ってきた参入障壁の多くは、すでに消え去った。競争はグローバル化し、新しいチャンスを追い求めるためにデジタル技術が使えるようになっている。既存のビジネスモデルの賞味期限はますます短くなり、競争優位を持続できるという考え方そのものが疑問視されている。どんな業界でも経営陣は、デジタル化の急速な進展によって生じる機会や脅威に敏感になり、必要に応じてビジネスモデルを改革できるよう準備しておかなければならない。

ビジネスモデルの改革では、何をどうやって売るか、つまりどうやってお金を稼ぐかを根本的に変える場合もある。業界内での戦い方を再考することもあれば、バリューチェーンを組み直して、競合他社よりもはるかに高い効率性を実現することもあるだろう。事業を単なる複数の国での展開から、本当の意味でグローバル化することもあるだろうし、製品から付加価値の高いサービスへの移行、あるいはまったく新しい市場への移行を考えることもあるだろう。今のビジネスモデルを増強したり、新たなモデルに置き換えたりするためには、新しいデジタルビジネスやサービスを創り出す必要があるかもしれない。

ビジネスモデルの改革によって価値を創造できる可能性があると経営陣が考えるのには、少なくとも3つの理由がある。1つ目は、ビジネスモデルの改革によってバリューチェーンが整理しなおされ、競争環境が大きく変わるからだ。すでに、小売から航空業界に至るまで、さまざまな分野で新たに何

十億ドルもの価値が生み出されたり、再分配されたりしている[1]。2つ目は、よく考えられた革新的なビジネスモデルとそれを支えるオペレーションは、他社が真似しにくいからだ。そして3つ目は、昨今の飛躍的な技術革新によって、ビジネスのあり方を根本的に考え直す機会（と脅威）が次々と提示されるからだ。例えば、製造業では、3Dプリンティングよって誕生した新しいモデルにより、数年前には想像できなかったような方法で新たな価値提供が行えるようになった。

だが、あれこれ言われている割りには、ビジネスモデルの改革は実現しにくいものだ。私たちが行った調査では、自社のデジタルでの取り組みが新事業の創出に役立っていると答えたのは、回答者のわずか7%にすぎなかった。また、デジタル技術のおかげで、新しいビジネスモデルが生まれつつあると答えたのは15%にとどまっている[2]。おそらく経営陣の多くは、そもそもビジネスモデルの改革を考えていないであろうし、リスクが高すぎると見ているのかもしれない。

では、なぜビジネスモデルの改革について考えなければならないのだろうか。それは、そうしないほうがずっとリスクが大きいからだ。音楽業界や新聞メディア、証券会社といった企業の経営幹部は、デジタル化によるビジネスモデルの改革によって、恐ろしいほどの変化が業界にもたらされるのを目の当たりにしてきた。保険業界や教育業界も同じようなことを経験しつつある。いずれの業界でも、あなたの企業が先頭に立って現在のビジネスモデルに敢えて挑む必要がある。そうしなければ、他社が先にやるだけだ。

現状に甘んじない

ロンドンのタクシー業界のビジネスモデルは、長年変わっていなかった。各社は、年中無休のコールセンターや車に備え付けのGPS機器など高価なインフラを使って需給を調整していた。だが、こうしたテクノロジーが使われているにもかかわらず、ロンドンでタクシーをつかまえるのは簡単ではなかった。この状況を見て動き出した人々がいた。

2010年、3人の起業家と3人のタクシードライバーがロンドンのソーホーにあるカフェで出会った（彼らがヘイローの共同創業者となる）。このとき6人は、タクシー業界のビジネスモデルを変えるようなことはまったく考えていなかった。テリー・ランハム、ラッセル・ホール、ゲイリー・ジャクソンの3人のタクシードライバーは、以前にもタクシー関連のeビジネスを立ち上げようとしたことがあったが、結果は良い部分も悪い部分もあった。一方で、ロン・ゼギベ、ジェイ・ブレグマン、カスパー・ウーリーの3人は、宅配サービスのeビジネス向けに開発したアルゴリズムを、何か新しい方法で使えないかと探しているところだった。6人は即座に意気投合した。ロンドンのタクシー業界の非効率さをチャンスに変えられるという点で、意見が一致したのだ。

タクシードライバーの3人の見解は、一般的な考え方には反するものだった。今の段階では顧客体験は考えなくていい。大事なのはドライバーにとって役立つシステムを作ることで、そうすればあとは自然についてくる、というのだ。3人の起業家はそこに可能性を感じた。供給サイドを差別化することで、参入障壁を築けるかもしれない。どの競合も顧客の囲い込みを狙っており、似たようなモバイルアプリを使って競い合っている。だから、必要なのはまったく違う取り組み方だ——。

チームはタクシードライバーにとって重要な、2つの根本的な悩みに注目した。稼働率と孤立感である。ほとんどのタクシードライバーは、空車の時間が勤務時間の30～60％を占めていた。したがって、稼働率を上げるための仕事を提供して、そのぶんドライバーから少額の手数料をもらうのは理にかなっていた。さらに、タクシードライバーのコミュニティは小さくて結束が固いものの、それぞれのドライバーは孤独を感じていることが多かった。だから、ドライバーが参加できて、互いにつながることができるソーシャルコミュニティを提供することも良いと思われた。こうしてヘイローは、この2つの特徴を持つ市場で、供給側であるタクシードライバーにぴったり合う価値の提案を考え出した。

ヘイローは今すぐできる仕事（乗車を求めている人）の一覧を見やすい形で提供し、効率よく乗客を獲得する方法や、過去からの業績を確認する方法なども提供している。また、ヘイローのアプリは、ドライバーにリアルタイムの交通情報も教えてくれる。劇場公演の終演時など、ある地域で複数の仕事が発生するような場合には、ドライバーにアラートを送ることができる。さらには、個々のドライバー向けの充実した営業日誌もアプリ上で見られるようにした。ドライバーは、勤務時間中に稼働時間が占める割合や、日ごとのディーゼル燃料消費量、1時間当たりの収入、その他の多数の管理データなどを見ることができる。また、毎日の目標を設定したり、実績を過去と比較したりすることもできる。

孤立感への解決策として導入されたのは、アプリにあるニュースフィードだ。ドライバーは自分の状況を投稿したり、仲間のドライバーと情報を共有したりできる。いわば、タクシードライバー向けフェイスブックといったところだ。近しい友達とグループを作って登録すると、1日を通して登録した相手が市内のどこにいるかわかり、チャットもできる。

ヘイローを導入してからわずか数カ月で、タクシーの平均稼働率は大幅に上昇するようになった。ドライバーらは、ヘイローを使い始めてから売上げが平均30%伸びたと言う(3)。すると、2013年には、ロンドンのタクシードライバーの60%以上がネットワークに加入するようになった。

最終顧客であるタクシー利用者には、どのような影響があっただろうか。ヘイローは、非常にシンプルで直感的に使える、利用者向けスマホアプリを開発した。アプリ上で空車タクシーを見つけて呼び出すと、ドライバーの登録ナンバー、名前、写真、携帯電話番号が顧客に送られる。顧客がロンドン市内のどこにいても、平均約4分でヘイローの登録タクシーが到着する。

競合他社とは異なり、ヘイローの登録ドライバーは呼ばれてすぐにではなく、5分経ってから課金を始める。2012年の初め頃までは、支払いの99%が現金だった。タクシーのうち3分の2はクレジットカードを扱うことができず、クレジット利用の手数料も12.5%と割高だった。ヘイローなら、利用客は自分のカードを登録することができ、自分の電話からタップするだけで簡単に支払いを済ませられる。2013年時点では、利用登録者数はロンドンだけで50万人近くになっていた。

では、ヘイローはこうした仕組みからどうやって利益を得るのだろうか。

ビジネスモデルは単純だ。ヘイロー経由で顧客を1回乗せるごとに、ドライバーから一律10%の手数料を徴収するのだ。登録料は課していない。ヘイロー創設者の1人が言うように、(タクシードライバーが)「いったんコストをカバーしてしまえば、あとは利益が出るだけ」と考えるからだ[4]。

また、デジタル技術のおかげで、ヘイローは並外れた低コストで事業を運営できる。ヘイローではドライバーに機器を提供することはなく、GPS機能が付いたディスプレーや機器を導入する費用はかからない。代わりに、ドライバーのスマートフォンがその役割を果たす。ドライバーのスマートフォンの利用代金については、ヘイロー側がまとめて交渉することで、ドライバーにとって有利なプランで電話会社と契約ができる。また、競合他社とは異なり、ヘイローでは24時間年中無休で対応するコールセンターの設置費用もかからない。ソフトウエアのアルゴリズムが、人間よりもずっとうまくドライバーのスケジュールを管理しているからだ。

同社は海外にも進出し、世界の数都市で事業を展開しているが、ビジネスモデルは地域の状況に合わせて調整している。このようにして、同社はビジネスモデルを18カ月で作り上げて成功してきた。創業者のロン・ゼギベはこう説明している。「この業界で技術を活用するなら、業界のことを裏も表も知っている人々が必要だとわかっていた。こうした人々の見識に耳を傾け、活用して、ビジネスのDNAをつくり上げたからこそ、大きな利益が生まれているのだ。今では、どんな市場に参入しても、既存のプレイヤーと互角にやり合えるだろう」[5]

ヘイローの例からわかるのは、デジタル技術を使い、業務オペレーションと顧客体験の優れた部分を組み合わせ、それを織り込んで差別化したビジネスモデルを作ることが利益につながるということだ。ヘイローや、サンフランシスコに拠点を置く同業のウーバーといった企業の革新的なビジネスモデルは、単に技術を活用しただけのものではない。成功の核はもちろんデジタル技術だが、他のさまざまな要素が重なり合って優れたビジネスモデルとなっている。供給側のコントロールや経済性のモデル、顧客体験、実行にあたっての効率性といった要素である。

ビジネスモデル改革の5つの型

ビジネスモデル改革という言葉は、今ではマネジメント用語の1つになってはいるものの、さまざまな解釈や定義が存在する発展途上の分野である[6]。ここ数年に出版された何冊かの書籍によって、企業や産業レベルでのビジネスモデルの開発やイノベーションについての理解が進んだ[7]。なかには、ビジネスモデルを改革する際のテクノロジーの役割について、特に焦点を当てた書籍もあった。こうした書籍が扱うのは、情報システムが主導するビジネスモデルか、新しいデジタル技術をビジネスに応用することでもたらされる破壊的イノベーションが中心となっている。後者は主に革新的なスタートアップ企業によるものだ[8]。

本書では、大規模なグローバル組織の視点から、企業がデジタル変革をどう進めていくのかに焦点を当ててきた。ビジネスモデルを改革するにあたっては、大企業の経営陣には視野を広げる広角レンズが必要だ。すなわち、出てきたばかりの新技術、スタートアップ企業、小規模な新規参入企業、関係の近い業界の企業などをすべて考慮する必要がある。そのすべてが技術破壊を引き起こすわけではないが、それらが組み合わさった場合に、いずれ自社のビジネスに大きな影響が及ぶ可能性がある。

研究を進める中で、私たちは文献に登場するあらゆるビジネスモデルを見てきた。一般的に知られているものもあれば、やや極端なものもあり、業界を問わず適用できそうなものもあった。どれも価値を十分に生み出す可能性があり、リスクもさまざまだ。

私たちは、デジタル技術によるビジネスモデル改革に、大きく分けて5つの型を見出した。1つ目は、業界のあり方の改革である。これはヘイローがタクシー市場で行ったような種類のもので、業界構造を大幅に変える、あるいはまったく新しい消費者の行動に応えるものだ。2つ目は、製品やサービスの置き換えだ。主要な製品やサービスが、デジタル形式のものに置き換わった場合がこれに当たる。3つ目は、新しいデジタルビジネスの創造で、この場合、新しい製品やサービスを生み出すことにより、新たな売上げが加わる。4つ目は価値提供モデルの再構築である。これは、製品やサービス、データの組み合わせを変えることで、バリューチェーンにおける自社の動き方を変えるというものだ。5つ目は、バリュー・プロポジションの再考で、新しいデジタル能力を使い、既存顧客や新規顧客のまだ満たされていないニーズを満たすことを考える【訳注：バリュー・プロポジションとは、企業が顧客に提供する価値の組み合わせのこと。商品のほか価格や提供方法など顧客にとっての価値を組み合わせたものを指す】。

5つの型のどれにも注目する価値がある。ビジネスモデルの改革は、新しい価値を創り出す機会となる。守りと攻め、どちらも大事な要素だ。競合他社や、業界外から新規参入を狙う企業が既にビジネスモデル改革に熱心に取り組んでいると考えよう。あなたは改革にどのように取り組めばよいだろうか。調査から見えてきたモデルを見てみよう。

①業界のあり方を改革する

業界のあり方を変えるのは、どんな企業にとっても難しい。それは日常的に行うことではなく、複雑でリスクの高い取り組みだ。新しい形で価値を提供しようとすると、企業は自社の中核事業という安全な領域から踏み出さなければならない。業界の形を変えるには、新しい能力や新しいオペレーション、新しい経済性のモデルが必要となることもある。

競争優位を獲得するために各企業がこれまで取り組んできたのは、より良い顧客体験の提供や、社内の業務の最適化、物流チャネルの拡大などが中心だった。今では、インターネットや新しいデジタル技術を駆使してさまざまな参加者を結び付けて、その人たちのために新しいプラットフォームを構築し、互いの間でやりとりや取引が行えるようになった(9)。また、自社のものではない資産を活用し、バリューチェーンを構成しなおすことも可能になっている。アマゾンのようなクラウドでの基盤を提供する業者から、必要なITサービスを選んで買うこともあれば、イノセンティブ（InnoCentive）【訳注：研究開発における科学的問題解決のために、イーライリリー社が2001年に作ったクラウドソーシング・サービス。自社内で解決できなかった問題を公開し、優れた解決策を提示した登録メンバーに報奨金を出す】のようなプラットフォームを使って自社の研究開発機能を外注することもできるし、オーデスク（oDesk）【訳注：フリーランス・ワーカーと業務委託する人を結び付けるクラウドソーシング】のようなオンライン上の人材市場を使って、主要なポジションの人材を調達することもできる。

プラットフォーム経済は、業界外にも適用される。この点に関しては、後段でナイキやボルボの例を見ていく。両社は、新たな収入源や、顧客とつながる新たな方法を創造するために、プラットフォームの考え方を活用してきた。私たちが研究で見てきたビジネスモデルで、デジタル技術を使って業界を改革しようとするものは、いずれもプラットフォームを何らかの形で取り入れていた。

業界を変えるプラットフォームを構築した成功例として、よく知られているのはアップルだ。アップルは、洒落たデザインのiPodを開発し、誰でも簡単に音楽をダウンロードできるようにした。しかし、本当の変化が起こったのは、アップルがiTunesストアを立ち上げてからだ。iTunesストアは、ハードウエアとソフトウエア、デジタル音楽、動画をまとめて、使いやすくパッケージ化したサービスだ。

あとはよく知られたとおりである。iTunesストアによって、アップルにとって利益率の高いiPodが、市場で選ばれる商品となった。しかし、それだけではない。アップルは、コンテンツ流通の主要なプラットフォームとなり、楽曲1曲の基準価格を決めるようにもなったのだ。このような業界レベルでの改革が起こることはまれだが、一度起こると競争のルールはすっかり変わってしまう。

マルチサイド・プラットフォーム自体は新しいものではない。アメリカン・エキスプレスやペイパル、スクエアなどの企業【訳注：オンライン決済サービスを提供】は、売り手と消費者を結び付けた。ソニーのプレイステーションや、マイクロソフトのXボックスは、ゲーム開発者とユーザーを結び付けた。最近では、グーグルのアンドロイドが、携帯端末メーカーとアプリケーション開発者、そしてユーザーを結び付けている。

新しいのは、デジタル技術によって「プラットフォーム型のビジネスモデルの持つ機会が飛躍的に広がった」という点だ。自動車業界から教育、医療、さらには法律サービスに至るまで、幅広い業界で変革の機が熟しつつある。2013年に発表された記事の中で、ジェフリー・パーカーとマーシャル・ヴァン・アルスタインは、この本の「はじめに」でも引用した、起業家でベンチャーキャピタリストでもあるマーク・アンドリーセンの言葉をこう言い換えている。「プラットフォームが世界を席巻する」[10]。この2人が主張するのは、私たちはビジネスモデルの大きな転換期の最中にいるということだ。この転換をもたらしているのは、インターネットでつながり合ったユーザーたちである。

いわゆるシェアリング・エコノミーに属する企業は、資産の割合が大きい産業の性質を見直しており、それが大企業のビジネスモデルにも示唆を与えている。貸し出すための資産を持っている数社の大企業だけが売上げを獲得するのではなく、新たに現れた企業は、手持ちの資産を一時的に貸し出したいという人々と、顧客との間を仲介する。カーシェアリングから宿泊施設、臨時雇用の人材、共同での資金調達、ドッグシッターに至るまで、コラボ消費【訳注：モノやサービスを1人で所有するのではなく、多くの人間で共有する消費のスタイル】は、消費者にとっては新たな選択肢の1つとなっており、確実に発展しつつある。

ホテル業界を見てみよう。マリオットやヒルトンなどのホテルチェーンは、多額の投資をして宿泊施設を建設し、1泊、あるいは月単位で顧客に貸し出している。だが、他の人々も似たような資産を持っており、追加収入を得るためなら喜んでそれを貸し出すだろう。例えば、海辺の別荘だとか、空いている寝室、自分たちが休暇で出掛けている間の自宅などだ。したがって、企業が「自分の資産を貸し出したい」という個人のニーズを活用して、こうしたまだ成熟していない市場から利益を上げることも可能だと思われる。

2008年、エアビーアンドビーは、従来型の部屋の貸し方のモデルに、未開拓の大きな可能性があることに気づいた。エアビーアンドビーは、オンラインとスマートフォンをベースにしたコミュニティ型の市場をつくり、世界中で宿泊場所を貸したり、予約したりできるようにした。創業時には小規模だった同社だが、急速に成長を遂げた。2009年の延べ宿泊予約者数は10万人だったが、翌年には75万人となり、その次の年には200万人を超えた。2013年時点では、世界192カ国の3万3000の都市で利用されている(11)。

毎晩約15万人がこのサービスを利用しており、ヒルトングループの毎晩の利用者が世界で60万人であることを考えると、かなりの数だと言える(12)。エアビーアンドビーのビジネスモデルのベースになっているのは仲介業務だ。貸す側からは3%、借りる側からは施設の質や価格に応じて6～12%を徴収し、それがエアビーアンドビーの収入となる。同社はこの手数料を元手に、顧客サービスや支払い処理、貸し手に対する百万ドルの損害保険の保険料の支払いなどを行う。貸し手と宿泊者は互いに評価しあう仕組みになっており、これによってサービスの質や信頼性の向上を図っている。

大企業もこうしたやり方に目をつけた。2013年、マリオットは携帯とウェブ向けアプリのリキッドスペースと提携し、ホテルの会議室の貸し出しを始めた。こうした施設は宿泊客しか利用できないという、それまでの考え方に一石を投じるものだ(13)。いまや世界各地の大規模ホテルチェーンが、シェアリング・エコノミーの考え方を自らのビジネスモデルにも応用しようと、検討を重ねている。

シェアリング・エコノミーはさまざまなレンタル関連の産業に浸透しつつある。カーシェアリングのジップカーは2000年に設立された。利用者は1時間や1日といった単位で車を借りることができ、電話やクレジットカードで予約が可能だ。同社のビジネスモデルには、自動車保険と駐車場も組み込まれている。数が少なく見つけにくいレンタカーの店舗とは異なり、ジップカーの車は街中の便利な場所にある駐車場に停めてある。利用者は、書類の記入などの利用手続きで時間を無駄にすることなく、素早く車に乗ることができる。たまにしか運転しない利用者にとっては、車を所有したり従来のレンタカーを使用したりするよりも、ジップカーのほうが便利なうえに安くつくことから、同社は急成長し、今では世界をリードするカーシェアリング・ネットワークとなっている。2013年の半ばには、北米と欧州数カ国で会員数は81万人、提供する車の台数は1万台となっている(14)。

ホテル業界と同様に、自動車業界の大手企業も動き始めた。2009年、ダイムラーはカートゥーゴー（Car2go）というサービスを開始した。これは、同社のコンパクトカー、スマートフォーツー（Smart Fortwo）を貸し出すもので、料金は走行距離やガソリン消費量には関係なく、1分単位の利用時間で計算される。2013年の時点で、このサービスは8カ国で8000台を導入して展開されており、40万人以上が利用している(15)。なお、ジップカーは2013年に、レンタカー大手のエイビスに買収された(16)。

こうしたビジネスモデルがこれまでのビジネス以上の価値を生み出すのか、あるいは、単に既存のビジネスに置き換わるだけなのかは、現時点ではまだ明らかではない。だが、このような**デジタルによって可能になる資産共有型のビジネスモデルが、ますます大きな意味を持つようになることは間違いない**。今後、もっと多くの業界で同様のモデルが出てくるはずだ。十分に活用していない資産があるなら、時間単位でその資産にアクセスできるようなモデルを使って最適に活用する方法を見つけ、稼ぐための正しい算定式を見つけることで、貴重な新しい収入源が手に入るかもしれない。

業界を改革するこのような試みは、マルチサイド・プラットフォームと呼ばれるビジネスモデルであり、ここ数年ビジネスリーダーの注目を集めてきた。それを実現するためには、まずはこうしたプラットフォームの背景にある経済性を理解することが不可欠だ。学術分野での研究も、プラットフォームの経済性についての理解の助けとなってきた(17)。マルチサイド・プラットフォームは、ヘイローがタクシーで、エアビーアンドビーが宿泊施設で実現したように、細分化された業界でバラバラになっている参加者を効率よく集合させるものだ。それによって、経済学者の言う探索コストと取引コストを減らすことができるのである。

プラットフォームがうまく機能すると、ネットワーク効果によって参入障壁を築くことができる。例えば、イーベイを利用する買い手が増えれば、それに惹かれて売り手が増え、それがさらに買い手を増やす、という具合だ。プラットフォームの片側にいる利用者にとっての価値は、もう一方にいる利用者の増加につながる。さらには、利用者が多く集まることで、従来は参入障壁となっていたものがなくなることもある。例えば、旅行者の間での情報のやりとりが増えれば、旅行代理店からアドバイスをもらう必要はなくなるだろう。

業界全体を改革するようなプラットフォームはそう簡単に出てくるものではない。だが、多くの業界にチャンスがあることは確かだ。業界を変えるような新しいビジネスモデルを作り出すには、ビジョンと創造性、慎重な計画、実験、そして投資が必要だ。成功する人はわずかだが、もし成功すれば相当な優位性が築ける。

②製品やサービスを置き換える

あなたが提供している製品やサービスが、新しいデジタル技術によって別のものに代替されつつある場合、ビジネスモデルを変革せざるをえないことがある。こうした場合に必要になるのは、あなた自身の製品やサービスを置き換えることだ。既存の製品と新たな製品が食い合うことになるかもしれないが、これまであなたが提供していたものが、新しいデジタルの製品やサービスに本当に代替されるのだとしたら、ほかに道はない。

デジタル画像がフィルムに取って代わり、スマートフォンがカメラに取って代わったことで、コダックと富士フイルムの従来のビジネスモデルは時代遅れになった。両社とも、変化が来ることは理解していた。だが、生き残ったのは富士フイルムだけだった。コダックは、自社の中核事業に長くこだわりすぎたのだ。富士フイルムは、多角化することでデジタル化による猛攻撃をなんとか乗り切った。同社は、化合物に関する専門知識を使って化粧品の分野に参入し、フィルムの分野ではフラットパネルディスプレー用の光学フィルムの製造に着手した[18]。

これまでのビジネスモデルで、顧客や利益がだんだんと減少しているようであれば、すぐに見直しを始めてほしい。既存の事業がまだお金を生み出しているのなら、そこからの資金と現在のブランドを使って、新しいモデルを試すことができる。この実験により、スタートアップ企業は恐れをなすかもしれないし、脅威となりそうな競合他社に対して優位に立てるかもしれない。しかし、こうした根本的な変化には早く対応するに越したことはない。

20年ほど前から、電子メールやソーシャルメディアなど、個人や企業はさまざまな形で、文書のやりとりや文字でのコミュニケーションができるようになった。だが、これは誰にとっても良い出来事だったというわけではない。郵便事業者は、手紙の郵送という中核事業の急激な衰退を経験した。オーストラリアを例に取ると、2009年から2012年にかけて、オーストラリア郵便公社で郵送された手紙の数は17%も減少した。売上げにすると20%の減少だ[19]。同社はかつて、文字ベースのコミュニケーションでは100%のシェアを誇っていた。これが1世代で1%未満にまで縮小してしまった。この極端なデジタルによる代替では、明らかにビジネスモデルを再考する必要があった[20]。

コミュニケーションがデジタルに移行するのに伴い、世界中の多数の郵便事業者がE2E（電子対電子、electronic-to-electronic）サービスを目指してきた。それによって既存のビジネスが食われてしまうので、直感的には好ましくないと思われるかもしれない。しかし、実際の郵送チャネルと電子チャネルとを統合して新しいプラットフォームを構築すれば、郵政事業者はコミュニケーションや商取引の仲介者として、その役割を維持できる可能性がある。

デンマークとスウェーデンで郵便事業を行うノルディックポストは、電子サービスによる事業の多角化に、1990年代という早い時期から取り組んだ。同社のeボックスは、デジタルの私書箱サービス事業で最も成功し定着したものの1つだ。デンマーク郵政公社や、北欧の決済サービス事業者のネッツ（Nets）も、eボックスの一部の株式を所有している。

eボックスは、企業から利用者、政府から利用者への通知をサポートする、閉鎖型の一方向システムとして始まった。もともとの狙いは、個人が文書管理をまとめて行えるような格納場所を提供することで、それを誰でも使える認証付きのものとすることだった。eボックスによって、大企業や政府が利用者に通知を送る際のプロセスは、完全にデジタル化できるようになった。また、組織側としては、通信手段をデジタルにするか郵送にするかを検討するのが簡単になった。そして利用者からすると、eボックスは便利で安全性も高く、なじみのあるオンラインのシステム（インターネット・バンキングとよく似ている）だった。このサービスでは、支払いもできるほか、送る側は媒体を選べ、利用者はオンラインの格納場所で個人の重要書類などを一生涯管理できる。

eボックスは、ウェブからも、数十万人が利用しているアプリでも利用できる。現在では双方向のコミュニケーションが行え、社会保障番号のような機密情報を含んだやりとりを行う際に利用できる、安全性の高い通信手段となっている。受信者からの返信は、送信者側のビジネス用アプリケーションに直接ダウンロードできる。また、署名が必要な契約書や同意書などもeボックスで処理できる。受理もしくは棄却のいずれかが電子上で記録される仕組みで、これはデンマークで法的拘束力のあるものとなっている。さらには、ポータルソリューションを使えばアクセス画面も変えられる【訳注：eボックスの機能を他のサイトに埋め込むことができるため】。

eボックスの成長は、電子政府を強力に推進するというデンマークの政策と密接に関わっている。この政策では、デジタル通信の法的な位置付けを確立し、それを政府が率先して支援し、採用している。デンマーク国内の州や地域などの地方政府のほか、ほとんどの銀行や公益事業、主要な企業もeボックスとつながっている。eボックスがサービスの領域を広げるにつれ、多くの人々がサービスを利用するようになり、ネットワーク効果によってサービスはさらに幅広く受け入れられるようになっている。2013年時点で、デンマークの成人人口の約80%がeボックスに登録している[21]。

文書を紙に印刷して折って封筒に入れるというプロセスは、一般的な文書送付の際にかかる費用の大部分を占めている。大規模組織なら、文書をデジタル化することで配布にかかる費用を最大80%削減できる[22]。eボックスが当初重点を置いていたのは、口座明細や請求書、給与明細、税務関連書類、医療的な検査結果など、個人が利用するビジネス関連の通知だった。だが、eボックスによって、送信者と受信者をつなぐ安全で、承認に基づき利用できるプラットフォームがいったんできると、そこからさらなる機会が生まれてくる。送信者側の事業者にとっては新たな収入源にもなりうる。利用者視点に立ったアプリケーションやパーミッション・マーケティング【訳注：事前に許可を得た顧客・消費者に対してのみマーケティング活動を行う方法】のアプリケーション、データベース管理などだ。

世界の大半の郵送事業者が、通常の郵便で用いられている「差出人が支払う」モデルが、短期的には最も有効な価格戦略だと考えている。しかし、クリック数に応じた価格設定や、バリュー・プライシング【訳注：コストではなく製品やサービスがもたらす価値に基づき価格を設定する方法】、モジュール式のサブスクリプション・サービス【訳注：消費者がそれぞれの必要に応じ機能やサービスを組み合わせることができ、利用期間に応じて課金する方法】の構築などについても、多くの事業者が機会を探っている。

あなたの事業の核となる製品がデジタル版に置き換わろうとしているとしたら、もう後戻りはできない。正しい道を選び、旧商品から撤退すべき時期を見極めなくてはならない。古いものを脇に寄せて新しいモデルに力を注ぐのは良い手法で、そうすることでしばらくの間中核事業を守ることができるだろう。しかし、究極的に有効な唯一の方法は、積極的に新しいものへと移行していくことだ。

③新しいデジタルビジネスを創る

ビジネスモデルを改革して新たな成長の源を創り出すことを、大企業は難しいと考えるかもしれない。現在の事業を成長させ続け、既存の資産を守ることに集中すると、大胆な発想が妨げられたりもする。新しいデジタルビジネスの創造を促すのは、たいていはスタートアップ企業や新規参入企業だ。だが、いつもそうとは限らない。

ナイキはこれまで、革新的な製品、複数のメディアを使った徹底したブランド構築、効率的なオペレーションの3つを組み合わせることで事業を築いてきた。新しいデジタル技術によって新たな機会が見え始めたときも、ナイキはすぐにこの3つを最大限に活用した。そして、新しい販売プロセスを取り入れ、世界中のアスリートとつながることで顧客体験を革新し、さらに、デザインと製造でも新しい方法を取り入れ、オペレーションも変革した。

ナイキが最初に取り組んだのは、自社のビジネスモデルに基づいて戦略を練ることではなかった。そうではなく、すでにつながりのある顧客に対して、どうすればさらに価値を提供できるかに目を向けた。外部のSNSでの存在感は築いていたが、ナイキは自社の技術と情報で新しいビジネスモデルを作り出すことを決めた。そうして誕生したのが、ナイキプラス（Nike+）のコンセプトだ[23]。

ナイキプラスは、インターネットに接続できるさまざまな要素から構成されている。靴やセンサー、インターネット・プラットフォーム、iPod、iPhone、Xbox、GPS時計、フューエルバンド（FuelBand）などだ。ナイキプラスのコンセプトに基づいて作られたフューエルバンドは、利用者を1日中追跡して、消費カロリーや歩数などについての最新情報をユーザーに知らせることができる。それによって、アスリートのモチベーションを高めるのだ。追跡した活動量は、ナイキプラスで独自の指標であるナイキ・フューエルポイントに換算され、利用者はオンラインで他の人々と共有できる。ナイキプラスでは、ランナーは走るルートやその日の成果も、ツイッターやフェイスブックで友達と共有できる。さらには、デジタルコーチからトレーニングプランさえももらえるのだ。

同時にナイキ側は、顧客が製品をどのように使っているのかについて貴重な情報が得られ、それをブランド・マーケティングの改善に役立てられる。また、こうしたプロセスを通して、ユーザーによる熱心なコミュニティをつくることもできる。2008年には、以前なら決して知りえなかったこともわかるようになっていた。例えば、「冬になると、米国では欧州やアフリカよりもジョギングの回数は多くなるが、距離は短くなる。全世界の平均的なランニング時間は35分で、ナイキプラスで一番人気のあるフィットネス用の曲はブラック・アイド・ピーズ【訳注：米国の人気バンド】の『Pump It』だ」といった具合だ[24]。

ナイキプラスの導入によって、同社のビジネスモデルは、単にアパレルを提供するだけのものから、新しいハードウエアやテクノロジー、豊富なデータや役に立つアドオン（機能を追加して使える）サービスなども提供するものへと広がった。今では外部の提携先も巻き込んで、ナイキプラスのプラットフォームでの継続的なサービス強化を進めている。これを実行しているナイキはスタートアップ企業や新規参入企業ではなく、4万4000人の社員を抱える実績のある大企業だ。

ナイキのCEOであるマーク・パーカーは表現豊かにこう話す。「大きくてのろい、便秘気味の官僚的な会社になって、成功に満足するようになったらおしまいだ。ビジネスモデルがあまりにうまくいって、そこに挑戦することを考えなくなると企業はだめになる。バットマンの映画で悪役のジョーカーが、『この街には浣腸が必要だ』と言っていたのと同じだ」[25]

ナイキは市場シェアを拡大し、さまざまな製品やサービスを加えて新たな収入源も作り上げた[26]。同社は、深く関わり合いたいという顧客のニーズを理解し、「どうすればもっと価値を提供できるだろうか」と自問したのだ。こうしてナイキは、同社の製品とサービスが、世界中のアスリートにとっての価値とつながり合う、一貫性のあるデジタル・プラットフォームを作り上げた。

④価値提供モデルを再構築する

ビジネスモデルの改革では、実際にはこれまでに述べた業界のあり方の変更や、製品やサービスの代替、新しいデジタルビジネスの創造よりも、価値をどう届けるかに関するモデルを再構築することのほうが多いだろう。技術を使って、製品やサービス、情報のすべてをこれまでとは異なる形でつなぐことで、顧客や競争優位をしっかりと維持することができる。これがうまくできれば、スイッチング・コストを高められるし、顧客が自社を選ぶ動機にもなる。

企業の多くは、仲介業者を間にはさんだ流通モデルという、長年機能してきたモデルを壊すことなく、顧客との関係を結び直したいと考えている。このジレンマを、従来型の多くのB2B企業が打開したいと思っている。そのためには、これまでの垂直統合型のモデルを再考する必要がある。

保険会社を例に見てみよう。保険会社のビジネスモデルは、代理店を通して商品を最終消費者に届けるというものだ。だが、代理店を通すことを好まない人が増えたら、どうすればよいだろうか。あるいは、最終消費者との接点がなくなって、消費者のニーズを細かく把握できなくなったらどうすればよいだろう。そのようなときには、新しいビジネスモデルが必要になる。

自動車メーカーはほとんどがB2B企業だ。車を製造し、販売代理店に卸す。最終顧客に販売するのは代理店の役目だ。自動車メーカーは、製品の販売に関しては代理店に完全に依存している。すると、そのぶんの費用がかかるうえに、代理店の管理がうまくいかない場合もありうる。加えて、顧客と直接的な関係があるのは代理店で、自動車メーカーには最終顧客と接する機会はほとんどない。

スウェーデンの自動車メーカー、ボルボは、この従来型のモデルをどうにかしようと決めた。2012年、同社は世界100カ国にある233の代理店から成るネットワークを持ち、販売とアフターサービスはすべて代理店が行っていた。販売プロセスは代理店が管理していたので、顧客について知っていたのは各地の代理店だった。ボルボは従来型の市場調査は実施していたが、最終顧客についてはほとんど情報を持っておらず、顧客から直接情報を得たこともなかった。

競争は激化していた。需要の質も変わりつつあった。自動車はもはや単なる製品ではなく、移動のためのソリューションとして販売されており、顧客体験の性質も変わっていた。最新のITやコミュニケーション技術を満載したコネクテッド・カー【訳注：インターネットへの常時接続機能を具備した自動車】は、より効率的かつ安全で、環境への影響も少ない交通手段となることが期待されていた。

では、ボルボはどうやって、販売代理店との関係を壊すことなく、最終顧客と直接の関係をつくったのだろうか。同社は、ビジネスモデルをB2B型からB2B2C型へと大きく転換することにしたのだ。つまり、ボルボが一部のサービスを直接に最終消費者に提供するのである[(27)]。提供するサービスは、販売代理店とは競合しないものとした。このサービスによってボルボの車の魅力はいっそう高まり、販売代理店にもメリットをもたらすことになった。このB2B2Cモデルへと進化するにあたり、同社はモバイルやソーシャルメディア、アナリティクス、組み込み機器といったデジタル技術を拠り所にした。

まず、顧客との結び付きを強めるため、同社は自社のウェブサイトだけでなくフェイスブックやツイッター、ユーチューブといったソーシャルメディアのプラットフォームを積極的に活用した。ソーシャルメディアで顧客と交流する目的は車を売ることではなく、代理店と争うことでもなかった。既存の顧客との距離を縮め、双方向の対話ができるようにし、信頼を築き、ロイヤルティを高めることが目的だった。

ボルボが取り組んだのはそれだけではなかった。車にプッシュ・トゥ・トーク【訳注：ボタンを押すと、その間マイクを使って通話ができる】機能を搭載したいというニーズに対応して、ボルボはコネクテッド・カーのコンセプトを発展させている。同社の緊急時対応サービス、ボルボ・オン・コールは、各地のコールセンターが提供するサービスで、全世界的な枠組みの下で運営されている。新型のボルボ車の利用者は、ボタンを押すことでコールセンターのオペレーターと直接話ができる。コールセンターは、GPS機能を使って最寄りの販売店を探したり、レッカー車を手配したり、警察に連絡するといったサービスを行う。加えて、ボルボ・オン・コールは、事故の際に自動で通知をコールセンターに送ることもできる。ボルボ・オン・コールは携帯アプリでも利用できるので、GPSやGSM（モバイル通信用のグローバルシステム）技術が搭載されていない旧型の車のオーナーにもサービスを販売できる。新型車の場合、サービスは車の購入後の数年間は当初から含まれており、その後は有料で更新可能となっている。

もちろん、こうしたサービスを実施したのはボルボが初めてではない。先駆けとなったのは米国のオンスターで、他の企業はそれに追随した格好だ。**ボルボが行ったのは、プッシュ・トゥ・トークの必要性を根拠に、代理店や顧客に対する価値提供モデルを再構築するということだった。**こうすることで、ボルボは代理店から強い抵抗を受けることなく、顧客に近づくことができたのである。代理店側にすれば、コールセンターがあれば販売に有利ではあるものの、単独で持つには費用がかかりすぎる。ボルボの側でコールセンターを管理してもらえれば、自前でやる必要がなくなるので喜ばしいというわけだ。ボルボは、コネクテッド・カーとしての機能を車両全体に装備すると、新たなデジタルサービスをスタートさせた。盗難時の追跡サービスやドアロックのコントロール、暖房始動、リモート・ダッシュボード【訳注：携帯アプリでメーターパネルの情報が確認できる】、車両の位置特定などだ。

ボルボは代理店を飛び越すどころか、新しく生まれた顧客との接点を活かし、代理店に情報やサービスを提供している。同社は、集中管理の顧客データベースを構築して、グローバルなCRM（顧客関係管理）のソリューションを導入した。今では、既存の販売代理店からの情報と、車両から絶え間なく送られてくる情報とを統合している。新たな解析能力によって、ボルボはワントゥワン・マーケティングに近づくことができ、一方で顧客情報を販売代理店に提供できるようにもなっている。

さらに新しいサービスにも着手した。その1つがメンテナンス・リマインダーで、これは代理店のサービススケジュールにいつ空きがあるかを知らせるものだ。こうして、デジタル技術によって双方に利益のあるビジネスモデルが実現されたのだ。

⑤バリュー・プロポジションを再考する

新しいデジタルのビジネスモデルを用いた破壊的な変革については、さまざまなメディアが大きく取り上げている。そうした破壊的な変革も重要ではあるが、破壊的でなければ価値を生み出せないわけではない。同様に、破壊的な変化を起こしても、いつも真新しい市場を手に入れられるわけではない。新しいビジネスモデルを構築しようとする場合、現状のモデルが脅かされるまで待つ必要もない。

ビジネスモデルの改革により、現在の市場での存在感を高めることもできる。こうした改革も劇的なものになりうる。具体的には、製品とサービスを革新的な方法で組み合わせる、アナリティクスをうまく活用する、新たな経済性モデルをつくる、製品やサービスの見せ方を変えるなどだ。もちろん、これらの手法は単独で用いなければならないということはなく、これらを組み合わせることでさらに大きな価値を生み出す企業もある。

損害保険会社の東京海上ホールディングスは、顧客のある不思議な傾向が気になっていた。年単位ではなく限られた期間で、特定の活動についての保険を求める顧客が多くいたのだ。まだ満たされていないこのニーズに対応すべく、同社は従来のビジネスモデルを広げることにした。

モバイルや位置情報などの技術によって、商品を顧客それぞれの特別な状況に合わせられるようになった。2011年、同社は携帯電話会社のNTTドコモと提携し、ワンタイム保険という名前で革新的な保険商品を売り出した。商品は専用の携帯アプリから購入できる。このアプリでは、スキーやゴルフ、旅行関連など、生活の中の特定のイベントに関して、利用者にお勧めの保険を提案する。このアプリを使えば、同社は顧客それぞれに合わせた商品パッケージを、その時々に提案できるのだ(28)。

2012年1月には、同社は1日だけの自動車保険を発売した。携帯アプリで購入できる、新しいタイプの自動車保険だ。この保険を購入すると、購入者は自動車を家族や友人から借りるような場合に、必要な日数だけ自動車保険をかけることができる(29)。

東京海上のように、新しい技術やデータを使って顧客への提案を強化しようとする企業がある一方で、すでにあるデータを使って新しいバリュー・プロポジションを創造した企業もある。

エントラビジョン・コミュニケーション・コーポレーションは、スペイン語によるメディアを運営する企業だ。同社のメディアは米国内のラテン系の人々に幅広く視聴されており、その視聴者の規模は購買力にして1兆ドルを超えるほどである(30)。1996年に設立された同社は、100を超えるラジオ局・テレビ局、デジタル・プラットフォームを運営しており、異なる地域で、それぞれの市場に合わせた、高度なマーケティングができるという点が特徴だった。

同社では、社内で得られるデータや、ライセンス契約を結んだ提携先から得られるデータが増えており、これらのデータの秘められた価値に気づいた。高度なアナリティクスを活用することで、同社は視聴者の行動に関するきめ細かな知見が得られるようになった。これは、ラテン系の消費者にサービスや製品を提供する企業が非常に欲しがるものだった(31)。

こうしたラテン市場についての深い知見に対する需要は伸び始め、従来の顧客であったメディアの購入者以外にも広がった。すると、エントラビジョンと得意先との話題は、アナリティクスや予測モデルといったものが中心になっていった。

こうして、2012年にルミナールが生まれた。ルミナールは、以前は社内でアナリティクスを行っていた部門だったが、外部の顧客にビッグデータをサービスとして提供することを専門とした事業部門となった。以来、エントラビジョンはネスレやゼネラルミルズ、ターゲットなど、幅広い顧客を獲得している[32]。

2013年にはさらに事業を拡張し、狙った層に対するオンライン広告を購入できる、ルミナール・オーディエンス・プラットフォームを立ち上げた。今では同社は、米国内のラテン系成人1500万人についてのデータを収集・分析している。これにより、米国のラテン系成人による、実店舗やオンライン、カタログ販売市場のうち、70%をカバーすることになる[33]。これまでエントラビジョンは自社の事業を放送事業だと見なしていたが、今ではラテン市場を対象とするメディアと情報技術の総合企業だと捉えている。

ビジネスモデルの変革を意味のあるものにする

成功を収めたビジネスモデルでも、永遠に維持できるわけではない。新しい価値を生み出すには、時には未知の領域である新たなビジネスモデルへと踏み出さなければならない。事業機会や競争の脅威がそうした変化のきっかけになることもある。デジタルマスターは、過度に心配したりはしないが、競争相手や新規参入者がデジタル技術の持つ可能性を利用して、自社を追い上げてくることは想定している。あなたの会社でも、同じような想定をしておくことをお勧めする。

それには、まず今のビジネスモデルをしっかりと把握しておく必要がある。そして、ビジネスモデルの変化が起きるような兆候と、それが鳴らしている警鐘に常に注意を払うことだ。製品がコモディティ化して、従来の収益源がだんだん縮小したり、利益率が低下したりしていないだろうか。予想していなかった領域や近い業界から、新たな競合が出てきていないだろうか。あなたの企業の製品やサービスの代替となるような、安価なデジタル製品が出てきて市場を侵してはいないだろうか。これまでの参入障壁が崩壊しかけていないだろうか。

守るか攻めるかはあなた次第だ。まず守りを固めるならば、多くの企業は、データや使える限りの自社の強みを活用して、従来モデルの劣化を遅らせようとする。さらに、事業コストを大幅に削減することで、変化への対応を支えるための資金や投資の原資を確保する。一方で、攻めるという決断もできる。業界内で先頭に立って、新しいビジネスモデルを考える。あるいは、従来の製品やサービスを、新しいデジタルの製品やサービスに置き換え、競合や他の業界に打撃を与える。または、デジタルを活用した新しいビジネスモデルを使って、新たな収入源を創ることもできる。価値を提供するモデルを構成しなおし、バリューチェーンの中でこれまでとは違う役割を果たすことも可能だ。さらには、既存の顧客に新しい方法でサービスを提供し、バリュー・プロポジションを見直してもよいだろう。いずれも簡単ではないかもしれないが、戦略的に価値のある取り組みだ。

ここでは、テクノロジーを出発点にしてはいけない。まず、顧客にどうすればより多くの価値を提供できるのか、そしてこの価値提供を、利益を上げながら行うにはどうすべきかを考えるところから始めてほしい。それを安価に、素早く、賢く実現するために、デジタル技術によって開かれた可能性を活用する。他の業界では似たような問題をどうやって解決したのか、同じような機会をどう生かしたのかについて、学ぶことも重要だ。

やり方はいろいろある。優先すべきなのは、顧客に最大の価値をもたらすこと、実際に真似をするのが難しいこと、利益の出る経済モデルが実現できることだ。新しいモデルの対照実験を行って、リスクを低減することも求められる。同時に、前提を見直す材料となるデータを集めることも重要だ。ビジネスモデルが変わる機会となるような技術の変化は、多くの場合、既存のモデルを破壊するものでもあるのだ。

新しいビジネスモデルを設計し、試し、実行するのは、組織のトップである経営者の仕事だ。これは戦略的な活動だ。社内の各部門のトップは、部門間の壁を越えて新たなビジネスモデルを試せる権限を持っていない可能性が大きい。新しいモデルを実行するには、ビジョンとリーダーシップ、そしてガバナンスが必要となる。もし、最終的には新しいモデルで古いものを置き換えるつもりならば、経営資源をいつ、どのくらいのペースで移行するのかを考えておかなければならない。一晩で変化を起こすことはできないのだ。もし、古いモデルと新しいモデルが共存するように設計しているなら、2つのモデルの間で起こりうる衝突や資源配分に十分気を配らなければならない。

ここまでで、デジタル変革を構成する3つの領域について見てきた。魅力的な顧客体験を創造すること、核となる業務上の強みを生かすこと、ビジネスモデルを再構築することである。次章からは、どうやってデジタル変革を起こすのかに目を向ける。デジタル変革を成功に導く、熱意あふれるリーダーシップについて見ていこう。

デジタル・シフト戦略チェックリスト

ビジネスモデル

- ✓ 経営陣を巻き込んで、既存のビジネスモデルに常に疑問を持つ。
- ✓ 業界内でビジネスモデルの変化を起こすような兆候――商品のコモディティ化、新規参入者、技術の代替など――がないか常に目を光らせる。
- ✓ どうすれば他社がやる前に業界を変革できるかを考える。
- ✓ 既存の製品やサービスがデジタル化の脅威にさらされている場合、自社の製品やサービスを新しいバージョンに置き換える時期かどうかを検討する。
- ✓ 中核となるスキルと資産を活用し、まったく新しいデジタルビジネスを創り出せないか検討する。
- ✓ さらなる価値を生み出すべく、製品やサービスとデータを革新的な方法で結び付け、価値を届けるためのモデルを再構築できないか検討する。
- ✓ 新たなニーズを満たすべくバリュー・プロポジションを再考し、既存の市場における存在価値を上げられないか検討する。
- ✓ 新しいビジネスモデルについてのアイデアがあれば、まず試し、何度も繰り返してみる。

第 II 部

BUILDING LEADERSHIP CAPABILITIES

リーダーシップ能力を構築する

ここまでデジタル能力とは何かを見てきたが、次章からは、いよいよどのように変革を推進するのかを考えていこう。すべての企業がデジタル変革を立ち上げられるとは限らない。それでも、ほとんどの企業にとって問題なのは、人々を立ち上がらせることではなく、さまざまな関係者を同じ方向に動かすことである。どちらを行うにしても、リーダーシップが関わってくる。真のデジタル変革を成し遂げるためには、リーダーシップ能力が不可欠だ。そして、リーダーシップ能力により、デジタルへの投資がデジタル面での競争優位性に変わっていくのである。

第II部では、リーダーシップ能力の4つの要素について説明する。デジタル変革でまず必要なのは、デジタルな世界で企業をどう変えていくのか、変革のビジョンを描くことだ。次に、社員をビジョン実現のための活動に巻き込む。さらに、正しいデジタルガバナンスの体制を築くことも重要だ。このデジタルガバナンスが、変革を正しい方向に導くのである。最後に、テクノロジー・リーダーシップ能力、つまりITとビジネスとの強固な関係と適切なデジタルスキルを築く。このテクノロジー・リーダーシップ能力を持つことで、優れたデジタル・プラットフォームを構築でき、そこから継続的に利益を得ることが可能になる。

第 4 章

CRAFTING YOUR
DIGITAL VISION

デジタルビジョンを創造する

世界を変えるのに、魔法の力は必要ない。
私たちはみな、すでに必要な力を持っている。
想像力という力だ。

J. K. ローリング

電話帳会社パージュ・ジョーヌのデジタルビジョン

ジャン＝ピエール・レミーが2009年にCEOに就任したとき、パージュ・ジョーヌは苦境に陥っていた。同社はフランスの電話帳（イエローページ）業界のリーダーだったが、この業界は急激に衰退しつつあったのだ。同社の印刷物による売上げは、毎年10％以上減少していた(1)。グーグルやクレイグズリスト【訳注：米国発祥のコミュニティサイト】、イェルプ【訳注：米国発祥のローカル情報・企業情報のレビューサイト】がある時代に、分厚い黄色の本で会社を探そうとする人はまずいない。パージュ・ジョーヌは、デジタル検索の世界で事業を展開していく必要があり、しかも急いでそれを行わなければならなかった。

そこでレミーは、デジタルによる電話番号案内サービスは、同社にとってまたとないチャンスなのだと社員を説得しようとした。同社には信頼されているブランドと広告主との強い関係があり、デジタルサービスへの足掛かりもわずかに築いていた。しかし、創業100年の大企業の社員たちは、デジタル化に懐疑的だった。パージュ・ジョーヌはこれまでずっと業界のリーダーで、事業内容を変える必要はほとんどなかった。分厚い紙の電話帳の広告営業をしてきた多くの社員にとって、デジタル化は自分たちとは無関係な出来事だった。

フランス国内で革新的なミニテル【訳注：フランスで提供されていた情報通信サービス。インターネットの先駆けと言われた】が立ち上げられ、1980年代と90年代に隆盛を誇ったときも、同社の競争力は衰えなかった(2)。1997年から2002年のドットコム・バブルとその崩壊時も、業界のリーダーであり続けた。売上げが減少してもなお、社員の一部は、それを業界の大きな変化によるものとは考えず、経営陣に責任があると非難していた。デジタル化の本当の危険と、その機会を理解している者はほとんどいなかった。

パージュ・ジョーヌの社員に必要なものは明らかだった。彼らの目の前にある事業よりも心を捉えるような、将来の変革のビジョンだ。レミーは次のようなビジョンを示した。**「パージュ・ジョーヌの事業は、重い黄色の本を**

作ることではない。以前からそうではなかった。中小企業を地元の顧客と結ぶことこそ、パージュ・ジョーヌの事業だ。書籍は時代遅れの技術だ。デジタル技術なら、我々の事業目的をより良く実現することができるはずだ」。このビジョンは、わかりやすく、かつ心をつかむものだった。同社の現在の能力と結び付けられており、一方で、将来の鮮明なイメージをも示していた。そして、デジタルが未来への道であり、紙の本は消えていくことを明らかにしていた[3]。社員は、自分の仕事や能力がどのように新しい世界に適合しうるのか、そしてデジタル化した将来で自分たちはどのような役割を果たすのか、イメージすることができた。

レミーは同時に大胆な目標を発表した。30%にも達していなかったデジタル売上げを、5年以内に75%以上にするという目標だ[4]。社員はこのはっきりとした目標を見て、どのくらいの速さで、どの程度変化しなければいけないのかについて議論するのをやめた。また、この目標によって、進捗を評価する指標も明らかになった。総売上げに占めるデジタル売上げの割合である。したがって、デジタルからの売上げを増やす施策はどれも良いもので、紙からの売上げを増やす施策は重要度が低いということになった。

レミーは、その後2年間、社員から顧客、投資家に至るまであらゆる人に、事業の将来がデジタルにかかっていることを理解してもらうように努めた。レミーは社員に繰り返し、正直に伝えた。「この会社を偉大にしたものの中には、将来も価値を持ち続けるものがある。しかし、そうでないものは、いずれ消え去らねばならない。パージュ・ジョーヌのブランドはデジタル中心の世界においても依然として強力なものとなりうる。また、営業担当者が長年の間に培ってきた顧客との関係も貴重なものだ。だが、営業担当者は、紙の広告ではなくデジタルサービスの販売について学ばねばならない。印刷や配達など、紙事業での能力の中には、将来はあまり役に立たないものもある。しかし、パージュ・ジョーヌは、しばらく紙の事業も続けていく。紙の事業に関わる人々は、この間に退職したり、新たな訓練を受けたり、他社に転職したりすることができる」

パージュ・ジョーヌの経営陣は、素早く社内の投資と能力の再編成に動いた。まず、上級のポジションに、デジタル経済の考え方がわかり、デジタル技術を持っている人々を雇った。そして、営業担当者がデジタルサービスを販売し、デザイナーがデジタル広告やウェブページを作成できるよう再教育した。さらには、ウェブページのデザインや携帯アプリなど、デジタルサービスを試作するために資金を投じ、それをこれまでのクライアントに提示して、今後はどのように消費者にアプローチできるかを示した。経営陣はグーグルと競争することはせず、反対にグーグルと提携する契約を結んだ。最後に、レミーは、伝統的な紙事業へのすべての不要不急の投資を凍結し、そうすることで強い決意を示した。

移行はスムーズではなく、すぐに実行できたわけでもなかった。フランスは従業員の解雇が非常に難しい国であり、そうした環境で変革に抵抗した社員もいた。レミーはその一部を説得して変革に参加させ、参加しなかった人たちにも何とか対処する方法を見つけた。世界的な景気後退によって、デジタル事業の売上げの増加が計画よりも遅れ、紙事業の売上げが計画以上に落ち込んだときには、経営陣は会社の債務再編をしなければならなかった。しかし、クライアントはデジタルサービスの価値を認め始め、営業担当者はそれを販売する方法を学んでいった。

レミーが新しいデジタルビジョンを発表してから4年後の2013年には、欧州経済の不調にもかかわらず、パージュ・ジョーヌは変革目標をほぼ達成した。デジタル事業の年間売上げは、紙事業の減収の大部分を補うほどに急成長していた。レミーは、自身の入社以降初めて、2015年には売上高全体が成長に転じると予測した。世界中の電話帳（イエローページ）企業がデジタルでの競争に苦労している一方で、パージュ・ジョーヌは、紙の技術ではなくデジタル技術に支えられた企業になったのだ。

ビジョンが重要、変革的なビジョンはさらに重要

デジタル変革によって生じている変化は、現実に起こっているものだ。しかし、リーダーがデジタルによる脅威と機会を理解していたとしても、社員もそうだとは限らない。多くの社員は、自分は仕事をするために給料をもら

っているのであり、仕事を変えるためではないと思っている。社員はこれまでにも、大掛かりな変革の取り組みが、結局現実化しなかった経験をしてきた。また、多くの社員にとって、デジタル変革は自分とは無関係なものか、一過性の流行くらいにしか感じられない。さらに、デジタル変革がどのように自分の仕事に影響するのか、どのように変化が進んでいくのかを理解できない社員もいる。

私たちの研究から、成功するデジタル変革は経営トップから始まることがわかっている。説得力のある将来のビジョンを作り、組織全体に伝えることができるのはトップだけだ。トップがビジョンを伝えれば、中間管理職やその下の人々がビジョンの実現に向けて動けるようになる。管理職はプロセスを設計しなおし、担当者は業務の取り組み方を変え、誰もがビジョンを実現する新たな方法を見つけられるようになる。この種の変化は、単に命令しただけでは起こらない。意図的に導くことが必要だ。

私たちが研究した企業の中に、現場からの提案で真のデジタル変革を起こした企業は存在しなかった。一部の管理職は、例えばナイキの製品設計やサプライチェーンなど、自分の部門を変革していた。だが、管理職レベルでの取り組みは自部門の境界で止まってしまう。デジタル変革は、このように事業の一部を変えるだけでは不十分だ。変革の真のメリットは、縦割りの部門を越えた相乗効果の可能性を見出し、誰もがその効果を実現できる状態を作ることで生まれる場合が多い。このような境界をまたぐ変化を促せるのは、経営陣だけだ。

では実際には、デジタルビジョンはどのくらい普及しているのだろうか。私たちが世界の391社の管理職431人を対象に行った調査では、経営陣がデジタルビジョンを持っているとの回答は42％にとどまった。さらに、中間管理職レベルまでそのビジョンが共有されていると答えたのは、34％にすぎなかった。これは、デジタル変革が企業や産業を急速に変えていることを考えると、驚くほど低い数字だ。だが、この小さな数字の背後には、重要なポイントが隠れている。それは、「デジタルマスターはデジタルビジョンを共有しているが、それ以外の企業は共有していない」ということだ。私たちが調査したデジタルマスターのうち、82％がデジタルビジョンを経営陣が共有していると答え、71％が中間管理職のレベルまで共有していると答えた[5]。それ以外の企業では、様子がかなり違った。経営陣がデジタルビジョンを共有しているとの回答は30％以下で、中間管理職のレベルまで共有していると答えたのは17％のみだったのだ。

しかし、デジタルビジョンを共有するだけでは十分ではない。多くの組織は、デジタルな未来に向かう真の変革的なビジョンをリーダーが持っておらず、そのためデジタル技術の潜在力を十分に引き出せずにいる。平均すると、劇的な変革を伴うビジョンがあると回答したのは、回答者全体の31％だけだった。また、ビジョンが社内の組織の壁を越えたものになっていると答えたのは、41％だけだった[6]。こうした状況の中で、デジタルマスターのビジョンははるかに優れている。**デジタルマスターでは、3分の2が自社のビジョンは変革的なものだと回答し、82％がビジョンは組織の壁を越えるものだと答えた。一方、非デジタルマスターでは、ビジョンが変革的なものである割合ははるかに少なかった。**

デジタルビジョンとはどのようなものか

では、デジタルビジョンはどの角度から描くべきだろうか。通常は、次のいずれかの角度から描かれる。顧客体験の再構想か、オペレーションの再構想、あるいはこの2つを組み合わせたビジネスモデルの再構想のうちのどれかである。自社の組織の能力や、顧客のニーズ、そして業界の競争の性質によって、どの角度から描くかを決めることになる。

顧客体験の再構想

多くの組織は、顧客との関わり合い方を見直すことからビジョンの作成を始める。顧客に付き合いやすい組織だと思ってもらいたい、顧客に洗練された売り方をしたい、と考えているからだ。このように、顧客体験の再構想を目指す企業は、さまざまな箇所からビジョンを作り始めることができる。

顧客との関係の変革を目指す企業は、デジタルのビジョンについて次のように考える。スターバックスの最高デジタル責任者であるアダム・ブロットマンは、「デジタルは、パートナー【訳注：スターバックスでは、すべての社員をパートナーと呼ぶ】を助け、また顧客に私たちの物語を伝え、ブランドを構築し、顧客との関係を構築するのを助けるものであるべきだ」[7]というビジョンを語る。

バーバリーのCEO、アンジェラ・アーレンツは、すべてのチャネルの一貫性を重視する。「我々にはビジョンがある。端から端まで完全にデジタル化された最初の企業になるというビジョンだ。顧客はどんな機器からでも、どんな場所からでも、バーバリーのすべてにアクセスできるようになる」[8]。また、化粧品大手ロレアルの戦略マーケティング担当マネジング・ディレクターであるマルク・メネスゲンは、「デジタルによって、当社のブランドが顧客との感情のこもった関係を築く方法は倍増する」[9]と述べている。

データ解析を使うことで顧客へのサービス提供（や販売）のあり方をどう高められるかについて、ビジョンを描いている企業もある。シーザーズ・エンターテインメントは、「リアルタイムの顧客情報を利用して、顧客1人ひとりに合わせた体験を提供する」というビジョンに取り組み始めた。それまでにも同社は、従来のテクノロジーを活用して顧客満足度を高め、顧客1人当たりの利益も増やしてきた。しかし、新しいテクノロジーが現れるとビジョンを拡張し、モバイルと位置情報を利用して、顧客1人ひとりに合わせたサービスを提供することにした（第1章参照）[10]。

また、顧客の行動から学びを得るに際し、デジタルツールがどう助けになるかをビジョンとして思い描く企業もある。オーストラリアのコモンウェルス銀行は、新しい技術によって、顧客からのインプットを共同創造のプロセスに組み入れられると考えている。最高情報責任者であるイアン・ナレブは、「私たちは、顧客に製品設計にもっと関わってもらうために、新しいテクノロジーを積極的に使うようになっている。そうすることで、顧客がより直感的に使える製品やサービスを作ることができ、顧客に理解されやすく、個々のニーズに合ったものを作れるのだ」[11]と語る。

さらに企業によっては、顧客体験に影響を及ぼすだけではなく、実際に顧客の生活を変えるよう、ビジョンを拡張しているところもある[12]。例えば、ノバルティスCEOのジョセフ・ヒメネスは、「スマートフォンやタブレットなど、私たちが日々使っているテクノロジーは、患者が自らの健康を管理するうえで大きな変化をもたらす可能性がある。こうしたツールを使用して医師の指示に従う割合を上げ、医療従事者が患者の回復状況を遠隔地からモニターできるようにする方法を模索している」[13]と語る。

オペレーションの再構想

核となる業務のオペレーションとサプライチェーンの優劣に自社の命運がかかっている企業は、オペレーションの再構想という角度からデジタルビジョンを作成しはじめる。それを牽引するのは、異なるオペレーションを統合したいというニーズや効率などである。プロセスの見える化や、意思決定のスピード向上、組織間での協業促進なども望まれるかもしれない。

例えば、プロクター・アンド・ギャンブル（P&G）は、2011年に、「オペレーショナル・エクセレンス（卓越したオペレーション）」の実現をデジタルビジョンの中心に据えた。「デジタル化によってP&Gは、リアルタイムで、かつ需要を基準にマネジメントができるようになるだろう。社内外を問わず、より効果的かつ効率的に協業することも可能になる」[14]。P&Gと同様に、銀行から製造業までさまざまな企業が、オペレーションに関するビジョンによって変革を成し遂げている。

オペレーションに関するビジョンは、特に法人を顧客とする事業に役立つ。コデルコがコデルコ・デジタル（第2章を参照）を開始したときの目的は、自動化とデータ統合を通じて鉱業のオペレーションを根本的に改善することだった。第2章で述べたように、コデルコはこのビジョンを拡大し続け、さらに新たな自動化と統合的なオペレーションの管理を進めた。現在、経営陣は、採掘プロセスだけでなく、業界自体を再定義するような変革的な手法を考え出そうとしている。

一部の企業では、オペレーションに関するビジョンの中で、自社にとどまらずその業界や顧客を含めて、どうオペレーションを変えるかに踏み込んでいる。例えば、航空機メーカーのボーイングは、自社製品の変更による顧客企業のオペレーションの変更を考える。同社はウェブサイトで、「ボーイングは、航空業界の未来が『デジタル航空』にあると考えている」と述べる。「市場で成功するには、航空会社とそのエンジニアリングチーム、ITチームは、高度な解析技術と飛行機技術を駆使して、飛行機から生み出される大量のデータを活用し、オペレーションの効率を次のレベルに引き上げねばならない」[15]

ボーイングは、デジタル航空の実際の絵姿を明確に思い描いている。「デジタル航空を実現する鍵は、オペレーションと保守に関する確実で詳細な情報を、最も必要なときに、最も必要な人に提供することだ。つまり、エンジニアリング部門がIT部門とデータを共有するだけでなく、財務や経理、その他のオペレーションや経営の部門ともデータを共有するのである」[16]。このビジョンによって、ボーイングの顧客のオペレーションが改善されるだけでなく、ボーイング自身のオペレーションも改善される。飛行機からのデータは、同社が製品設計やサービスの新たな改善方法を見つけるのに役立つからだ。さらに、ボーイングがデータをもとに顧客に新しいサービスを提供すれば、新しいビジネスモデルが生まれる可能性もある。

ビジネスモデルの再構想

オペレーションの再構想と顧客体験の再構想とを組み合わせて、新しいビジネスモデルを構想している経営陣もいる。そうしたビジネスモデルの新たな構想（ビジョン）は、現在のビジネスモデルを拡張するものかもしれないし、そこから大きく離れるものかもしれない。新しいビジネスモデルのビジョンを考えるうえでは、さまざまな知恵や枠組みを活用できる[17]。第3章では、デジタルを活用してビジネスモデルを変革した企業の事例を見てきた。私たちの研究からは、大きく分けて2つのビジネスモデルのビジョン作成の形が見出された。防衛的なものと攻撃的なものだ。

防衛的なアプローチで、ビジネスモデルを再構想する企業がある。こうした企業の多くは脅威にさらされており、生き残ることを中心に考えざるをえない。例えば、書籍、音楽、旅行など、情報を基盤とする業界は、根本的な構造転換の真っ只中にある。これらの業界は急速に変化しており、企業はビジネスモデルの再構想をしいられている。パージュ・ジョーヌも、変革のビジョンを検討しはじめたきっかけは、こうした防御せざるをえない状況だった。事業基盤の危機に直面していた同社の経営陣は、迅速に変化を起こせるビジョンを必要としていたのだ。

一方、幸いにも危機に直面していない企業もある。こうした企業はより攻撃的なアプローチをとることができる。危機的状況からの脱出ではなく、デジタルによって広がる新しいビジネスモデルの可能性を追求できるのだ。ただし、危機に直面していないことは幸いではあるが、同時に災いにもなりうる。新しいデジタルの手法を試す時間が取れるという点では幸いだが、一方で、社員や指導者が変化の必要性を感じないという点では災いとなるのである。そうした中、サンタンデール銀行はチャンスに目を向けてビジネスモデルを考えるという手法をとり、新しい市場セグメントの開拓にデジタル技術が役立つという点を強調したビジョンを掲げている。「今後数年間の目標は、保険事業やカード事業など、銀行が存在感を示せていない領域で、成長のチャンスを追求することだ。これらのチャンスを活用するために、特にITのシステムと人員に相当な投資をしている」[18]

なかには、目の前の課題やチャンスのはるか先を見ている企業もある。そうした企業は、業界の次の長期的な転換に備えるため、あるいは自ら転換を仕掛けるためにビジョンを構想している。例えばゼネラル・エレクトリック（GE）はそのビジョンにおいて、インターネットに接続できる機器の今後に焦点を当てている。前CEOのジェフリー・イメルトは、2011年に次のように述べた。「当社は、（接続機器を）インストールした製品とそのエコシステムの生産性でリードする。このために必要となるのが、『インダストリアル・インターネット』【訳注：GEが提唱する概念。産業機器をインターネットにつなぎ、そこから得られるデータを生産性の向上に結び付ける】におけるリーダーシップだ。これにより基盤システムをさらにインテリジェントなものにするのだ」[19]

プログレッシブ保険は、何十年もの間、「リスク評価と価格政策において、競合他社よりも優れた存在である」というビジョンを掲げてきた。同社は、

1956年に安全運転者プランを打ち出し、低リスクの運転者の保険料を引き下げるという業界標準を作った[20]。さらに、同社独自の解析手法を用いることで、ハイリスクの運転者の中から書類上の見かけよりもリスクが低い運転者を特定できるようにした。こうした施策によって、望ましい顧客には自社の保険を低価格で勧めて契約を促し、それ以外の顧客には競合の保険を選ぶように仕向けられるようになった[21]。

その後、プログレッシブ保険はさらに一歩進んで、顧客が実際にとる運転行動に関する情報があれば何ができるかを考え始めた。同社は、顧客の運転状況のデータを遠隔測定で収集する実験を開始し、それを15年以上続けることとなった。データは、保険料割引や、走行距離に応じて保険料が決まる保険を提供することによって収集した。1998年に、GPSを用いた特製の機器を使ってテキサス州で実験を始めた[22]。2004年には、「トリップセンス」の試験を開始した。これは、安価なセンサーを使った機器で、車内の接続用ポートに簡単に接続できるものだ。これらの実験から得られた情報により、2011年には、類似の機器を用いた「スナップショット」というプログラムを全米で開始した[23]。

プログレッシブ保険の「スナップショット」は、自身を優良運転者だと思っている人と非優良運転者だと思っている人とを分ける、単純なからくりなどではない。この遠隔測定によって得られたデータと解析力により、同社は実際の運転行動（速度、距離、加速、制動）からその運転者のリスクを割り出すことができるのである。経営陣が新しい情報の収集と活用に投資するからこそ、プログレッシブ保険は競合他社ができないサービスを提供できる。同社は、リスク評価と価格政策において競合他社よりも優れた存在であるというビジョンを通じて、優良運転者には低価格でサービスを提供し、裕福でない顧客には低価格の選択肢を提示し、非優良運転者は他の保険会社を選ぶよう仕向けることができている。

変革的なデジタルビジョンをどうやって作るか

デジタル変革のビジョンを描く、唯一にして最善の方法があるわけではない。また、決まったプロセスがあるわけでもない。強みを生かし、社員を巻き込み、時間と共に進化するビジョンを作らなければならない。どんな効果を求めているか、ゴールはどのように見えるか、どのように顧客、社員、投資家を巻き込むかを決める必要がある。これらを考えるステップを示そう。

戦略的資産を特定する

デジタルビジョンを構築するには、戦略的資産、すなわち競争で勝つために役立つ資産を特定する必要がある。新しいビジョンは企業の何らかの強みをもとに構築すべきだ。そうでなければ、その実現を試みる意味はない。自社より動きが速く、軽快で、過去の遺産にしばられない他の企業が、より良いデジタルビジョンを実現してゲームに勝つだけだ。

では、どのように戦略的資産を特定したらよいだろうか。まずは、自社がどんな資産を持っているか、調べることから始めるとよい。小売の店舗や製造工場などの物的資産は、世界中とつながり合う新しいデジタルの世界では価値があるかどうかわからない。一方で、製品設計の専門知識、柔軟で効率的なオペレーション、優れた現場のスタッフなど、能力が基盤となっている資産は、その能力が支えているプロセスが価値を持ち続ける限り、非常に役に立つ可能性がある。ブランド、評判、企業文化などの無形資産は判断が難しい。目指している地点に行き着くのに非常に役立つかもしれないが、一方で、変革を妨げる可能性もあるからだ。データ資産は、解析の面で優位性となったり、他人に販売できる製品となったりする。

何が戦略的資産になりうるかを特定したら、その資産が新しい世界でも戦略上役立つかを考える必要がある。1990年代に、こうした評価を行うためのシンプルだが強力なツールが開発された[24]。すなわち、戦略的資産とは、「VRIN」であるというものだ。

VRINは、価値がある（valuable）、希少である（rare）、模倣が困難（inimitable）、代替が困難（nonsubstitutable）の頭文字を取ったものだ【訳注：VRINは、経営資源から企業の競争優位性を見るリソース・ベースド・ビュー（RBV：Resource-based View）の理論の1つ】。価値のある資産とは、機会を利用したり、脅威を和らげたりするために活用できる資産である。資産は希少でなければならず、かつ競合他社は利用できないものでなければならない。資産はまた、他社に真似されて負かされないよう、模倣がしにくい（より正確には、不完全にしか模倣できない）ものでなければならない。さらには、戦略的資産は、誰かがより良い方法で、より低価格で同じ資産を得てしまわないよう、代替が不可能でなければならない。

ドットコム・バブル期に、多くのインターネット企業は、サイトへの訪問者数はそれほど希少なものではなく、それだけでは十分な広告収入を得られないと気づいた。インターネットのサービスにお金を払ってくれる顧客は価値があったが、獲得がとても難しかった。新聞社は、案内広告のオペレーションが戦略的資産だと思っていた。だが、クレイグズリストやイーベイなどの企業がこのやり方を模倣しただけでなく、よりうまく、低価格で実施できるようになったのだ。ビデオレンタルのブロックバスターの経営陣は、同社の店舗ネットワークが模倣しにくい資産だと信じていた。それは当初は正しかったかもしれないが、残念ながら、オンライン・ビデオレンタルのネットフリックスが、ブロックバスターの店舗を代替する簡単な方法を見つけ、ブロックバスターを打ち負かした。

本章の冒頭で紹介したジャン＝ピエール・レミーは、ゼロからパージュ・ジョーヌの新たなデジタルビジョンを作ったわけではなかった。彼がまず行ったのは、経営陣と共に自社の中核資産を体系的に調べることだった。その結果、印刷や配布などの能力は、デジタルの世界ではほとんど価値がないものだった。お金や顧客に関する情報などはほとんどそのまま使えたが、競合他社が簡単に真似られるものだった。

しかし、パージュ・ジョーヌのブランドと、顧客と営業担当者との関係という2つの資産は、戦略的資産である可能性があった。この2つの資産は価値があり、希少であり、真似されにくいものだった。そして、いくつかの変更を加えれば、そのまま使えそうでもあった。だからレミーは、これらの資産をもとに新たなビジョンを作ったのだ。パージュ・ジョーヌは地元のマーケティング・ビジネスにおいて今後も信頼されるブランドであり続け、その営業担当者は顧客がデジタルな未来を進んで行くために力を貸すのである。

変革に向けた意気込みを創造する

ビジョンを持つだけでは十分ではない。ビジョンは変革的なものでなければならない。現状の延長線上の変化を想定したビジョンでは、デジタル変革で得られるメリットが限定的なものになる。たとえそれが成功したとしても、線形的なリターンしか得られない。デジタルによってすべての業界が劇的に変わるならば、その劇的な変化によってどのようなデジタルの未来が生じるかを描くことで、自社を導くことができる。

この状況は、毛虫とチョウに例えることができる。自社をチョウに変えるためのビジョンがある競合は、新たな高みに達することができる。一方で、現状の延長線上の変化を想定するビジョンでは、毛虫が少し速く動けるようになるだけだ。手紙や電子メールによるキャンペーンのターゲティングを改善しようとデータ解析を行っている企業は、毛虫の動きを速めるだけだ。シーザーズ・エンターテインメントは、リアルタイムで顧客の位置情報に基づくサービスを行うことで、毛虫からチョウになった。

デジタルによる変化のレベルは、代替、拡張、変革の3つに分けられる[(25)]。

代替とは、今まであった機能を実質的に変えずに、新たな技術に置き換えることだ。例えば、今までPCで行っていたことに携帯電話を使ったり、今までの基本的な報告書作成にデータ解析を取り入れて改善したりするのは、代替しているだけである。代替によってコストや柔軟性は向上するかもしれないが、非効率的なプロセス自体は変わらない。大きな変更を行う前に新しい技術を試してみる実験にはなるかもしれないが、より大きな変化が必要だ。

拡張とは、製品やプロセスの性能や機能を大幅に改善することだが、根本的な変更ではない。多くのメーカーや再販業者は、現場の労働者が携帯機器を通じて情報にアクセスできるようにし、労働者が勤務時間の前後にオフィ

図5.1 あなたのデジタルビジョンは変革的と呼べるか

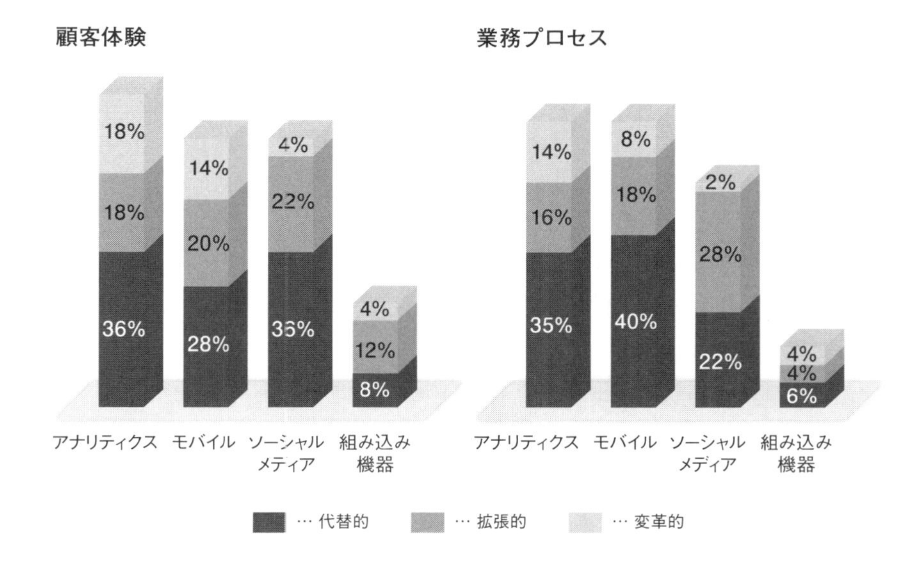

注：グラフは、研究の最初の1年間にインタビューした企業が、顧客体験または業務プロセスを変える活動においてテクノロジーをどのように使っているかを示した。それぞれの企業で、最も変革的な例だけを取り上げた。

出典：Adapted from George Westerman, Claire Calmejane, Didier Bonnet, Patrick Ferraris, and Andrew McAfee, "Digital Transformation: A Roadmap for Billion-Dollar Organizations," Capgemini Consulting and MIT Center for Digital Business, November 2011.

スに行かなくて済むようにしている。また、ある製薬会社はソーシャルメディア上に医師のコミュニティを作り、医師同士の会話から課題や機会を見つけられるようにした。規制当局は医師と企業とのコミュニケーションに厳しい規制と監査要件を課しているが、医師同士の会話はほとんど規制もモニターもされない。こうした「拡張」は、既存のプロセスを改善したり、既存の能力を広げたりはするが、それでも以前と同じ活動を行うことが前提となっている。

変革とは、プロセスまたは製品を、テクノロジーによって根本から定義しなおすことである。アジアンペインツの経営陣は、完全に自動化された工場を建設するにあたって組み込み機器やアナリティクスを用いることで、製造プロセスをがらりと変え、人手による工場よりも高いレベルの効率と品質、そして環境負荷の軽減を実現した。コデルコのデジタル鉱山、シーザーズ・エンターテインメントの携帯アプリ、ナイキのフューエルバンドも変革的である。これらのデジタル変革は、提供するものの性質自体を変え、企業とその顧客が以前と比べて劇的に良くものごとを行えるようにしたのである。

こうした例はあるものの、残念なことに私たちの研究では、デジタル技術を用いて変革のレベルに至ることを行った企業はほとんど見つからなかった。**図5.1**は、研究の初年度の2011年にインタビューした企業で、それぞれに最も変革的だった投資を挙げてもらい、分類したものだ(26)。多くの企業が新しいテクノロジーに投資していたが、代替または拡張を超えることを行っていた企業はほとんどなかった。わずか18%（5分の1以下）の企業だけが、顧客体験の劇的な変化につながるアナリティクスに投資していた。それ以外のテクノロジーを用いて製品や活動を変革していた企業も、全体の6分の1以下だった。

あなたの会社のデジタルビジョンを考えてみよう。そのビジョンでは、これまでと同様のことをしようとしているだろうか。それとも、事業を劇的に変える機会をとらえ、古い技術や手法という足枷を切り離そうとしているだろうか。あなたのビジョンは、会社の一部のみに関わるものか、それとも組織の間の壁を打ち破る変化を目指しているのか。現状の延長線上にある変化のビジョンを描く経営幹部は、線形的な改善しか得られない。デジタル変革が持つ力を知れば、もっと多くを達成できる。

意図と結果を明確に定める

私たちがインタビューした企業に共通する点の1つは、誰もがこれまで以上に忙しいということだ。社員は、現在の目標を達成するためだけでも、ますます懸命に働かなければならず、まだ定義の曖昧な大きな将来ビジョンに取り組む時間はほとんどない。したがって、ビジョンはまったく実現されないかもしれないし、実現されるとしても、かなり違うものになってしまうかもしれない。実現に向かう間にも、すぐにもやらなければいけないもっと重要な仕事があるのだから。

このような状況において、社員にビジョンに関与したいと思わせるには、ビジョンを社員にとって現実的なものにしなければならない。ビジョンが実現したときに、「良い」と判断する基準は何だろうか？　どうすればそれを達成したことが社員にわかるだろうか？　なぜ、社員が達成を目指す必要があるのだろうか？

優れたデジタルビジョンは、意図と結果の両方を含むものだ。意図とは、何を変えなければならないのか、である。結果とは、企業、顧客、または社員にとってのメリットで、測定ができるものだ。意図と結果がそろうことで、社員は組織の将来を思い描き、結果を実現する意欲を持つことができる。

パージュ・ジョーヌのCEOは、中小企業と地元の顧客を結ぶという重要な役割を保ちながら、分厚い紙の電話帳の先へと変わっていくという意図を明確にした。そして、同社が提供できる新しいデジタルサービスの例を示した。それから、その意図に対応する具体的な結果を示した。5年間のうちに、売上高の75％をデジタルサービスから上げる、というものだ(27)。この意図と結果によって、組織内の誰もが新しい働き方を思い描く明確なガイドラインができた。また、この変革のビジョンはテクノロジーだけに関するものではなく、デジタルサービスを通じて顧客満足と成果を向上させる新たな方法を探すものでもあることを示した。

同様に、スペインのメディアコングロマリットであるプリサ（PRISA）も、デジタル変革を行うことにより、新聞から衛星テレビ、教育出版に至る同社の幅広いメディア資産で、どうオペレーションが変わるかを明確に描き出した。例えば、アフリカで収録されたサッカーのスター選手の映像を、スペインやブラジルなど、世界各地のプリサのメディア上ですぐに利用できるようになる。また、ソーシャルメディアやデジタルマーケティングと伝統的なメディア広告とを組み合わせ、同社のさまざまなメディアを用いてグローバルな広告キャンペーンを展開することができる、といった具合だ。プリサCEOのフアン＝ルイス・セブリアンは明確な目標も掲げた。5年以内に、売上高の20％をデジタル事業からのものにするという(28)。

時間と共にビジョンを進化させる

心をつかむビジョンを作り、社員がそれを信じられるようにすれば、組織全体で詳細を詰めていくことができる。社員に明確な方向性を与えられるくらいにデジタルビジョンを具体的にしつつ、一方で社員がビジョンに基づいて革新したり、工夫したりする余地を残しておこう。

アジアンペインツは2000年代初頭に、「地域企業から総合企業に進化する」というビジョンを掲げた(29)。このビジョンは、オペレーションの効率化と顧客サービスの新たな方法とを組み合わせたものだった(30)。ビジョンは、「変化せよ」と明確な指示を出す一方で、全社の社員が詳細を精緻化していく余地を残していた。

それ以来、アジアンペインツの経営幹部は、3つのデジタルによる変化の波を連続して導いてきた。その1つひとつが前の波の上に立脚するものだった。第1の波では工業化に注力し、第2の波では顧客中心の組織を作り、第3の波では自動化に焦点を絞った。そして、同社は今、第4の波に向かっている。この波は、構造化されたデータと、社内外のソーシャルメディアなどの構造化されていないデータを結び付け、顧客との関わりや社内での協力態勢を改善しようとするものだ(31)。こうした中で、同社のビジョンは複数の波を通して拡張されていったが、元来のビジョンはオペレーションと顧客体験の進化を支える中心的な思想として残っている。

デジタル技術はどんどん変わっていく。消滅するものもあれば、改善されるものもあり、発明されるものもあって、絶えず変化していく。どのテクノロジーが次の新たな大ヒットとなるのか、誰も確実に予測することはできない。企業や個人がどのようにテクノロジーを利用するかについて、長期的かつ具体的な予測をすることは不可能だ。テクノロジーの進歩と新たな能力の獲得によりチャンスが開かれれば、あなたの組織のデジタルビジョンもそれとともに進化していくだろう。

シーザーズ・エンターテインメントでは、アナリティクスによって顧客1人ひとりに最適なサービスを提供するというビジョンを持っていたが、そのビジョンは、個別顧客に関するより質の高い情報を社員に即時に提供することから始まり、ウェブサイトを通じたサービスの最適化へと進化した。その後、ビジョンはさらに進化し、全顧客にリアルタイムで、携帯電話を通じて最適なサービスを提供することとなった。プログレッシブ保険では、手持ちの顧客データに基づいてより良い意思決定を行うというビジョンが、実際の運転行動に関するデータの収集へと進化した。このビジョンの変化によって、画期的に新しい製品と意思決定プロセスが生まれたのである。

どうやって始めるか

人々を奮起させるデジタルビジョンは、デジタル変革の成功の礎石となる。多くの経営陣がデジタル技術の潜在的な影響に気づいているが、デジタルな未来について心をつかむビジョンはなかなか生み出せない。デジタルマスターには、変革的なデジタルビジョンがある。ほかの企業も変革的なデジタルビジョンを作る必要がある。

デジタルビジョンを作るときは、テクノロジーではなく自社の事業についてよく見るべきだ。テクノロジーは障害を取り除き、企業の能力を伸ばすことができるが、テクノロジーの獲得自体が目的なわけではない。顧客体験を向上させ、オペレーションを合理化し、ビジネスモデルを変革することに集中する必要がある。

現状の延長線上の変化ではなく、変革を目指そう。デジタルビジョンを、社員に明確な方向性が示せる程度に具体的にし、同時にビジョンに基づいて革新できる柔軟性を残しておこう。大きなビジョンを掲げ、共にそれを実現しようと社員に呼び掛けよう。これは簡単な仕事ではない。デジタル変革のビジョンを作るのは、長い旅のようなものだ。経営のトップレベルが種を植え、全レベルの人々を巻き込んでビジョンに命を吹き込み、育てなければならない。第5章では、ビジョンを現実のものにするために、どのようにして社員を巻き込むかを示す。

デジタル・シフト戦略チェックリスト

デジタルビジョン

- ✓ 業界や企業にとって機会や脅威となりうる、新しいデジタル手法を知っておこう。
- ✓ 古い技術による限界が原因となって、自社や顧客でボトルネックや困った問題が生じていないか探し出し、デジタル技術でこれらの問題をどのように解決できるか検討しよう。
- ✓ 自社の戦略的資産のうち、デジタル時代にも価値として残るものを検討しよう。
- ✓ 説得力のある変革的なデジタルビジョンを作ろう。
- ✓ そのビジョンが意図と結果の両方を具体化しているか、確認しよう。
- ✓ 社員に明確な方向性を示すのに十分な具体性のあるデジタルビジョンを作ろう。そして、社員に革新できる柔軟性を与えよう。
- ✓ 自社が作り上げてきた組織能力を活用したビジョンを継続的に拡張していこう。

第 5 章

ENGAGING THE ORGANIZATION
AT SCALE

組織を大々的に巻き込む

もし頭に想い描けて、かつ心から信じられるなら、
きっと成し遂げることができるだろう

ジェシー・ジャクソン

デジタル変革に必要な巻き込みとは

組織を大きく変革させたことのある経営者がいたら、聞いてみよう。きっとその経営者は、変革では企業の戦略ビジョンも重要だが、社員次第でそのビジョンの実現も変わってくると言うだろう。これはデジタル変革にも当てはまる。前章のパージュ・ジョーヌの事例で述べたように、心をつかむデジタル変革のビジョンを作ることは重要だが、これは長い道のりのほんの始まりにすぎないのだ。

現状の延長線上にある変化であれば、数人が1人ひとりで行動しても実現できる。しかし、これが変革となると、多くの人を巻き込まなければ決して実現できない。変革には、何よりリーダーの覚悟が必要だ。その次に、変革を先導する中心的メンバー数名が本気で関わる。そして変革に必要な多くの人々を巻き込んで、初めて劇的な変化を起こすことができるのだ。しかし、巻き込むとはどういうことだろうか。私たちの定義では、社員がビジョンを実現しようという意欲にあふれているならば、それは社員の巻き込みができていると考えている。

事業における変革では、重要で、時には破壊的な変化が起きる。例えば、中核的な業務プロセスを設計しなおしたり、技術的なツールを古いものから新しいものに置き換えたり、新たな能力を開発したり、新たな働き方を創造したりする。社員がこのような取り組みに関心を持つよう仕向けるのは、決して簡単なことではない。リチャード・ブランソン【訳注：ヴァージン・グループCEO】はかつてこう言った。「どんな企業でも、組織に忠実な社員は忠誠心の高い顧客（ロイヤル・カスタマー）を生み出し、ロイヤル・カスタマーは株主を幸せにする。これを実現するのは簡単なことのように聞こえるかもしれないが、そんなことはない。実際、20世紀最大の企業のうち数社は、このプロセスに失敗したために倒れていった」[(1)]。つまり、社員の巻き込みが重要なのだ。そして変革を成功させるには、巻き込みがさらに重要となる。

幸いなことに、組織を変えていくことにどう社員を巻き込むかは、これまでにも語られてきた。組織変革の成功に向けて巻き込む力をどう活用すべきかについては、すでにたくさんの研究があるのだ[2]。ある研究では、希望や恐れといったさまざまな感情を、巻き込み戦略の中心に据える[3]。また別の研究では、変革の重要なステップとして個人とチームの刷新に注目している。あるいは心理的な一体感をつくり、集団学習力を向上させることに注目する研究もある[4]。いずれにせよ、あらゆる研究が共通して指摘するのは、巻き込みがリーダーの重要な仕事だということだ。

デジタル技術によって、巻き込みにはまた別の一面も生じている。すなわち、リアルタイムで、社員を世界規模で巻き込めるのだ。ブログやツイッター、デジタル動画を使えば、大量のメールや対話集会などでは実現しえなかった方法で、リーダーは組織とつながることができる。例えば、経営幹部はブログを使って、変革の見通しをタイムリーに、また率直に伝えることができる。また、デジタル動画は、経営幹部の個人としての顔を見せるのに効果的だ。さらに、社内ソーシャル・プラットフォームは、組織の中にオープンで、双方向の新しいコミュニケーションを生み出す。リーダーと社員は、リアルタイムで議論し、情報を共有し、協働できる[5]。デジタル技術によって、リーダーは変化を起こすうえで社員を巻き込む新たな力を得たのだ。

人と人の交流をデジタルに：ペルノ・リカール

フランスの酒造会社ペルノ・リカールは、ワインと洋酒の世界的リーダー企業である。2012〜13年の売上高は100億ドル超、世界各地で働く社員は1万9000人に及び、6つのブランド企業と80の市場部門で構成されている[6]。同社は、アブソリュート・ウォッカ、シーバス・リーガル・スコッチウィスキー、ジェイムソン・アイルランドウィスキー、ペリエジュエ・シャンパン、リカール・パスティス、アニス風味のリキュールなど世界的に有名なブランドを持っている。

同社はペルノ社とリカール社の合併により1975年に設立された。そして、シーグラム、アライド・ドメク、アブソリュート・ウォッカの3社を買収することにより、ブランド・ポートフォリオを広げてきた。すでに高級セグメントのトップ企業として地位を確立している同社が次に目指しているのは、ワインと洋酒で世界的リーダーになることだ。ペルノ・リカールのCEOであるピエール・プランゲは、次のように話す。「当社は38年間成長し続けてきた。業界のリーダーであることが当社の目標だ。私たちは業界の成長をリードする企業でありたいと考えている。加えて、業界のビジネスを変える存在でもありたいのだ」(7)

同社のように、グローバルならではの複雑さや、高度に分権化した事業体制、いくつもの大規模買収による急成長という要素が組み合わさると、たいていの企業では、世界レベルで社員を団結させて巻き込むのは難しくなる。しかし、ペルノ・リカールでは、社員の巻き込みや文化の創造は、会社側の掛け声以上にうまくいっている。ある独立機関が実施した社員調査によると、2013年時点で、社員の94%がグループで働くことに誇りを感じており、87%が会社を就職先として推薦すると答えた。この数値は業界平均を10ポイント上回っている(8)。

しかし、社員調査の結果は、現状よりも遅れて表れてくる遅行指標だ。社員の愛社精神や帰属意識は偶然には生じないものだが、同社でこのような結果をもたらした要因は何なのだろうか。ペルノ・リカールは、過去数年間にわたって人事プロセスに多額の投資をし、全社員を戦略やデジタルビジョンの実現に巻き込んできた。副CEOのアレクサンドル・リカールは次のように述べる。「当社のビジョンは、業界のビジネスの進め方を変えるためにデジタルを活用することだ。デジタルを活用すれば、私たちは顧客と直接の接点を持てるようになる。また、事業パートナーとの関係でも、当社の影響力が強まったり、新たな動きをつくり出せたりするだろう。さらに、社員に権限を委譲して、自社の成長に重要な役割を果たしてもらうこともできる。加えて、データ主導のアプローチは、ビジョンの3つの柱である顧客、事業パートナー、社員を支えるだろう」(9)

このビジョンを共有するために、上層部のリーダーたちはイントラネットや経営セミナー、社内テレビ（PRTV）など、利用できる限りのプラットフォームを活用した。デジタル変革は課題でもあり、解決策でもあったのだ。

デジタルという大波に全社で向き合う

ペルノ・リカールは、強力な消費者向けのブランドとさまざまな流通形態を持ち、世界的に事業を展開している。その中で同社は、あらゆる方面からデジタル技術の影響を受けていた。顧客は、ソーシャルメディア上で同社の製品について語り、またブランドともっと直接的に対話することを求めていた。小売業者や卸売業者、バーなどは、それぞれにデジタル変革を体験しており、新たな競争にも直面していた。さらには、社員、特に若い世代は、職場で自分のデジタルツールをどんどん利用するようになっており、会社には業務にもっとデジタルを取り入れてほしいと思っていた。

デジタル技術が業界や会社にとって変革的なものであることがわかると、ペルノ・リカールの起業家的な組織風土が反応を示した。いくつかの部門が、ソーシャルメディアやデジタル広告、eコマース（電子商取引）など、顧客に軸足を置いたさまざまな取り組みを独自に始めたのだ。それらの部門はデジタルに詳しい人材を新規に採用し、新しい事業コンセプトを試験的に進めていった。

一方で、グループ全体では、最初のデジタルの取り組みは社内向けのものだった。いかにして、オープンなコミュニケーションを社内で大々的に行うかが検討された。同社は、社内でソーシャルネットワークを立ち上げることを決めた。ペルノ・リカールのように分権的な文化を持つ企業では、ブランドや市場の壁を越えて成功事例を共有し広めていくために、組織同士の結び付きは欠かせなかった。加えて、デジタル化に関して最も進んだ組織が遅れている組織を支援でき、「デジタル化の牽引役」となることもできる。こうしたプラットフォームの狙いは、起業家精神やイノベーションに深く根付き、組織の多様性につながっていった。これを機に、同社のデジタル変革は加速した。副CEOのアレクサンドル・リカールは言う。「リーダー企業であるためには模範とならなければならない。また、未来に適応できる力も必要だ。デジタル化は、我々の行動や、生き方、働き方を大きく変えてきた」(10)

ペルノ・リカールには、「毎日友人をつくろう」という昔からのモットーがある。これになぞらえて、同社は「毎日新しいアイデアを共有しよう」というキャッチコピーを用いて、社内ソーシャルネットワークを導入した。このプラットフォームは、1万9000人の社員を継続的な対話に巻き込む。このツールを活用すると、即時のデータ共有、視覚的なコミュニケーション、携帯端末を通じた協業、インスタントメッセージのやりとりが世界規模で可能になるのだ。最初の意思決定からテスト段階に至るまで、ネットワークの実装に要した時間は6カ月弱だった。しかし、最も重要なのはツールではなく、社員を1つのグローバルチームとして行動させることだった。

成功の鍵は、ビジョン、リーダーシップ、事業の方向性だった。CEOのピエール・プランゲは次のように述べた。「当グループは、非常に分権化されているので、例えばマーケティングや販売施策などに関して、ベストプラクティスの共有を進めることが非常に重要だ。そのために、以前には対話がなかった場所で、新たな対話を生み出す必要があった。こうした集合知のネットワーク化が、組織のあらゆる階層でグループのデジタル変革を加速するうえで役立っている」[(11)]

ペルノ・リカールは、強力なトップダウンとボトムアップの両方のアプローチがなければ、スピーディーには変化しないだろうと考えていた。同社は、グローバルとローカルの両方で経営幹部を巻き込むことから始めた。一定期間の訓練を経て、役員レベルの人々を含む150人以上の上級幹部が積極的にこのプラットフォームに参加した。プロジェクトの進捗は定期的に経営会議に報告された。一方で、ボトムアップのアプローチも必要だった。この取り組みを成功させ、より多くの社員を巻き込むためには、ネットワークは実際の現場のニーズに応えるものでなければならない。つまり、日々の仕事に役立ち、会社の業績に影響を与える必要がある。アレクサンドル・リカールは、「デジタルが流行りだからではなく、業績に実際に影響があるからデジタルを取り入れる」[(12)] と強調する。

ビジネスに焦点を絞るために、最初にいくつもの利用例が示された。イノベーション、ブランド・マーケティング、業務プロセス改善などである。また、このネットワークによって、社内のコミュニケーションや新しい人事施策の展開も強化されていった。気軽なウェブ会議が開かれ、新しい人事プロジェクトや働き方の改善に関して、社員が参加する対話も増えていった。

社員たちは、この協働プラットフォームを意外な形で活用するようにもなった。ある社員のグループが飛行機に搭乗するまでの待ち時間に、空港の免税店をじっくりと見ていたところ、彼らは陳列されているアブソリュート・ウォッカが、どこかおかしいことに気づいた。彼らは、ソーシャルネットワークにその商品の写真を掲載し、コンプライアンス・グループをタグ付けして、それがその地域で標準の包装の仕方なのかを尋ねた。すると数時間のうちに、コンプライアンス・グループは陳列されている商品が偽造品であると判断した。そして、数日のうちに陳列品は取り除かれ、是正措置が取られた。

社員のプラットフォーム活用を増やすために、ペルノ・リカールはさらに活動を進めていった。管理の仕組みが設けられ、情報発信活動やトレーニングが全社で展開された。同社の研修機関である「ペルノ・リカール大学」とともに、デジタルIQを高めるための教育プログラムも開発された。

さらに、ミレニアル世代の社員の力を活用したほか、早い段階で利用している人物を見つけ出し、利用が進んでいない人たちを啓蒙していった。コミュニティ管理者のような新たな役割や、コンテンツ・モデレーション【訳注：SNSや動画サイトから不適切なコンテンツを削除し、内容の適切さを保つこと】のような新しいプロセスも設けられた。プラットフォームの利用状況は業績評価指標（KPI）を用いて進捗が管理され、リーチ率（定期的なログインユーザーの割合）とエンゲージメント率（ユーザーのアクティビティとプラットフォームへの貢献度）の両方が測定された。

こうした活動により、2014年までには全世界のペルノ・リカールの社員のうち、84％が社内ソーシャルネットワークにつながっていた。そのうち4分の1が積極的に活動しており、毎日1万3000件ものアクセスがあった。これは業界標準に比べると、かなり高い水準だった。

アレクサンドル・リカールは、次のように話した。「ネットワーク上のコミュニティには、地域や職種、階層などの境界が存在しない。スピードと対話は、いまや社員間の関係の中核となっており、消費者との関係においても不可欠なものになってきた」[13]

共創によってデジタル変革を加速する

ペルノ・リカールでは、グループ全体で社内ソーシャルネットワークを導入することによって、社員やコミュニティを世界レベルでつなぐという真の価値を生み出した。しかし、これは同社のデジタル変革のビジョン実行においては、最初の段階にすぎなかった。

「当社では、デジタル変革の第1段階で組織をつなぎ、コミュニケーションのとり方、仕事の仕方、イノベーションの方法を変革した」とCEOのプランゲは言う。「第2段階となるデジタル変革のロードマップは、この変革のプロセスを拡大し、加速するのに役立つ。このロードマップによって、マーケットリーダーになるという我々の目標に向けて、もっと速く、遠くまで進み、さらに強い存在になることができる。そして、これが成功するかどうかは、とにもかくにも社員を巻き込めるかどうかにかかっている」(14)

同社のブランドと市場が直面しているデジタル面での課題には、コンテンツやオンライン販売、ソーシャルメディア、消費者に関する洞察、社内プロセスのデジタル化などがあったが、それらに取り組むには、新たなデジタル能力や新しい仕事の仕方などの新たな行動が必要であった。そこで、こうした変化を起こし、社員にも積極的に取り組んでもらうために、上層部のリーダー陣は社員を巻き込んで、一緒にデジタル変革を加速するロードマップを策定することを決めた。

同社は、デジタル・チャンピオンと呼ばれる人々のネットワークを活用した。このデジタル・チャンピオンは、ブランドや市場単位でデジタル面での変化を推進していた人たちだった。デジタル・チャンピオンは各地でチームに入り込み、チームの現場の体験と顧客理解をロードマップづくりに活用した。ペルノ・リカールはこの取り組みを通じて、ブランドと会社業績に世界レベルで最も影響のある活動を探して、その優先順位を高めることができた。

今日、同社はデジタル変革のロードマップを全速力で実行している。世界各地で生まれた手法は文書にまとめられ、他部門で一気に横展開がしやすいように準備されている。各ブランドは、会社全体に代わって戦略を考え、実行している。一方で本社が担っている役割は、相乗効果を探し出し、各地の事業単位に必要な能力を提供することだ。こうして、ペルノ・リカールでは巻き込みが実行されているのである。

いずれもトップのリーダーシップなしでは起こりえなかった。デジタルビジョンは、組織のトップによって導かれ、支えられている。それでもなお、日々の業務を大々的に変革するのは容易ではない。そのため、デジタルに精通したトップマネジャーとあらゆる階層のデジタル・チャンピオンが、デジタル変革の推進者（チェンジエージェント）として行動し続け、1万9000人の社員をこのワクワクする過程に巻き込んでいかなければならない。

CEOのプランゲは、次のように話した。「当社は"デジタルムーブメント"を起こした。それは当社のあらゆる側面に影響を与え、全社員に参加してもらうものだった。デジタル変革は、今後も引き続き、当社の重要課題の1つであり続けるだろう。私たちは全員一緒でなければ勝てないのだ」[15]

全員で取り組む

ペルノ・リカールの例や第4章で見てきたように、社員をビジョンの実現に巻き込む前にまず必要なのは、心をつかむビジョンだ。ビジョンは、それがあることによって社員が鼓舞され、単に毎朝出社する以上のことができるようになるものでなければならない。リーダーはメンバーを導く必要がある。そのためには、何を変える必要があるのか、明確な要望を示すことだ。

しかし、それだけでは足りない。組織のデジタル・チャンピオンは、デジタル変革が事業にもたらす意味を社員に示すうえで、大きな影響力を持つ。したがって、明確な要望を示すとともに、デジタル・チャンピオンを巻き込んで会社の変革ビジョンを伝える努力をすれば、多数の社員がそれを信じ、さらに高い業績へと組織を動かしていけるだろう。

だが、リーダーは実際に組織をどのように巻き込めば、より大きなデジタル変革に取り組めるだろうか。私たちの研究によって、組織を巻き込むための3つのマネジメント上のポイントが明らかになった。

まず、組織の中をつなぐ。これはデジタル技術を使って組織の人々をつな

ぎ、全員が声を上げ、協働できるようにすることだ。第2に、オープンな対話を促す。これにより、戦略的な対話を導き、誰もがビジョンの実現に関われる機会を提供する。第3に、社員を参画させる。つまり、解決策を考えてその後で同意を得るのではなく、共に解決策を作るのである。これらがうまく実行されれば、デジタル変革を加速することができる。

組織の中の人々をつなぐ

デジタルマスターは、デジタルという新たな手段により、世界に広がる社員の意欲（エンゲージメント）が高まり、仕事の課題解決に向けてオープンな会話が促されることを知っている。コミュニケーションは一斉配信メール以上の効果がある。Wiki【訳注：独自の記述方法により、Webブラウザから簡単にWebページ（HTML）を編集できるシステム】やマイクロブログ【訳注：日常の簡単なつぶやきを短い文章で投稿できるサイトのこと。ミニブログとも言う】、社内ソーシャルネットワーク（Enterprise 2.0ツールとも呼ばれる）は、組織内をつなぐ重要な協働ツールとして、最近大きな注目を集めている[16]。

社内のソーシャル・プラットフォームによって、組織の全員が戦略についてオープンに対話できる。そして、世界規模で、さまざまな部門の壁を越えて問題解決が進められていく。こうしたソーシャル・プラットフォームを通じて意見交換される内容は、組織の全員が見ることができ、それによって透明性が増し、何をすべきなのかがより明らかになる。さらに、リーダーが社員の貢献を公の場で評価し、積極的な参加に報いる機会にもなる。こうした世界中との対話を可能にするために、あなたは自分の組織の中をつなぐ必要がある。

ペルノ・リカールは、非常に分権化されたビジネスモデルをつなぐものとして、社内ソーシャルネットワークを活用した。既存のイントラネットなど、別のツールを活用している組織もある。しかし、ツール自体が重要なのではない。重要なのは、オープンな対話と、デジタル変革のビジョンに組織を巻き込むことだ。

米国に本拠を置く、医療技術企業の例を紹介しよう。同社は戦略を大きく転換するにあたり、300名の経営幹部と上級管理職に対して、アクションプランを作るための3日間のワークショップを実施した。セッション中、ビデオ撮影チームが意見交換と意思決定の様子を録画した。また、各セッションの終わりに、話し合いがどう進行したかを説明するため、経営幹部による短い報告も録画した。これらのデジタル素材は、ほぼリアルタイムで全社にストリーミング配信【訳注：通信回線で送受信される音声や動画データをリアルタイムで再生すること】された。

参加者の1人によると、ストリーミングは情報を開示しているという感覚を強く生み出した。「『1日目にはこんなことを行っている』というのを、そのまま組織に配信している。だから［幹部が］会議を終えるときには、社員は、幹部が会議に参加していたことと、そこで何をしていたのかを知っている。そして、組織の皆が、その後どうなったかを知りたがるようになる」。このイベントをデジタルで放送したことにより、組織の透明性が生み出されたことについて、同社の社長は次のように述べた。「昨年は、私たちは会議を終えてから、組織に戻って戦略を伝えた。今年は、会議を終えたときには、もうみんな内容を知っていた」(17)

さらに幅広く対話に巻き込む

オープンな対話を奨励し、新たな仕事の仕方を拡大するために、経営幹部は自ら手本となり、また社員と十分に連携しなければならない。そして変化を起こすのだ。デジタル変革に力を貸してほしいと背中を押されると、社員はより高い意欲を持つようになる。その結果、さらに良い社員となる。

新しいテクノロジーや新しい仕事の仕方を組織に取り入れるために、リーダーがとれる最善の方法の1つは、ロールモデルとして行動することだ。ロールモデルは求められる水準を組織に示し、社員がリーダー陣と直接関わる機会を提供する。例えば、食品メーカーのクラフトの上級幹部は、ポッドキャスト（「クラフトキャスト」と呼ばれる）を録音し、iPhoneとiPadを持つ社員がそれを聞けるようにしている。これらの幹部からのメッセージにより、社員は最新の企業戦略とブランディング活動の情報を知ることができる(18)。

デジタル・プラットフォームで経営幹部の存在を見せれば、利用者のプラットフォーム活用も促進される。コカ・コーラの事例を見てみよう。同社は、ソーシャルメディアを通じて顧客を引き付ける世界トップブランド20のうちの1つだ(19)。コカ・コーラの企業ホームページは、いまやデジタル雑誌のようになっている(20)。また、同社の次世代型自販機『フリースタイル』【訳注：タッチスクリーンを操作すれば、1台のファウンテン・ディスペンサーで112種類（2011年当時）ものドリンクを調合できる自動販売機】を利用すると、顧客は自分だけのブレンドのコーラを作ることができる。こうした例を見る限り、コカ・コーラはデジタルをうまく活用して、顧客との対話を行っている企業のように見える。

しかし、コカ・コーラは、デジタルツールを社内で活用して社員同士の協働を高めようとしたとき、困難に直面した。同社は社内ソーシャル・プラットフォームを導入した。それは同社が言う「レシピを秘密にする」文化【訳注：あまりオープンでない企業文化】を変革するためだった。しかし、プラットフォームの利用に社員を巻き込み続けるのは並大抵のことではなかった。2012年のインタビューで、グローバル・イノベーション・ディレクターのアンソニー・ニューステッドは、次のように述べた。「最初の活動が盛り上がった後、（プラットフォームの利用は）ゆっくりと減少していった」。ニューステッドと彼のチームは原因を調査した。その結果、経営幹部が毎週投稿しさえすれば、社員は引き付けられ、コミュニティは活発な状態になることを発見した。「経営幹部が主体的に関われば、社員に活用を義務付ける必要はなくなる」(21)

しかし、すべてのリーダーがプラットフォームの活用に抵抗感がないわけではなく、手本となれるわけでもない。加えて、デジタル変革を最も強く導くのが、企業の最上位層であるとは限らない。現場の最前線にいる社員が、最も効果的に組織の変化を推し進める場合もある。大きな影響力を持った人が変革を支持すると、他の人たちを変革の理念に巻き込んでくれる。デジタルマスターの多くは、デジタル変革の支持者を積極的に探し、その知恵や熱意を周囲に広げられるような立場に置いている。

なかには、こうしたデジタル・チャンピオンに公式の役割を担わせている企業もある。例えば、ネスレは、2012年にデジタル変革推進チーム（DAT：Digital Acceleration Team）を発足させた。スイスのレマン湖畔にあるヴェヴェイを拠点にするこのチームは、2つの役割を担っている。1つは、ネスレのデジタルのノウハウに関する「優れた研究拠点」となること、もう1つはデジタル・チャンピオンの養成所になることだ。

優秀な社員が世界中のさまざまなネスレブランドから集まり、課題として与えられるデジタルプロジェクトに8カ月間取り組む。例えば、新興市場におけるモバイル戦略や、デジタル人材の採用戦略の策定などのプロジェクトである。8カ月後にチームメンバーは自国や担当ブランドに戻り、ヴェヴェイで培った知見や能力を他の人たちと共有する。DATの卒業生は、今ではネスレ社内に世界的なネットワークを形成しており、自国の市場のどこでさまざまなデジタルの世界的な手法を活用すべきか認識している[22]。

もう少し非公式ではあるが、これに劣らず効果のある手法をとっている企業もある。例えば、いくつかの企業では、世代間のデジタル格差をなくすために「逆メンタリング・プログラム」を始めた。

ロレアルのプログラムは、社員とブランドのデジタルIQを高めるキャンペーンの一環として開始され、デジタルに精通した120人の若手社員と、年長の経営委員会のメンバーがペアになった。パートナー同士は互いに異なる能力を提供しあった。若手社員はデジタルチャネルと買い物客の行動に関する知識を提供し、年長の幹部は社内や業界での長年の経験から得た知見を提供した。また、それぞれのペアは重要なトレンドを見極め、新規顧客の行動を理解するための活動を行った[23]。参加した人々は、この経験で意欲を高め、新しい能力や新しい知見を得てプロジェクトを終了した。

大勢の人の力を活用する

組織の人々を広く巻き込んで、共に会社のデジタルな未来への道筋を描くというのは正しい姿だ。社員は、日々の担当業務以上の価値を持っている。デジタルに精通した企業は、社内を対象としたクラウドソーシング【訳注：主にインターネットを用いて、不特定多数の人に呼び掛け、サービスやアイデアなどを募集すること】を用いて、戦略的に重要な課題を解決しようとする。企業がクラウドソーシングを行うことで、社員は発言の機会を得て積極的に意見交換に加わり、自身の考えやアイデアを共有できる。デジタルに詳しい社員が増えるにつれ、企業は彼らをうまく巻き込む方法を習得しなければならなくなる。

すでに見てきたように、ペルノ・リカールは、デジタル変革のロードマップを社員と共に作成することでこのステップを取り入れ、大きな効果を上げた。他の企業も社内向けクラウドソーシングを活用して、顧客体験の改善やオペレーションの効率化、新たな仕事の仕方の創造などを行っている。さらには、クラウドソーシングを継続的なイノベーションに活用している企業もある。クラウドソーシングの応用の可能性は無限にあり、それがうまく進んだときに得られるメリットも無限だ。

社内向けクラウドソーシングを使うことで、時にはとても現実的な業務上の問題を解決できることがある。フランスの電気通信会社、オランジュ（旧フランス・テレコム）は、業界共通の問題であるケーブルの盗難に悩んでいた。盗難によって、通信の不通や現場での対応など業務への影響も大きく、コストもかさんでいた。そうした中で、オランジュは「idClic」と呼ばれる、社員向けクラウドソーシング用プラットフォームを使って、1人の社員を見つけ出した。その社員は、この盗難問題を早急に解決できるモバイルアプリを開発していた。

そのアプリを使うと、警察に迅速に通報でき、どのようなプロセスを踏んでどう対処すればよいかがわかるのだ。このアイデアひとつで、オランジュは年間100万ユーロのコストを削減できたのだ[24]。

社員を巻き込むことは、協働によるイノベーションにも効果がある。これまで多くの企業では、イノベーションの担当者を選び抜き、能力や役割に応じて責任を与えてきた。しかし、デジタル時代にはこうした切り分けは望ましくない。

例えば、EMCでは、世界中の社員の力を集めて、製品や事業のイノベーションを進めている。EMCは、企業向けストレージやセキュリティ、仮想化、クラウド技術の分野ではリーダー的企業で、210億ドルの売上規模を持つ。しかし、変化の激しいハイテク産業では、デジタルイノベーションの最前線に居続けることが、戦略上必要不可欠だ。

そこで、同社は2007年に、地域ごとにイノベーション・コンテストを開催しはじめた。その人気は瞬く間に広がり、何千ものアイデアが出されて、小さなイノベーション・チームでは対応しきれなくなった。チームには、この規模に対応できるアイデア評価のプロセスが必要だった。また、次点のものでも優れたアイデアが消え去ってしまわないような方法が必要だった。

1年後、同社はアイデアの提出と審査プロセスを管理するオンライン・プラットフォームを立ち上げた[25]。そこにコンテストの参加者がアイデアを投稿すると、全世界のコミュニティがそのアイデアを閲覧できた。世界中のコミュニティのメンバーは、1つひとつのアイデアにコメントを付け、フィードバックを提供し、気に入ったプランに投票ができた。コミュニティへの参加はアイデアの提案者だけに限定されておらず、EMC社員であれば世界中の誰でも参加することができた。

コンテスト委員会は、毎年最も多くの得票数を獲得した人気のあるアイデアに、ピープルズ・チョイス賞を贈呈する。ほかの賞はEMCの専門家が選ぶが、コミュニティ参加者の意見は、審査員が可能性のあるアイデアを見つけるのに役立つ。また、提案者が自分の提案したアイデアを改善するうえでも役立つ。2010年には、4000名近くのEMCの社員が、アイデアの提案やコメントや投票で、イノベーション・コンテストに関わった[26]。

現在EMCは、全世界のイノベーション活動を年度ごとに管理している。しかし、EMCのイノベーション・プロセスに必要なのは、テクノロジー・プラットフォームだけではない。経営幹部の主体的な関与が不可欠なのだ。最高技術責任者（CTO）は小さな社内組織を作って、コンテストを管理し、地域間の教え合いを促し、賞を獲得した提案者がアイデアを実現できるように指導を行った。さらに、主な事業部門の責任者は、イノベーション・コンテストで特定のテーマのスポンサーになれる。しかし、そのためには、最終リストから優勝者を選び、優勝チームに事業の立ち上げ資金を提供することに同意しなければならない。

世界中の社員をどう巻き込むかも重要だった。EMCでは、社内のイノベーション・カンファレンスで受賞者を発表する。毎年その日には、世界中の事業所から社員がやってきて、経営幹部の講演や、ビデオの鑑賞、ゲストの講演などに参加するが、そこでコンテストの受賞者も発表されるのだ。アイルランド、イスラエル、米国などのグループは、その日は特別にスケジュールを調整し、グローバル・セッションには遠隔で参加する。全社でのイノベーション・コンテストがうまく進んでいるため、地域単位でもコンテストが生まれてきている。例えば、中国では社員独自のコンテストが実施され、優勝したアイデアは全社で共有されている。このように、イノベーションに関わることは、いまやEMCの仕事のスタイルの一部になっている。

こうしたイノベーションのメリットも明白だ。例えば、優勝したアイデアの1つは消費者向け製品で、個人がデスクトップの仮想コピーを作り、ほかのパソコンに持ち運べるようにするというものだった。ほかのアイデアには、クラウドおよびインターネット・オブ・エブリシング（IoE：すべてをつなぐインターネット）をベースに、製品開発向けにまったく新しいアーキテクチャを生み出すというものなどがあった。しかし、メリットは優れたアイデアが生まれることだけにとどまらない。最近のイノベ―ション・カンファレンスでは、何人かのスポンサーが次のように話していた。

「私は優勝者に資金を提供するが、もし必要なら、ほかの決勝出場者も喜んで支援する」。ある経営幹部は、このプロセスがより多くのイノベーションやコラボレーション、事業部門を越えた社員の取り組みを生み出しているという手応えを感じている。そして社員は、組織の一体感が全世界でさらに高まったと感じている[27]。

さらには、社内を対象としたクラウドソーシングという枠を越えた取り組みを行っている企業もある。それらの企業では、社外のパートナーや顧客を巻き込んで、オープンイノベーションを展開している。[28]

例えば、プロクター・アンド・ギャンブル（P&G）は、経営陣が強力に後押ししてオープンイノベーションの哲学を社内に取り入れてきた。その目的は、外部のイノベーションが常に流入してくるようにする一方で、アイデアの着想から製品化までの管理プロセスを社内で開発することだった。元CEOのボブ・マクドナルドは、次のように述べた。「金銭的な利益や競争優位のためにイノベーションを起こそうとすると、視野が狭くなる危険性がある。感情的な要素も必要だ。人をやる気にさせるひらめきの源泉が必要なのだ」[(29)]

この取り組みを推し進めるために、P&Gは数年前に「コネクト・アンド・デベロップメント【訳注：つなげる＋開発する、という同社の顧客起点をベースにしたオープンイノベーションの考え方】」のポータルを開発した。このポータルの狙いは、あらゆる人、例えば顧客、仕入先、競合他社、科学者、起業家などに、アイデアを出してもらうことだった。P&Gは、自社がわかっていることやできることを公開しているが、同時に何を必要としているのかも明らかにしている。

しかも、その対象は製品開発に限定していない。商標、パッケージ、マーケティング手法からエンジニアリング、サービス、デザインまで、あらゆる領域で新しいアイデアを探している。P&Gの最高技術責任者（CTO）ブルース・ブラウンはこう述べる。「コネクト・アンド・デベロップメントは、P&Gの先進的なイノベーションの開発に役立ってきた。また、新たな成長戦略を実現するうえでも重要なものだ」[(30)]

P&Gは2010年にコネクト・アンド・デベロップメントのプログラムを拡張した。それは、他社との協働によるイノベーションのパートナーに選ばれるようにするためで、また、コネクト・アンド・デベロップメントによる自社のイノベーション開発への貢献を、これまでの3倍にするためであった。それ以来、P&Gは政府研究機関や大学、中小の起業家、コンソーシアム、ベンチャーキャピタルとも関係を築くよう、プログラムを強化している[(31)]。

巻き込みにおける課題を理解する

このように、社員を巻き込むという新たなすばらしい目標に挑戦できるのも、デジタル技術のおかげなのだろうか。デジタル技術にはさまざまなメリットがあるものの、それを導入するうえでは課題もある。例えば、デジタル技術にどれだけ詳しいかは、社員によって大きな違いがある。しかも、デジタルに精通した社員でさえ、新しいテクノロジーを自然に受け入れるわけではない。仕事の進め方が変わると、慣れたやり方が変更を迫られたり、中間管理職の仕事がなくなったりする可能性もある。

また、新たにデジタルを取り入れると、オープンで協働的な、透明性の高い職場環境ができる。しかし、この環境がすべての人にとって心地よいわけではなく、特に昔からのやり方で成功してきた人々はそう感じるだろう。ある幹部は、このように述べた。「私たちには長年続いてきた組織があり、組織には長年の経験則が本当にたくさん詰まっている。それを変えようと社員を動かすのは本当に難しい」[32]

多くの企業では、デジタル変革についての話し合い自体がデジタルツールを使ってなされるようになると、こうした課題に多かれ少なかれぶつかる。だが、私たちは、これらの課題をうまく解決した企業をたくさん見てきた。

デジタルツールに詳しい社員とそうでない社員の格差は広がっており、デジタル格差が生まれている。ミレニアル世代の社員は、私生活でもデジタル技術を積極的に使っていて、職場のツールに不満を感じる。ある経営幹部は、こう話す。「20代半ば、20代後半、さらに30代前半の人ですら、あらゆることに電子ツールを使う。彼らはこんなふうに言う。『まったく、会社が100歳を超えているからって、IT能力も同じぐらい年寄りじみることはないだろうに』」

一方で年長者は、仕事でデジタルを使えるようにするために、急いで学んでいかなければならない。この格差により、経営幹部がどのコミュニケーション手段を選ぶかによって、どちらかのグループが疎外されるというジレンマを生んでいる。これは積極的に改善する必要がある。ビジネスリーダーは、最善のコミュニケーション・ツールを使うよう努め、両グループが自分の習慣を打ち破るように働きかける必要がある。例えば若手には、深刻な誤解が生じたときには電話をかけるよう、あるいは同僚のデスクに出向くように仕向ける。同様に、年長の社員には、会社のブログや他のソーシャルメディアに参加するメリットを教え、いつものパターンから抜け出させるなどである。

デジタルツールによって、組織の透明性が高まる。これは一般的には良いことなのだが、変化への抵抗を高める可能性もある。マネジャーの中には、透明性が増すと自分たちの自律性が損なわれる、あるいは社内での自分の役

割が脅かされると感じる人がいる。一方で、積極的に参加するマネジャーもいる。完全に避けようとする人もあれば、デジタル・プラットフォームを使用することに正面から抵抗する人もいる。マネジャーは組織に変化を起こす最前線にいることが多いので、経営幹部はマネジャーがどれだけ積極的に取り組んでいるかについて、とりわけ関心を持つ必要がある。

私たちが調査したあるグローバル企業では、変革の一環として報告用のプラットフォームを新しく導入したとき、マネジャーの多くが尻込みした。新しいプラットフォームの導入以前は、営業マネジャーはおのおの独自の方法で報告書を作成していた。彼らは、報告する数字とその詳細さの程度を自分で決めていた。しかし、新システムでは売上げと利益のデータが一元的に集められ、報告書は決められた形式で作成された。ある幹部は言う。「そういった透明性には、マネジャーは慣れていなかった。だから、最初は抵抗があった」

そこで経営幹部は、新しいプラットフォームは、1つの企業体として運営するという考え方を強化するものだが、営業マネジャーはこれまでどおり担当組織の意思決定権を持つことを明確に示した。また、幹部は意識して、マネジャーにとっての新システムのメリットを示した。彼らは新しい報告書内の新しい情報が、どれほど売上増に役立ち、在庫を最小化し、月次報告書の作成時間を削減できるかを示した。振り返って、経営幹部は新しい報告用プラットフォームが企業文化に大きな変化をもたらしたと評価した。ある幹部は言う。「もう責任のなすり合いはしない。私たちは、生きるも死ぬも一緒なのだ。私たちが生き延びる唯一の方法は、透明で、お互いのコミュニケーションがオープンであることだ」

デジタル変革のビジョンを実現するために巻き込む

デジタルマスターは、心をつかむ将来ビジョンを描く。また、どこを目指すのか、そこに到達すればどんな世界が広がっているのかもわかっている。同時にデジタルマスターは、デジタル変革でそのビジョンを実現するために、組織全体が一致団結して努力する必要があることも理解している。新しい業務プロセス、新しいビジネスモデル、新しい仕事の仕方は、全社に影響を与えることになる。こうした企業では多くのリーダーが有言実行だ。彼らは新しいデジタルツールを取り入れるが、それは良い模範を示すためだけではなく、これらのツールによってより変革を起こしやすくなるからだ。社員はテクノロジーを利用して、お互いの結び付きをさらに深める。デジタル変革について積極的に意見交換し、仲間と協力して課題を解決するのだ。

デジタル変革でリーダーがどんな役割を担うにしても、社員を巻き込むことは最重要課題の1つであるべきだ。コミュニケーションやコラボレーション、同僚とのつながり方などに関して新しい方法を試して、双方向の対話に社員を巻き込もう。デジタルを使う新しい仕事のやり方を率先して示し、デジタル変革を信じ、力を貸してくれる人を増やそう。組織を新たなステージへと動かすために、十分な数の社員を巻き込もう。また、ビジネス上の問題を解決するうえで重要な会話に集中し、ツールそのものに焦点を当てないようにしよう。

新しいデジタル技術や、それが組織で果たす役割に疑問を感じる人は、まだ存在するだろう。しかし、もしデジタル変革を成功させたいならば、組織を必ず巻き込まなければならない。また、逆に言えば、デジタル技術をうまく使うことができれば、社員を大々的に巻き込むのに役立つのである。

デジタル・シフト戦略チェックリスト

組織を大々的に巻き込む

✓ 社員を鼓舞し、デジタル変革のビジョンを実現するために巻き込む。

✓ 社員を大々的に巻き込むために、デジタル技術を活用する。

✓ 社員が意見を述べられるよう、組織の中をつなぐ。

✓ デジタル変革で全員が何らかの役割を担えるよう、対話の道を開く。

✓ 共同で解決策を考えるために社内を対象にクラウドソーシングを行い、社員の関与を強める。

✓ 企業のデジタル IQ を上げることによって、デジタル格差に対処する。

✓ 目標を透明かつオープンにして、変革への抵抗に対処する。

第6章

GOVERNING THE TRANSFORMATION

変革をガバナンスする

私の熱意そのものが間違っているのではなく、
熱意をコントロールできてないことが問題なのだ

ジャック・ケルアック

P&Gのデジタルガバナンス

たとえ強力で魅力的なビジョンがあったとしても、組織の力を1つの方向に合わせていくことは、本当に難しい。大規模で複雑な企業はまとまりがなく、秩序なき方向に行ってしまいがちだ。社内のマネジャーは、説得力のあるビジョンに心を動かされると、そのビジョンを実現するために勝手な方向に動き始めるかもしれない。一方で、ビジョンに引かれなかったマネジャーたちは、気づかないふりをする可能性もある。動きが遅すぎる部門もあれば、規制や安全性や組織のリスクをしっかり考える前に動いてしまい、危険を招く部門もあるだろう。取り組みに重複や矛盾があったり、一貫性が欠如したりしていて、経営資源を無駄にする部門もあるかもしれない。

ここで登場するのがデジタルガバナンスだ。**デジタルガバナンスは、企業のデジタル上の活動を正しい方向に向かわせる。また、組織内の社員が持つさまざまなエネルギーを、デジタル変革を推進するエンジンへと変えていく。**

プロクター・アンド・ギャンブル（P&G）は、消費財業界の世界的なリーダーである。オハイオ州シンシナティに本社を置き、約70カ国の事業所に12万人以上の社員を抱えている。2013年の売上高は840億ドルを超える。そのP&Gの元CEO、ボブ・マクドナルドは、デジタル技術が古くからの産業に大いなる変革をもたらす可能性があることに気づき、明確な目標を設定した。「P&Gを世界で最もデジタルに対応した企業にしたい」(1)

この目標を達成するには、会社全体のデジタル化に焦点を当てる必要があった。マクドナルドは次のように語っている。「新しい分子の創造から、パートナーである小売業者の販売データを活かした工場運営に至るまで、会社の業務をすべてデジタル化したいと考えている」(2)。こうして、P&Gは多年にわたるデジタル変革プログラムを開始した。

変革を動かし始めるにはマクドナルドのビジョンで十分だったが、変革を成功に導くにはビジョン以上のものが必要だった。P&Gの多くのブランドやさまざまな地域でビジョンを実現するためには、非常に強力なデジタルガバナンスが必要だったのだ。P&Gは適切なガバナンスの仕組みを導入することで、デジタル化のための資金をうまく配分し、組織間での協力を促進し、イノベーションを支援するためのツールと能力を各部門に提供して、社内にデジタル文化を構築しはじめた。

デジタルガバナンスの基盤

P&Gにとって幸運だったのは、デジタルガバナンスの構築をゼロから始める必要がなかったことだ。中央で一括してガバナンスを行うという考え方は、巨大で多様性に富んだ企業では組織文化に合わないこともあるが、P&Gの場合はすでに社内に役立つ要素がそろっていた。なかでも、同社にはシェアードサービス【訳注：間接部門の業務を1カ所に集約して行うこと】を提供するグローバル・ビジネス・ソリューションズ（GBS）があり、これがP&Gの企業体制の4つの柱の1つにもなっていた。もともと、同社のIT部門が進化してできたGBSは、現在6つの拠点から、300を超える世界のP&Gブランドに、170種類以上のサービスとソリューションを提供している。13年間にわたる努力により、シェアードサービスのコストは33%減り、新製品の市場投入時間は半分になった[3]。GBSのグループ・プレジデントであり、P&GのCIOも務めるフィリッポ・パッセリーニがこの組織を率いている。

デジタル・リーダーシップを確立する

パッセリーニはビジネスとITという2つの異なる役割を担っていることから、テクノロジーとそのビジネスへの影響について独特の視点を持っている。「私たちは、テクノロジーを起点に考え始めることはない。テクノロジーは目的を実現するためのツールにすぎない。ビジネス変革を真に推し進める力となるのは、テクノロジーそのものではなく、業務や事業のプロセスや文化における変化だ。テクノロジーにとらわれないほうがよいと思っている」[4]

パッセリーニは、GBSの業績を向上させてその責任範囲を拡大するだけでなく、組織の戦略的な役割を高めてリーダーとしての力を示した。パッセリーニは言う。「私たちの組織の合言葉は、毎朝、今日も特別な存在となるため、自分自身がコモディティ化しないように仕事をするという意識で目覚めよう、というものだ。ひとたびコモディティ化すると、コストとしてしか見られないのだ」[5]。そのためには、「何がビジネスにおける価値なのかを念頭に置いて、結果から考えるべきだ。価値の創造に間違いなくつながるよう、すべてのステップをさかのぼって考える必要がある」[6]

マクドナルドが新しいデジタルビジョンを発表したとき、そのリーダーにパッセリーニが選ばれたのは自然な流れだった。マクドナルドは「ITはデジタル化戦略を実現する鍵となる機能だ」[7]と述べる。パッセリーニがITとGBSの両方の責任者であったため、デジタル化への課題に対応するにあたり、GBSの持つ能力やさまざまなつながりを動員できた。パッセリーニはP&Gの事実上の最高デジタル責任者（CDO：Chief Digital Officer）になった。マクドナルドは、「パッセリーニは単に1つの機能のトップなのではなく、一事業のグループ・プレジデントだ。P&G経営陣の重要なメンバーであり、このきわめて重要な（デジタル化）戦略の実現に関しては、私が彼に対して責任を負っている」[8]と説明している。

デジタルサービス組織を構築する

GBSは全社のデジタル化推進の責任を負っており、P&Gのデジタルビジョンの実現に向け、ガバナンスを確立し、テクノロジーやプロセス、ツールなどを提供する。その目的は、会社がよりシンプルに、よりフラットに、より速く、より俊敏になるよう支援することだ[9]。

パッセリーニにとってデジタル化とは、リアルタイムのオペレーションを基盤とした環境を構築することだ。デジタルガバナンスは、鍵となる3つの原則に沿って成り立っている。すなわち、システム、プロセスおよび情報の標準化と、付加価値のないやりとりをなくすための自動化、そしてリアルタイム情報による意思決定の加速化である[10]。P&Gは、会社が回す100もの業務プロセスの中から、中核となるものを特定することから始めた。GBS

の役割は、事業部門と連携して変革の進み具合を見極め、業務プロセスに最適なテクノロジーを組み合わせ、変革を進めることだった[11]。

P&Gのデジタルガバナンス・モデルでは、中央に集約されたチームが、業務部門や各ブランドのビジネスニーズに対応するサービスを提供する。GBSは、次の4つの主要分野に焦点を当ててデジタルサービスを行っている。消費者との絆づくり、バリューチェーンのイノベーション、意思決定に活用するためのデータ解析、および組織開発である[12]。「私たちはこのサービスを、新しいブランドや新製品を世に送り出すのと同じように手掛けている」とパッセリーニは言う。

パッセリーニはGBSのメンバーの役割を明確にするため、P&Gの有名なブランド文化を活用し、彼らを「サービス・マネージャー」と名付けた。この肩書を持つ人には明確な責任があった。内部価格の設定、品質管理、イノベーションの開発である。デジタル・チャンピオン（強力なデジタル推進者）を生み出そうと、パッセリーニはさらにIT担当者をさまざまな事業部門に配属させ、コスト削減から製品の市場投入のスピードアップまで、ビジネス上の結果を出す責任を負わせた[13]。

テクノロジー・イノベーションのガバナンス

P&Gは、急速に変化するデジタル技術市場に後れを取らないよう、いくつかの段階を伴うアプローチを構築してきた。新しいデジタル技術はイノベーションを促進し、企業の業績向上を可能にするが、それは適切な額を投資し、適切な場所に用いた場合だけだ。数年に一度、P&Gは世界中のメガトレンドを調査する。そして、どれがP&Gの事業に影響を与えるか精査し、特定する。インパクトのありそうなトレンドについては、それに対処すべく明確な戦略を定める。ここで初めて、戦略の実現を可能にするテクノロジーを選択するのだ[14]。

こうしたアプローチは、マネジャーとしてのパッセリーニの背景と密接に結び付いている。パッセリーニは「私は自分のことをたまたまテクノロジーに興味を持ち、そして理解もしているビジネスパーソンだと思っている」[15]

と述べている。

いくつかの分野で、イノベーション・サイクルを加速するトレンドにどう対処するか、例を見てみよう。バーチャルリアリティ技術により、P&Gはそれを製品の試作に用いるだけでなく、店頭で製品がどう見えるかを示せるようになり、消費者からより質の高いフィードバックを得られるようになった。小売業者からも早い段階で、こうしたデジタル・モデリング【訳注：デジタル技術を使ってコンピュータ上で立体物を形成する方法】へのサポートを得られた。GBSは、バーチャルリアリティ技術だけでなく、新たな実験を行うのに必要なあらゆるサービスも、まとめて提供した。さらに、P&Gと競合他社の両方の製品画像が入ったライブラリーも構築した。パッセリーニは次のように話す。「前よりずっと良いフィードバックが得られ、より早く市場化できるので、このサービスは多くのビジネス価値を生み出している」[16]

デジタルガバナンス文化を構築する

GBSのリーダーたちは、デジタルガバナンスのためのリーダーシップや組織の確立に加え、P&Gの職場の文化を進化させる必要があると考えた。データの透明性は、デジタル時代を戦ううえで重要だ。P&Gには「ビジネス・スフィア」と呼ばれる、ハイテクを駆使した会議室があり、リーダーたちはここで大量のデータを活用し、リアルタイムでビジネス上の意思決定を行う。この部屋ではP&Gの世界各地での活動データが常に表示されている。しかし、パッセリーニも認めるように、データは完璧なものではない。パッセリーニはこう話す。「私たちは、完璧でない環境を意図的に提供している。それが変化をもたらす1つの方法だからだ」[17]。デジタル時代を戦うには、リーダーたちがデジタル化の取り組みに関して、ある程度の曖昧さを許容できることが重要になってくる。

このアプローチは、P&Gがどのようにデジタル化の取り組みを統括しているかを示す特徴的なものだ。こんな例がある。パッセリーニはリスクを冒して「デジタル・コックピット」を導入した。デジタル・コックピットとは、P&Gの社員個々人の業務に最も関連する情報が、見やすいグラフで可視化されるシステムである。このシステムを導入したのは、1つの共有化された事実があれば、何が起きているのかについて議論する必要はなくなり、問題の解決に集中できると考えたからだ。最初のバージョンはうまくいかず、18カ月かけて再構築しなければならなかった。それでも、2012年1月までに、P&Gは5万8000のコックピットを作り、2013年末までには8万に増やすことを計画した[18]。こうしたリスクを取る行為は、積極的に変化を推進するための手段として奨励された。パッセリーニは次のように説明する。「私たちは多くのリスクを取る。新しいアイデアがあるときは、それについて単に論じるのではなく、事業運営部門のどこかと一緒にコストをかけずに実験を行う」[19]

今日では、P&Gはデジタル技術を用いてビジネスを変革するリーダー企業として知られている。マクドナルドは、「P&Gを世界で最もデジタルに対応した企業にしたい」というビジョンの実現を、十分な資金を提供することでサポートしてきた。しかし、ビジョン達成への情熱と資金に加え、同社にはビジョンを実現するための規律と能力が必要だった。パッセリーニとGBSは、デジタルガバナンスを確立するうえで、可能な場合にはこれまでに成功した手法を適用し、必要があれば新しい能力を構築した。このガバナンスのプロセスとその資源により、GBSは現在、製品開発から製造、マーケティングまで、P&Gをデジタル的に変革するための不可欠な要素となっている。

デジタルガバナンスが必要な理由

ガバナンスという言葉は、ギリシャ語の動詞、kybernanに由来する。これは、「操縦する」という意味だ[20]。財務や人的資源については、しっかりとガバナンスが行われている企業は多い。しかし、ほかの面でどれほどガバナンスが実施されているかは、企業によって異なる。ほかの面とは例えば、ブランド活用の仕方を一貫した適切なものにするブランドガバナンス、テクノロジー資源を効果的に用いるためのITガバナンス、購買を効率的かつ規制に則ったものにするベンダーガバナンスなどである。

デジタル能力が新たな形で求められており、またデジタル活動によって新たなリスクが生じていることから、すべての企業でデジタルガバナンスが不可欠になっている。例えば、ソーシャルメディアによって、企業のグローバル・ブランドの管理が難しくなっている。フェイスブック、ツイッター、ユーチューブなどでの顧客からのネガティブな投稿は、すぐに世界規模で注目を集める。企業がモバイルやソーシャルチャネルを通じて顧客と協働する新しい方法を見つけても、企業はオンラインの評判にも細心の注意を払わねばならない。さらには、ソーシャルメディアにとどまらず、企業が顧客向けの活動をどこで行ったとしても、デジタル技術によってその活動が誰にでも見えてしまう。だからこそ、バーバリーCEOのアンジェラ・アーレンツは「ブランドの権威」となる人物を任命し、会社の象徴的なブランドが世界中で相乗効果を持つようにしたのだ(21)。

新しいテクノロジーは、企業の機密や規制に関して、望ましくない結果をもたらすこともある。電話やタブレットを紛失すれば、ハッカーがネットワークに侵入する危険性が生じる。社員が、会社の機密をオンラインで公開したり、合併や財務に関する情報を不適切な方法で公開したりするかもしれない。クレジットカードや患者の健康に関する個人情報が、オンライン上に出てしまうこともありうる。投資や健康に関する社員の個人的な投稿を、顧客は企業によるアドバイスと受け取ってしまうかもしれない。このような行為のどれによっても、企業は、風評被害や数百万ドルの罰金、または規制上の制裁措置を課されるおそれがある。ある幹部は「私たちが最も避けたいのは、150年かけて構築した評判を、セキュリティに関する1件の事件によって地に落とすことだ」と語っている。

デジタルマスターが行う、より良いガバナンスとは

私たちの調査では、デジタルマスターが他の企業よりもうまく、デジタル活動のガバナンスを行っていることが示された。2012年の調査では、「役割の明確さ、取り組みと戦略との整合性、部門間投資の調整、KPIの使用、高

度な変革ロードマップの有無」に関するガバナンス能力を測定した。この調査では、デジタルマスターはそうでない企業より、51%優れているという結果が得られた[22]。デジタルマスターは、どの取り組みを推進すべきかという意思決定や、活動の成功に向けた舵取りにおいて、はるかに優れていたのである。

私たちが実施した定性的分析および定量的分析によれば、デジタルガバナンスは、デジタル変革を推進するうえで上級幹部が活用できる、最も重要な手段の1つだ。ガバナンスとは、全員が正しい方向に動くようにするためのガードレールのようなものである。イノベーションを促進し、不適切な投資を防止するために、ガバナンスはアメとムチの両方を提供する。変革のリスクを管理し、変革を効率的に進めていくうえでも力となる。

チャンスとしてのデジタルガバナンス

デジタルマスターは、ガバナンスによって問題を予防できるだけでなく、新しいデジタル能力が使えるようになることを知っている。モバイルアプリやコラボレーション・ネットワーク、ネットに接続された製品やソーシャルメディアは、新しいチャンスを創造する。そのチャンスは、マーケティングから製造、そしてカスタマーサービスにまで広がる。ビジネスのサイクルは、顧客と社員の両方からの要請により、どんどん速くなっている[23]。ガバナンスは、新しいソリューションをかつてないほど速く実施するのに役立ち、一方でセキュリティや法令遵守、従来のシステムとの統合といった課題にも対処する。そして、ガバナンスによって顧客と業務をより統合的に把握し、より効果的に協働し、方針をより良く実施することができるようになる。

例えば、顧客はより統合された体験を望むし、アナリティクスにはより統合されたデータが必要となるため、多くの企業がバラバラなデータソースを一元化しようと奮闘している。「データの統合は、デジタルサービスを構築するうえで最大の課題だ」と、ある経営幹部が言っているが、これは他の多くの経営幹部の気持ちを代弁するものだ。デジタルマスターはガバナンスを駆使して、デジタルの取り組みを進めるための一元的なプラットフォームを作っている。これは、新しい顧客体験から自動化された工場、高度なアナリティクスなどにまで役立てられる。

また、企業がグローバル化するにつれて、地理的な場所や、部門、および専門分野を越えて、より効果的に協働する必要があることは明らかだ。このとき、社員が自社で正式に認められたアプローチ以外で協働する方法を見つけると、セキュリティや規制、社員の統合などの面で問題が生じるおそれがある。そこで多くの企業が、ビデオ会議やインスタントメッセージ、知識共有などの公式なコラボレーション・プラットフォームを構築するため、ガバナンスを用いている。企業はまた、どんなタイプの協働なら適切か（または不適切か）を示すため、方針を作成して実行し、方針違反を検出するための監視ツールを作成している。ここでもガバナンスが活用される。

デジタルガバナンスを機能させる

デジタル活動のためにガバナンスを設計する際には、以下の2つの目標をどう達成するかに重点を置こう。

- **調整**：企業全体を通して、活動を優先順位付けし、動きをそろえ、整理する。
- **共有**：共通の機能と経営資源（人、テクノロジー、データなど）を企業全体で活用する。

多くの大企業では、調整と共有は自然に行えるものではない。事業部門や地方拠点のマネジャーにとって、調整とは、無限の会議や望ましくない制約が生じることを意味する。共有の資源を活用すれば、自分が管理していない社員の意思と能力に依存することになってしまう。隙あらば、新たな全社レベルのガバナンス活動をやめさせようと、組織内の抵抗勢力が立ち上がるのも不思議ではない。

それでも、デジタル変革の最大のメリットは、調整と共有という自然には行えない部門横断の行為から、まさに生じているのだ。ある国際的な銀行グループの上級幹部はこう話す。「デジタルは、従来の縦割り組織の壁を越え、グローバル規模で企業に影響を与える。従来のビジネスのやり方と比べて、意思決定と実行にはより多くの調整が必要だ。問題はローカルではなくグローバルなものとなり、あらゆる国や部門において、私たちの選択は企業全体に影響を及ぼすこととなる」

このため、ナイキの経営幹部は、同社の主要な事業部門の壁を越えて働く強力なデジタル部隊を作った。ネスレがデジタル・アクセラレーション・チームを作り上げた理由も同様だ。あなたの会社でも同様の恩恵を確実に得るためには、仕組みがいくつか必要になる。ガバナンスは、あなたの会社の構造から生じる問題を修正するものである。社員が自らの意思では行わないと思われる行動を、行うように奨励するのだ。

デジタルガバナンスの主要な仕組み

デジタルガバナンスを構築するにあたっては、ガバナンス委員会、デジタルリーダー、全社デジタル部隊という3つの主要なガバナンスの仕組みをどう用いるかを考えよう。それぞれの仕組みには、調整と共有を実施するうえで強みと弱みがある。そして、自社の文化に合うかどうかも、それぞれに異なるかもしれない。そこで、経営幹部が行うべきことは、特定の経営資源に対して適切なレベルの調整と共有を行える仕組みを選択し、一方で新しい仕組みが生み出す文化的な衝突を統制することである。

ガバナンス委員会

あなたの会社が急速なテクノロジーの変化に注意を払ってきたなら、おそらくすでにデジタル活動のガバナンスにあたる幹部レベルの委員会を設立しているだろう。委員会は、調整を始める比較的簡単な方法だ。しかし残念なことに、委員会が十分なガバナンスを提供することはめったにない。特に、すべての部門がデジタルビジョンに賛同しているわけではない企業においてはなおさらだ。

最も一般的な委員会は、運営委員会である。運営委員会は、企業の最上級の幹部数人で構成され、方針の承認や、さまざまに利益が異なる案件の中での優先順位付け、価値の低いプロジェクトの取り止めなどの決定を行う。運営委員会は、方針を設定し資源を割り当てる権限を持つことで、企業全体が足並みをそろえて行動するよう仕向けることができる。例えばボルボには、コネクテッド・カー【訳注：インターネットへの常時接続機能を具備した自動車】のコンセプトの立ち上げを指揮する、強力な委員会がある。この委員会は、エンジニアリング部門と製造部門の間で活動を調整するほか、「自動車メーカーが直接顧客とやりとりしはじめるのでは」という自動車ディーラーの懸念にどう対処するか、その方針を設定するのにも役立っている(24)。

運営委員会は、事業部門が進んで手掛けないであろう投資も行う。あるメーカーは、グローバルな顧客プラットフォームに投資を行った。「この投資は、『科学的』というより『アート』な判断に基づいて行ったが、実施して正解だった」と上級幹部は説明している。「その規模についての判断も、成果を上げられるだけのものを確保しながら、同時に、ばかげた規模にはならない程度にする、というアートなものだった」

また、新たに生まれてくるテクノロジーのガバナンスを行う、イノベーション委員会を創設する企業もある。この委員会自体がイノベーションを起こすのではなく、方針の作成と監督の役割を果たすのである。イノベーション委員会は、イノベーションによって解決できる課題を特定し、実験や試行のための費用を提供し、有用なイノベーションをどう活用するかを検討する。

ノースウェスタン・ミューチュアルでは、独立系の保険外務員からさまざまな要求が寄せられ、その変化も激しかったが、そうした要求に先回りして対応するためにイノベーション委員会を設置した。保険外務員がタブレットやソーシャルメディアを使い始めたとき、委員会はこのテクノロジーを効率的で安全に、かつ規制に沿ったやり方で使用できる方法を調査した。委員会の目的は、望ましくない行動を防止することではなく、新しいテクノロジーやプロセスを用いることで、安全にイノベーションが起きるようにすることなのだ。

ある経営幹部は言う。「保険外務員がこうしたテクノロジーを素早く取り入れているのに、私たちがのんびりと構えていることはできない。私たちには従うべき規制があり、研修や教育も難しい。このような新しいテクノロジーについて、異なる視点を持った人々が共に話し合う必要があるのだ」[25]

イノベーション委員会は、企業全体で共有する機能に投資する際には、技術標準の選択や方針策定に力を貸す。ある経営幹部はこう説明する。「私たちは『ああ、これはできそうだ、問題ない』と言える社員を全員集める。それが私たちのITアーキテクト【訳注：企業経営でのビジネス戦略において、最適なシステムを企画・立案するための、重要な役割を担う人々】だ。そして、ほかのみんなに、『では、これをするなら、どうやって機密を守ればよいだろう？　どのようにデータを保持するのがよいだろう？　どうトレーニングすればよいだろう？　正式に現場での使用を許可するまでに、何をすればよいだろう？』といったことをどんどん言ってもらう。こうすることで、適切なレベルの視点がすべて検討されることになるのだ」[26]

デジタルリーダーの役割

委員会は意思決定を行うことはできるが、変化を推進することはできない。変化を推進するのはリーダーだ。こうしたリーダーの新しい役割として、チーフ・デジタル・オフィサー（CDO）が挙げられる。これは全社レベル、または事業レベルでのデジタル変革をリードする役割で、幹部間での連絡調整といった役割は少ない。

チーフ・デジタル・オフィサー

2012年3月、スターバックスはアダム・ブロットマンをCEO直属の最初のCDOに任命した。ブロットマンによると、デジタルは「私たちがブランドを構築し、顧客とつながるための不可欠な要素だった。…（顧客との関わり合い方についての）変化が非常に劇的だったので、私たちは一丸となって最優先でこれに取り組む必要があった」[27]のだ。

CDOの仕事は、デジタルの不協和音を交響曲に変えることだ。CDOは、デジタルビジョンを統一し、デジタルの可能性に関して自社を盛り立て、デジタル活動を調整し、デジタル時代の製品やプロセスを再考し、重要なツールや資源を提供する。CDOはこれを単独で実施する場合もあるだろうし、委員会やデジタル部隊の助けを借りる場合もあるだろう。

CDOの中には、ビジョンの確立とデジタル活動の調整だけに責任を持つ人もいる。これらのタスクは、分権的な組織のマネジャーにとってほとんど脅威とならないため、多くの企業で比較的実行しやすい。このタイプのCDOには、比較的若手の人材が多い。こうしたCDOは提案をしたり活気を生み出したりするが、真の変化を引き起こすには他者の力を借りなければならない場合が多い。

一方で、多くのCDOは、相乗効果を生み出し、変革を推進する責任を負う。こうした仕事は、分権・自治の歴史を持つ企業では非常に困難となることがある。このタイプのCDOのポジションが創設されると、組織内の抵抗勢力が攻撃しようと立ち上がる。各地域部門のトップは、こうした役割は正式なものではないと考え、無用な干渉だとして拒絶するかもしれない。だからこそ、CDOとして強い役割を担うには、尊敬されるリーダーであることが必要なのだ。また、CDOの役割とその権限が公式のものであることを、企業トップが組織に伝えなければならない。

スターバックスでは、ブロットマンはウェブとモバイルでのコミュニケーションに責任を負っており、ソーシャルメディアも担当していた。また、スターバックス・カードと顧客ロイヤルティ・プログラム、店舗内のWi-Fiや「スターバックス・デジタル・ネットワーク」、そして店舗内デジタルとエンターテイメントのチームも彼の担当だった。彼はそれまでに就いてきたポジションで尊敬を集めており、CEOが彼の最大の支持者だった。

ボルボでは、コネクテッド・カーのコンセプトの責任者として、経験豊富な上級幹部を雇い入れた。彼は、上級幹部らによる強力な運営委員会から支援を受け、製品設計、製造、マーケティング、アフターサービスといった縦割り組織間で、調整と共有を進めていった。

デジタル変革をうまく進めるために、新しい「最高責任者」レベルの幹部を任命するかどうかは、あなた次第だ。いずれにしても、CDOが行うべき仕事は誰かがやらなければならない。そのために、期間限定のCDOを任命することで、ひとまず状況を整えることもできるだろうし、他の方法を開発してもよいだろう。どんなアプローチを選んだとしても、デジタル技術のシナジーや、ブランド統合、投資調整、スキル開発、ベンダー管理、そして長期的なイノベーションなどを、適切なレベルで行っていく必要がある。

デジタル・リエゾン

前章で述べたデジタル・チャンピオンのような公式の橋渡し役（リエゾン）は、各地域や部門でのデジタル変革を推進することはできる。ネスレのデジタル・アクセラレーション・チームのメンバーは、自部門内での対話に参加したり、部門間で経験を共有したりすることで、非公式ではあるがガバナンスの役割を果たしている[(28)]。しかし大企業では、より強力な橋渡し役が求められることがよくある。各事業部のミニCDOとして活動する役割である。

プリサ（PRISA）グループのCEOは、デジタルガバナンスを確立しようと決めた際、グループレベルのCDOを雇い入れた。このCDOは、同社の全社デジタル部隊を構築し、グローバルでのコンテンツ管理システムの開発と展開をリードし、デジタル関連のほとんどの問題について方向性を定めた。しかしプリサグループの非常に分権的な企業文化の中では、同社の世界中のメディアの1つひとつで変革を推進するには、グループCDOの力に限界があった。そこでCEOは、代わりに各地のメディアが独自にCDOを任命するよう義務付けた。これらのローカルCDOは、通常、自部門ではかなりの地位にある上級管理者で、グループCDOと互いに調整しながら、自部門でのデジタル変革を導くようになった[(29)]。

全社デジタル部隊

委員会は決定を下すことができ、リーダーは変化を推進することができる。しかし、変化を実現するには、特別な専門知識と資源が必要になる場合がある。P&G、ナイキ、プリサで設けられたデジタル部隊は、デジタル変革のガバナンスを行い、推進するうえで非常に有効な手段であった。デジタル部隊の規模と役割はさまざまだが、どのデジタル部隊も共通の目標を持ち、会社全体で相乗効果を生み出している。事業部門のデジタル活動に力を貸すデジタル部隊もあれば、事業部門のすべてのデジタル活動を事業部門に代わって実行する部隊もある。どの部隊にも、会社全体で共有できるスキル、インフラ、資金といった資源がある。

デジタル部隊は、委員会やリーダーが単独ではできないことを行う。この部隊は、統合された顧客データベースや、全社ワイヤレス・プラットフォーム、高度なアナリティクス・チーム、イノベーション・ラボなど、全社共有のインフラを構築する。ある世界的な保険グループの上級幹部は、次のように説明する。「グループのさまざまな事業体が自前でデジタル関連の開発を行うのは合理的ではない。時間とお金がかかるし、調整が必要だ。それに、それぞれが自前で行っていては、会社の他の部分で得た経験を活用することはできないだろう」

全社的にある程度のデジタルインフラとスキルをまとめて構築すれば、各地の組織や部門は、新しい基準に沿って行動しようという動機を持つようになる。そうなると「自前でこれを行うには、どれくらいの費用がかかるだろうか」と考えるのではなく、「どのようにすれば全社のプラットフォームを最大限に活用できるだろうか」、あるいは「これらの機能を最大限に利用するにはどうしたらよいだろうか」と考えるようになる。例えばプリサでは、デジタル部隊はグローバルなコンテンツ管理システムを構築するうえで不可欠だった。各メディア拠点のリーダーは、システムに投資する動機を持っていなかったが、全社レベルでの努力により、すべての拠点が使えるシステムが作り出された。新しいシステムを通じて、各メディア拠点のジャーナリストたちは、原稿や音声インタビュー、ビデオクリップなどのコンテンツを保管・追跡したり、世界中の他のプリサのメディア拠点と共有したりできるようになった。

デジタルに関する専門知識を、社内の他の部署に提供することに特化したデジタル部隊もある。デジタル変革について150人の幹部にインタビューした際、彼らが挙げた最も大きな障壁は、スキルの欠如だった。調査した企業のうち、77%がモバイル、データ解析、ソーシャルメディアなどの分野において、スキル面で課題があると語った[30]。各社ともこれらの分野の専門家を積極的に採用しているが、その成功の程度はまちまちだ。こうしたスキルをデジタル部隊で持っておけば、企業は適切な専門家を採用し、会社全体で専門家を活用できる。また、多くの部隊は、第11章で議論するように、研修と知識共有を通じてスキルを育成している。

デジタル部隊は、小規模な委員会やリーダー以上に、権力と影響力を行使することが可能だ。しかし、決して安易に始めてはいけない。デジタル部隊には十分な資源を投入し、経営陣が注意を向ける必要がある。例えば、ナイキのデジタル部隊は、会社全体のデジタル活動で役割を担っている。マーケティングやその他の取り組みに協力し、主要なスキルを提供するのだ。デジタル部隊にはイノベーションに関連したグループがあり、将来のビジョンを明確にし、新しいテクノロジーに関する機会を見つけ、新たな能力を構築する。また、デジタル製品を生み出す場所としての機能もある。ナイキのように動きが速く起業家的な企業でこれらをすべて実行するには、経営トップからの強い要請と、さまざまな機能を実行するための熟練したリーダーの採用、そして年間数百万ドルもの資金が必要だ。しかしそこからは、投資するだけの価値があるインパクトが生じている。

あなたの組織に最適なガバナンスの仕組みを見つける

組織のガバナンスを設計するにあたっては、奨励したい行動から考え始めよう。あなたの組織では何を調整する必要があるだろうか。何を共有することを奨励したいだろうか。あなたの組織がそれをどれだけうまくやれるか、あるいは、「当たり前ではない行為」がどのくらい必要で、そうした行為をどのように促進させるかを考えてみてほしい。

高度に分散した組織では、共有と調整を確実なものにするために強力な集権的ガバナンスが必要となる場合があるが、各地域や部門のイノベーション

表7.1 デジタルガバナンスの仕組みにある強みと弱み

	調整と共有における役割	典型的な利点と課題
全社デジタル部隊	共有が主な目的。特殊な資源（資金、デジタルツール、人材）を集め、インフラを提供する。 技術標準や方針を作成し、調整と共有を行う。 しかし、デジタル活動をより強く調整するには、追加の仕組みが必要。	利点：新しいデジタルスキル、共有されたデジタルサービス、規模の経済 課題：組織内での構造と位置付け、地方拠点のリーダーとの調整の難しさ、サービスメニューの定義。
ガバナンス委員会	調整が第一の目的。投資の意思決定、資源の優先順位付け、方針と基準の確立などに関する調整を行う。 しかし、決定や方針によっては、特定の資源や機能の共有が求められることがある。	利点：デジタル化の基準と方針、資源の最適化、新しいデジタルトレンドの採用。 課題：変革の推進や、基準や方針の施行のために、追加の仕組みが必要な場合が多い。
デジタルリーダー	共有を促進させる。主要なデジタルリソースの利用を奨励することで、共有を進める。 また、さまざまな活動同士や組織部門間の調整も支援する。	利点：デジタルビジョンの共有、組織文化の変化、より厳しい方針の遵守。 課題：責任と権限、本社と地方拠点間の関係、さまざまなレベル間の調整。

出典：Adapted from Maël Tannou and George Westerman, "Governance: A Central Component of Successful Digital Transformation," Capgemini Consulting and MIT Center for Digital Business, August 2012.

を監督するためのガバナンスは、それほど厳格でなくてもよいかもしれない。一方で、非常に官僚的な組織や中央集権化された組織では、連携と共有はより当たり前のものであるかもしれないが、プロセスの革新や変革に向けては何か特別な支援が必要になる可能性がある。

それぞれのガバナンスの仕組みには強みと弱みがある（**表7.1**）。また、それぞれの仕組みが組織文化に自然に適合する場合もあれば、厳格なトップダウンの努力がなければ導入できない場合もある。

全社デジタル部隊は、インフラやツール、標準化、能力などに関して、強力な相乗効果を生み出すことができる。デジタル部隊が機能すると、イノベーションが加速され、効率が上がる。デジタル部隊には、資金やデジタルツール、特定のスキルを持つ人々が集結し、それらを活用することで社内のあらゆる部門のためにデジタルサービスを開発できる。部隊が標準を決め、サービス利用に関する方針を施行する中で、調整が自然に行われることもある。しかし、組織内における適切な構造や位置付けを決める際には課題もある。たとえ正しく位置付けられても、部隊が内向きな考え方をし、組織のニーズを見失うことがあるのだ。加えて、資金調達や調整面で困難が生じる場合もある。特に、組織の幹部の中に、デジタル部隊が幹部の自律性を脅かすと見なす者がいる場合である。

ガバナンス委員会は、調整を行うことを目的とする。投資の意思決定、資源の優先順位付け、方針と基準の確立などに関する調整だ。ガバナンス委員会が目指すのは、あまり官僚的になることなく、企業全体の活動の動きをそろえることだ。この委員会が機能すれば、全員を同じ方向に進ませられるようになる。だが、委員会の機能は意思決定に限られ、実行はできない場合が多い。人員が不足しているため、活動を密接に管理したり、新しいものを作る能力は限られている。変革の推進や、基準や方針の施行には、委員会以外の仕組みが必要となることも多い。

デジタルリーダーは共有を促進する。全社レベルでソリューションを採用する時期（と方法）を地方拠点に知らせ、全社共有の資源の利用を支援する。さまざまな活動同士や部門間での調整を行うこともデジタルリーダーの役割だ。デジタルリーダーが機能すると、デジタルビジョンが全社で共有されるようになる。また、組織文化の変革が進み、方針をよりうまく実行に移し、新しい仕事の仕方に容易に移行できるようにもなる。

しかし、リーダーの役割にも課題はある。上級幹部たちがこの役割を真剣に捉えていない場合、成功に必要な年功や影響力を持たない人材をリーダーに据えてしまうかもしれない。もう1つの課題は、リーダーの役割そのものに内在している。この役割は、橋渡し役として全社と事業部門の両方の利益のバランスをとる必要があるが、これを絶え間なく、偏りなく行うことは非常に難しい。リーダーが実際に1つの事業領域に席を置いている場合は、特に難しくなる。

デジタルガバナンスの構築に今すぐ取り組もう

デジタルガバナンスを偶然に任せてはならない。効果のないガバナンスは無駄を生み、機会の喪失につながり、デジタル変革のリスクと費用を必要以上に大きくする。ガバナンスには、企業の経営幹部の大半が関わって、意識的に設計し関与する必要がある。**適切なガバナンス・モデルは、デジタルの取り組みに適したレベルの調整と共有を提供し、それは企業の組織構造や文化、戦略的優先事項に沿ったものとなる。どの企業にも当てはまる最適なガバナンス・モデルは存在しないが、ガバナンスの欠如がよくないということは、どの企業にも言える。

デジタルガバナンスを構築する際は、3つの仕組みを組み合わせて、多様な活動や組織のさまざまなレベルに合わせて用いる。ナイキの経営幹部は、新たなデジタル部隊を中心としてガバナンスを構築することを選び、運営委員会、新しいリーダーのポジションも併せて用いた。アジアンペインツは運営委員会を使ったが、CIOがCDOの役割を果たし、IT部門をデジタル部隊と見なした。ネスレでは、デジタル・アクセラレーション・チームとデジタル・チャンピオンの役割は設けたが、運営委員会は作らなかった。ノースウェスタン・ミューチュアルでは、委員会は設置したが、デジタル部隊や新しいリーダーのポジションは設けなかった。

どれを選んだとしても、**これだけは覚えておこう。「ガバナンス・モデルは静的であってはならない」ということだ。**デジタル能力が拡大し、競争環境が変化したら、ガバナンスも調整する必要がある。ガバナンスによって強化しようとしている行動に注意を払い、新しい行動を促すためにガバナンスを調整することによって、ガバナンス・モデルを見直すべき時期が見えてくるだろう。デジタル化の活動をより集中管理する必要があると気づいたり、デジタル部隊に追加の機能を持たせる必要があると感じることもあるかもしれない。あるいは、調整と共有が組織文化の一部となったら、ガバナンスの多くを事業部門に委譲する可能性もあるだろう。

デジタル・シフト戦略チェックリスト

デジタルガバナンス

- ✓ 効果的にガバナンスを実践するため、まずは組織内部をよく見る（IT、財務、人事、資本予算など）。
- ✓ デジタルに関するどの意思決定を最高レベルで管理し、どれをより低いレベルに委任するかを検討する。
- ✓ 最高デジタル責任者でもいいし、他のリーダーでもいいが、誰かをデジタル変革を担当するリーダーに任命する。
- ✓ ガバナンスを行いやすくするため、委員会や橋渡し役など、ガバナンスの仕組みをしっかりと定める。
- ✓ 全社デジタル部隊を持つ必要があるかどうかを検討し、併せてその部隊の資源や、部隊が果たす役割を考える。
- ✓ ガバナンスに関するニーズの変化に合わせ、ガバナンス・モデルを調整する。

第 7 章

BUILDING TECHNOLOGY
LEADERSHIP
CAPABILITIES

テクノロジー・リーダーシップ能力を築く

互いに聞きあえば、より強くなり、
互いに分かちあえば、より賢くなる

ラニア・アル・アブドラ

ロイズ銀行グループのテクノロジー・リーダーシップ

この本を読む前のあなたに、リーダーシップを機能させているものは何かと尋ねたら、おそらくは、（何よりも）ビジョン、ガバナンス、エンゲージメントを思い浮かべるだろう。たしかに、あらゆる大きな変革を導くために、これら3つは不可欠だ[1]。だが、**テクノロジー・リーダーシップ能力に求められるもう1つの重要な要素は、必ずしもリーダーシップから連想されるものではない。それは、デジタルマスターがIT部門とビジネスのリーダーとの間に築く強い関係で、その関係を活用して、社内のプラットフォームとデジタル能力の変革を促進することである。これらが、私たちがテクノロジー・リーダーシップ能力と呼ぶもので、デジタル技術に基づく変革の推進に不可欠なものである。**

ロンドンに本拠地を置くロイズ銀行グループ（LBG）は、1兆ドル以上の資産を持つ世界最大規模の銀行の1つである。2006年、LBGの経営陣は、現存のオンライン・リテール・プラットフォームはうまく機能しているが、将来的に見込まれる需要には対応できなくなると気づき始めた。さらに、その後まもなく、ハリファクス・スコットランド銀行との合併が行われ、ただでさえ酷使しているシステムに、さらに何百万人もの顧客データを追加することになった。状況はより厳しくなったのである。

経営チームは、ビジネス担当の上級幹部であるアシュリー・マシャンと、IT担当の上級幹部であるザック・ミアンに、デジタル・リテールバンキングに関する同社の施策を見直すよう依頼した。2人は顔見知り程度の関係だったが、すぐに強い協力関係を築いた。2人は小さなところから始めた。まずは、旧式のプラットフォームを、より大きな規模に対応できる新しいものに入れ替えるための計画を立案したのだ。これは将来のデジタル戦略のための真の基礎となる投資だった。この最初のステップから2人のパートナーシップが始まり、同行のデジタルによる顧客との関わりに関するほぼすべてを変革しはじめた。

マシャンは変革がどのように始まったのかを次のように述べた。

銀行の最上級の経営陣は、非常に思い切ったことをした。これは一般的には行われないことだ。私たちは、まず達成したいことを考え、次に現在のインフラを確認した。そして、次のように提案した。「よし、それでは最初の2～3年間は、ただ新しいインフラを構築して完成させるだけにしよう」。新しいインフラが完成した時点で顧客が得られるメリットは、大きくデザインが変わったユーザーインターフェースと、それによって変わる顧客体験だけだ。あとは、最先端のプラットフォームが手に入り、迅速に顧客に対応できるようになる。

私たちは最上級の経営陣に対してプレゼンを行い、銀行は「今後数十年にわたりこの銀行が持続できるようにするための基盤を築こう」という内容のプログラムを承認した。それは、従来の感覚からすると、リターンのない巨額の先行投資だ。唯一のリターンは、競合にはできないような方法で、お客様のプロセスや提案を展開できる立場に立てるようになるということだった[(2)]。

マシャンとミアンは、プラットフォームに加えて、ITとビジネスとの連携方法についても見直した。従来のIT開発プロセスよりも速く作業する必要があると理解し、IT部門とビジネス部門の両方の人材から成る新しい部門を創設したのだ。そして、これまでのようにビジネス部門が要件を提示してIT部門がテクノロジーを提供するのではなく、両部門の社員は会社のプロセス革新に向け、協力して取り組んだ。このチームは、テクノロジーの提供だけに責任を負うのではなく、期待される利益をもたらすために、ビジネスの変化を実現することにも責任を負っていた。マシャンとミアンは社内外のスタッフを雇い、インドと英国のシステム開発コンサルタントも加えたチームを作り、仕事に取り掛かった。

基本的なプラットフォームが整うと、チームはクレジットカード処理などの新たな課題に取り組み始めた。ミアンは次のように説明した。「私たちは小口金融と商業銀行業務にもプラットフォームを拡張した。すると、これはプラットフォーム化の推進というよりも、変革を再活性化する絶好のタイミングとなった」。要望は急増した。クレジットカードから住宅ローン、法人向け商品まで、多くの部門長がそれぞれの事業をデジタルで変革するための助けを求めてきたのだ。

振り返って、マシャンは次のように述べている。「私がよく受ける質問は、『ITサイドとビジネスサイドとの間で、そんなにまとまった、また互いに共存できるようなチームをどうやって築いてきたのか』というものだ。答えはとてもシンプルだ。『出したい成果に向けて情熱を分かち合い、信頼しあう関係を築くことだ。両者とも顧客のために正しいことをするという決意を持ちつつ、やり方については少し寛容になることで、こうした信頼関係が築ける』」

ITとビジネスとの強固な関係に加え、デジタルで優れた顧客体験を提供する能力やROI（投資収益率）、柔軟性に富んだテクノロジーは、チームと会社に利益をもたらしてきた。2013年、CEOのアントニオ・オルタ・オソリオは、さらに計画を強化、加速し、グループ内すべての顧客対応部門におけるデジタルの取り組みをもっと進めることができると考えた。

2013年9月、オルタ・オソリオは、グループの経営会議に参画するレベルのポジションとして、自分の直下に「デジタル責任者」を設けた。そして、デジタルおよびマーケティング・顧客開発のディレクターであるミゲル・アンヘル・ロドリゲス・ソラの下に、新しいデジタル部門を創設したのである。このデジタル部門は、今や1000人以上の社員を擁し、新しい専用のオフィスを構えている。今後の計画について話す中で、ミアンは次のように言った。「今後も状況に適応し、学び続けていく必要があることはわかっているが、私は自信を持っている。なぜならば、共通の目的と、ビジネスとITが統合されたチームが、今や私たちの遺伝子に組み込まれているからである」

テクノロジー・リーダーシップ能力の3要素

ロイズの事例が示すように、テクノロジー・リーダーシップとは、ITリーダーがその一部とはなるものの、彼らだけに関係することではない。また、技術的なスキルは不可欠ではあるが、それだけに関係することでもない。テクノロジー・リーダーシップとは、ビジネスのリーダーとITのリーダーの両方の能力と視点を融合させ、変革を共に推進できるようにすることだ。

ITとビジネスの関係が強いとき、IT側は新しい機会を提案することができ、ビジネス側は耳を傾ける。ビジネス側は、テクノロジーに関するよくない決定によって引き起こされる問題を嗅ぎ分ける力があり、CIO（最高情報責任者）が標準や手順について説明しなくても、より良い決定を下すことができる。IT部門とビジネス部門は、別々になっているよりも協働することで迅速にものごとを進めることができる。そして、他の企業よりもうまく実験を行い、新しい機能を立ち上げ、旧式のプラットフォームを変革することができる。

こうした理由から、テクノロジー・リーダーシップについて述べるに際して、私たちはリーダーたちの関係性だけに焦点を当てることはない。その関係性を用いてリーダーが実行していることも見ていく。具体的に言うと、デジタルスキルの構築や、テクノロジー・プラットフォームの変革などだ。テクノロジー・プラットフォームは、顧客との関係深化からオペレーション、ビジネスモデルに至るまで、あらゆるデジタルプロセスの基盤となるものである。

ITとビジネスの強固な関係の重要性

多くの経営幹部が私たちに、IT部門が振るわないので、別の方法でデジタル変革を行うつもりだと語った。彼らはIT部門を抜きにして、ものごとを前に進めるつもりだった。この点に関して、デジタルマスターは異なっていた。デジタルマスターである企業では、そうでない企業と比べると、ITとビジネスの関係がはるかに強力だった。私たちはITの研究文献から、よく知られた概念「シェアード・アンダースタンディング（共通理解）」[3]を借用して、指標として使った。この概念は、IT担当の幹部とビジネス担当の幹部の間で、ITの組織における役割について、どの程度見解が共通しているかを評価するものだ。具体的には、ITによる生産性向上の可能性、競争力のある対抗手段となる可能性、優先順位付けなどに関する見解だ。デジタルマスターでは、これは非マスターよりも高かった。統計的に有意な水準で（32%）高い共通理解が見られた[4]。

共通理解は、ITとビジネスの関係や、IT部門そのものの役割が大きく変わるための出発点である。デジタルマスターでは、IT担当の幹部とビジネス担当の幹部は互いに深く信頼しあい、尊敬しあっている。デジタル変革を実現するために協力するにあたって、お互いの役割についても非常に明確に認識している。これが実際に何かを行える可能性に変わっていく。デジタルマスターは非マスターに比べて、将来をコントロールできるという感覚が21%上回っており、この数値も統計的に有意なものである[5]。デジタルマスターのリーダーたちは、協力して仕事をすることにより、必要なことをより速く行うことができる。デジタルマスターのデジタルスキルは非マスター企業より高く、デジタル・プラットフォームの状態は非マスター企業より優れている。

ITとビジネスの関係が強ければ、顧客や製品の知識、技術的知識、組織変革能力、およびIT能力を統合して、継続的なコラボレーションに変えていけるようになる。しかし残念なことに、多くの企業におけるITとビジネスの関係は、スムーズに機能しているパートナーシップというよりも、問題のある結婚生活に似ているようだ[6]。会話は対立してばかりで、ほとんど協力が行われない。よくない関係は、行動を遅らせ、変化のリスクを高める障害となる。

ITとビジネスの関係が悪くなる原因

ITリーダーとビジネスリーダーの関係が悪い場合、多くの原因が考えられる。時にはITリーダーの個性が原因となっていることもある。経営陣からよく出る文句は、CIOがビジネス分野の人々とは異なる言語を話しているように思われるということだ。もう1つは、CIOが重要なことを理解していないように思われることだ。例えば、私たちがインタビューした化学会社のCIOは、デジタル技術における革新的な可能性について、ビジネス担当の幹部と定期的にコミュニケーションをとっていると説明してくれた。しかし、彼の同僚であるビジネス担当の幹部に別の機会にインタビューしたところ、誰ひとりとして、話の内容を信頼できるとは感じていなかった。

IT部門のデリバリー能力から問題が発生することもある。複数の大企業でCIOを務めてきたバド・マタイセルによると、「まずは、非常に高品質なサービスを、確実かつ経済的に提供する能力が必要だ。そして、何かとても面白いことをするために、その能力をどう活用するかついて、意味のある対話を行うことが絶対に欠かせない」。残念なことに、この能力を備えていないIT部門もある。

私たちがインタビューしたあるビジネス担当の幹部は、次のように話した。「IT部門はひどい状態だ。彼らが求める費用は受け入れられるものではない。外部の企業が3～9週間でできることを、9カ月か10カ月もかかるというのだから。私たちはITを外部委託しはじめた。するとようやく、ITスタッフは変わろうとしはじめたのだった」[7]。これまでのように、コミュニケーションが貧弱で、意思決定プロセスが複雑、かつコミットメントが弱ければ、それを基盤としてITとビジネスの強力な関係を構築することはできない。

しかし、原因は常にIT側のリーダーだけにあるわけではない。多くの場合、ビジネス側のリーダーにも責任がある。この章の後半で示すように、優れたIT部門には優れたデジタル・プラットフォームが必要であり、優れたプラットフォームには規律が必要だ。ITと連携するうえで、短気だったり、的外れな期待を抱いたり、自分のやり方を押し付けているようなアプローチをとっているのであれば、ビジネス側の関わり方を変えることを考える必要がある。

原因が何であれ、ITとビジネスの関係がよくないのであれば、その問題を解決する必要がある。ある銀行の経営者は次のように述べた。「この5年間で、ITとビジネスの距離は縮まっている。ITはビジネスの成功にとって非常に重要だ。銀行業の重要な変革の多くは、テクノロジーによって実現されているのだから」。ITとビジネスが強固な関係を持つことにより、IT担当の幹部はビジネス担当の幹部の目標達成に力を貸すことができ、ビジネス担当の幹部はIT担当の幹部の提案に耳を傾ける。双方とも、新しいガバナンスの仕組みや全社デジタル部門を構築する際には、進んで柔軟な対応を行うだろう。コデルコ、アジアンペインツやP&Gでは、CIOが全社のデジタル変革をリードしてすらいる。

ITとビジネスの関係改善

では、どこから着手すればITとビジネスの関係を改善することができるだろうか。バーバリーのCEO、アンジェラ・アーレンツはCIOに対して、ほかの経営陣と協力して会社を動かしてほしいと伝えた[8]。しかし、リーダー陣の変更やトップダウンでの指示は、変化の始まりにすぎない。CIOが自らビジネスを変えることはほとんどなく、たとえCEOが要求しても、ビジネス側の幹部全員が、CIOと協力して動こうとするわけでもない。

ITとビジネスの関係改善は、社員がお互いを信頼することを学んだり、一緒に働く方法を決め直したりするための時間がかかる。どんなに難しくなっている関係でも、まずはビジネス側のコミュニケーションの方法を改善することから始めよう。IT部門は与えられた業務に対して、本当に費用をかけすぎているのか、それとも妥当な額なのか。IT部門はそれほど官僚的なのか、それとも目的にかなった手続きが行われているだけなのか。ビジネス部門はIT部門の良いパートナーか、それとも付き合いにくい相手か。ビジネス部門が必要なものを入手するために、IT部門はどうやって力になることができ、同時にものごとを正しく行えるのか。IT部門が技術や内部プロセス、コスト効率、品質、スピードを向上させるためには、どのような投資が必要か[9]。

MIT（マサチューセッツ工科大学）は、IT部門の再構築に関して行った研究の中で、IT部門を、あまり評価されていないコストセンターとしての姿から、活躍するビジネスパートナーに変えるステップを示した[10]。ここで鍵となるのは、パフォーマンス、役割、価値に関する透明性だ。

第1のステップは、IT部門の社員が自分たちの仕事についての考え方や説明の仕方を変えられるよう、手助けすることだ。第2のステップは、IT部門がコストに見合った価値をどの程度提供しているか、すなわち、適切な品質と価格で適切なサービスを提供しているかを示し、どこに問題があるのかを示すこと。そして、第3のステップは、IT側とビジネス側のリーダー陣が、投資判断をしたり、プロジェクトのリターンを評価したりする際の方法を変更することである。このように、役割やパフォーマンス、投資に関する透明性を確立することで、両者はイノベーションの機会を見つけて実現するために、よりスムーズな意思決定を行い、協働ができるようになる。

デュアルスピードITの構築

ITとビジネスの関係を変えることは、行うだけの価値はあるものの時間がかかる。あなたの会社は、一刻も早くデジタル変革を開始する必要があるかもしれない。そのような場合、IT部門を改善するよりも、マーケティングなど別の部門にデジタル能力を構築しようとする企業もある。IT部門と一緒にではなく、IT部門を避けて仕事をしようとするのである。

デジタルスキルを構築することは有益だが、IT部門を避けると困難を伴う。特に、IT部門の体系的な（時として煩雑な）プロセスの理由を理解していない場合には問題が起こってくる。このような周辺施策を行うと、資金を無駄遣いし、デジタル・プラットフォームをより複雑にし、さらには、セキュリティと規制に関するリスクにさらされるおそれがある。

より良い方法は、「デュアルスピードIT構造」を作ることだ。IT部門の一部が引き続き従来のITニーズに応え、部門の残りの部分がビジネス部門と共に、デジタルスピードで運営するという課題に取り組む。デジタル活動、特に顧客との関係深化に関する部分は、従来のIT関連の活動よりずっとスピードが速い。設計プロセスの考え方が異なるのである。ITプロジェクトは従来から、明確な設計としっかりと組み立てられたプロジェクト計画に基づいて行われてきた。一方で、デジタル活動では「テスト・アンド・ラーン」の戦略がとられ、実際に機能を試して、その発見に基づいて素早く採用や不採用を決めるのだ。

デュアルスピードの方法では、デジタルチームは、古いITプロセスが存在していた理由を見失うことなく、デジタル世界に合わせた速度で、プロセスと手法を開発することができる。ITリーダーは、IT部門内の非公式の関係を活用して、旧来のシステムにアクセスしたり、他の変更を行ったりできる。ビジネスリーダーも、自分のネットワークを使って情報と資源を得ることができる。また、ビジネス側とIT側のリーダーは、ロイズ銀行グループや他の企業が採用している共同代表方式のように、協力しあうこともできる。

デュアルスピードのIT部門を構築するには、ビジネス側とIT側の両サイドに適切なリーダーを選ぶ必要がある。ビジネスリーダーは、テクノロジーを厭わず、IT側のリーダーに異議を唱えられることを苦痛に思わない人でなければならない。ITリーダーは、テクノロジー以外も見渡し、業績を左右する要因やプロセスを考慮する姿勢を持つ必要がある。双方のリーダーともに、強力なコミュニケーション能力を持ち、ビジネスにフォーカスした人やITにフォーカスした人との会話で、どちらの意見も聞くことができなければならない。

デュアルスピードITには、スピードの価値についての視点も必要だ。デジタル化に向けた努力のすべてが、デジタル技術を用いた顧客との関係深化プロセスのように、急速かつ変わり続けるものである必要はない。実際、ロイズ銀行グループの新しいプラットフォームや、アジアンペインツの優れたオペレーション、ナイキのデジタル・サプライチェーンの強化などでは、それらの基盤となったテクノロジーには、従来型のITの実践を支える慎重かつ体系的な考え方が必要だった。

このような大掛かりなプロジェクトの実施を、「走りながら学ぶ」ように規模の緩い方式で行うのは危険だ。作業のやり直しが増え、資金を浪費し、セキュリティ上のリスクが生じる可能性がある。しかし、いったん強力なデジタル・プラットフォームが構築されてしまえば、新しいデジタル能力の構築は迅速かつ革新的に行えるだろう。重要なのは、プロジェクトのタイプにより何が必要かを理解し、各プロジェクトが柔軟かつ機敏であるために、どれくらいの余地があるかを把握することだ。優れたITリーダーはそのやり方を知っている。適切なビジネス側のリーダーとチームを組めば、迅速かつ安全に進歩を遂げることができる。

デュアルスピードITは、IT部門内にも新しいプロセスを持ち込む。デジタル事業では、すべてのアプリケーションで、月次のソフトウエア・リリースのサイクルを待っているような余裕はない。例えば、デジタル画像のホスティング事業であるフリッカー（Flickr）は、1日に最大10回のデプロイメント【訳注：主にウェブサービスやネットワークに対応するソフトウエアやサービスなどを実際の運用環境で使えるようにすること。開発環境からユーザーが使用する最終的な環境に至るまでに、多くのプロセスで調整が求められる】を目指しているが、さらに多くのデプロイメントが求められる事業もある[(11)]。

このように継続的にデプロイメントを行うアプローチでは、非常に厳しい規律と、開発、テスト、運用のチーム間での協力が欠かせない。ソフトウエアの不具合やテスト漏れ、またはデプロイメントにおける設定上の問題などが起こると、ウェブサイトが停止したり、何千人もの顧客に影響を与えたりする可能性がある。

デブオプス（DevOps）【訳注：ソフトウエア開発手法の1つ。開発（Development）と運用（Operations）を組み合わせた混成語であり、開発担当者と運用担当者が連携して協力する開発手法を指す】と呼ばれる比較的新しいソフトウエア開発方法は、このような規律を持ってスピードを高めることを目指す。この手法により、開発、運用、品質保証グループ間の壁を取り払い、より緊密に連携して機動性を高めることができる。デブオプスは、開発環境を標準化することで、アプリケーションの開発とデプロイメントのスピードと信頼性を向上させる。各グループが使うツールを同期させるなど、強力な手法と標準を用いる[(12)]。

デブオプスは、テスト、設定管理、デプロイメントの作業を自動化するツールに大きく依存している。これらの作業を手動で行うと時間がかかり、エラーが発生しやすくなる。デブオプスを採用するのであれば、異なるITグループ同士が協力しあい、社員がプロセスを効果的にするためのルールと方法を受け入れるような文化を醸成する必要がある[(13)]。デブオプスの規律、ツール、および強力なプロセスにより、IT部門は以前よりもエラーを減らしながら、より速くソフトウエアをリリースできるようになる。また、パフォーマンスを監視したり、プロセスの問題を以前よりも効果的に解決したりできるようにもなる[(14)]。

ITとビジネスとの関係改善について、CIOがそれを自分の責任と捉えているか、あるいはビジネス側がその実現を心に決めているのか、どちらにしても、ビジネス側とIT側の幹部同士の強いつながりを築くことは、デジタル変革を推進するうえで不可欠だ。

ITとビジネスとの間に強固な関係があれば、IT部門の動き方や、ビジネス部門との協働の方法を変えることができる。信頼しあい、理解を共有することにより、ロイズ銀行グループのようにテクノロジーとビジネスの専門家が緊密に協力して、デジタルスピードで事業を革新することができる。あなたの会社にこのような関係がなければ、要件定義の議論が果てしなく続き、プロジェクトが失敗し、不安定なシステムに悩まされるかもしれない。その間に、競合他社は高速のデジタル路線であなたを追い越していく。

デジタルスキルの構築

優れた顧客体験や市場をリードするオペレーションの能力は、技術的な力だけでは構築できない。新しいスキルや新しい働き方などが求められ、組織変革面での課題も生じてくる。それでも、私たちがこの研究の最初の年に行った調査では、デジタル変革の主な障害として「デジタルスキルの欠如」を挙げた企業が77％にのぼった[15]。さらに、ほとんどの企業が同じようなスキルを求めているので、課題はさらに大きくなっている。具体的には、ソーシャルメディア分析、モバイル・マーケティング、クラウド設計、データ・サイエンティストなどのスキルである。

デジタルマスターのスキル構築方法

では、デジタルマスターがデジタルスキルに関してやっていることで、非マスターと違う点は何だろうか。第1の違いは、投資をしているという点だ。私たちが調査したデジタルマスターのうち、82％がデジタル変革に必要なデジタルスキルを構築している最中だと答えた。非マスターでは40％だけだった。

第2に、デジタルマスターはスピードを上げ、差を広げているのだ。私たちの調査によると、マスターは非マスターよりもデジタルスキルが優れており、ソーシャルメディア・スキルでは31%、モバイル・スキルでは38%、データ解析スキルでは19%、非マスター企業に比べて高かった(16)。

しかし、デジタルマスターはもともとスキルが高かったわけではない。バーバリーは、一夜にしてデジタル・マーケティングやデジタル・チャネルに卓越するようになったのではなかった。CEOのアーレンツは、ミレニアル世代の顧客と同様の行動をとるメンバーから成る、活気のあるマーケティングチームを新しく採用した(17)。また、シーザーズが個々人に合わせた顧客体験の提供に優れているのも、単にCEOのゲーリー・ラブマンがMITで経済学博士号を取得したからではない。シーザーズの幹部は積極的に、マーケティング分野に定量分析を取り入れたのだ。これらの企業では、ほかのデジタルマスターと同様に、経営幹部が自ら主体的に、必要なデジタルスキルを構築することに努めたのである。

スキルの違いはテクノロジーの差だけから生じるのではない。デジタルマスターは、非マスターよりもデジタル・リーダーシップに関するスキルが36%高い(18)。デジタル変革では、プロセスや考え方の変更も必要だ。つまり、組織の壁を乗り越えるような変化が必要なのだ。技術的なスキルとリーダーシップに関するスキルの間の線引きは、どんどん曖昧になってきている。

デジタル技術の影響は、IT部門や技術部門だけでなく、組織全体に及んでいる。デジタル変革には機能横断的な連携が必要になるため、ハイブリッドなデジタルスキルを備えた人材への需要が高まっている。技術者はよりビジネスに精通する必要があり、ビジネス側はよりテクノロジーに精通する必要がある。ある小売業の役員は次のように説明した。「全社で働くというのは私たちには初めての試みだ。そのため、これまでにないレベルの複雑さを経験しており、社員は、今までとは違った方法でマネジメントを行い、つながる必要がある。こうしたスキルを開発することが最も重要なのだ」

新しいスキルが求められているのは、デジタル人材とビジネス人材の間のコミュニケーションのずれをなくすためでもある。ある幹部は次のように話した。「カリスマ的なクオンツ【訳注：高度な数学的手法を用いて市場を分析したり、金融商品や投資戦略を分析したりする人】が必要だ。影響力が大きく、重要な会議でも力を発揮できる人で、同時に袖をまくってデータ表を見たりモデルを作ったりもし、それを楽しめる人である」

このような橋渡しとしての役割は、いずれすべてのマネジャーに求められるようになるかもしれない。チューリッヒ保険会社のCIOであるマルクス・ノルドリンは言う。「どんな事業や業界でも、今後成功を収めるリーダーとなるのは、真にハイブリッドな人材だと私は確信している。ITに一定の時間を費やしたのちにビジネスに移った人とか、あるいはその逆のパターンだ」[19]

デジタルスキルを獲得するための2つの競争

デジタルマスターを目指す企業は、どこも同じ技術的スキルを求めている。現在の人材市場におけるデジタルスキル人材の不足は、これまでにないほどだ。欧州だけでも、2015年までにIT関連職に約100万の人材不足があると予測されている[20]。世界的には、2015年までに440万のビッグデータ関連職が創出されるが、充足するのは3分の1のみと言われている[21]。

同様に、ビジネスの専門家は、自分たちの役割を果たすために、ますますデジタルツールやテクノロジーになじまなければならなくなっている。調査会社のIDCは、2015年までに90%の仕事でITスキルが求められるようになると予測している[22]。いくつかのビジネス機能では、すでにテクノロジースキルを必要なスキルとして加えている。調査会社のガートナーによると、同社が調査した企業のうち70%が、チーフ・マーケティング・テクノロジスト【訳注：マーケティングの知識とITの知識を両方有する人材で、主にデジタル・マーケティングなどの責任を負う】を有していたと報告している[23]。

こうしたスキル獲得競争はしばらく続くだろう。適切なデジタルスキルを有することは、競争優位の重要な源泉であり、デジタル変革の重要な原動力だ。より速くスキルを備えた企業が他社に先行するだろう。

デジタルスキルの獲得競争に勝つには、人材の採用や提携、育成など、複数の取り組みを活用する必要がある。ある企業幹部が説明するように、これは簡単なことではない。「当社のリクルーターは、適切な人材がどこにいるかわからず、適切なスキルを持つ人々は、当社のような企業をチャンスとして捉えていない」。人事部門はすぐにスピードを上げる必要がある。キャップジェミニ・コンサルティングの最近の調査によると、デジタルスキル開発に積極的に取り組んでいるのは、人事部門のわずか30％だけであることがわかった(24)。この状況は変えなければならない。多くのデジタルマスターは、人材獲得競争に勝つために入念な計画を立てている。第11章では、この計画策定について説明する。

リーダーシップ課題としてのデジタル・プラットフォーム

私たちの研究は、ITマネジメントの分野におけるさまざまな研究を裏付けるものとなっている。すなわち、デジタル変革のための最も重要な技術基盤は、強力なデジタル・プラットフォームだということだ。そのプラットフォームはうまく構築され、統合されていて、複雑さが必要最小限に抑えられたものでなければならない(25)。この点については、すでに多くの事例で見てきた。バーバリーは、顧客との関係深化について変革を行う前に、ITの基本的な構造を修正した。アジアンペインツは、業務オペレーションを変革する前に、統合的なプラットフォームを開発した。ロイズ銀行グループは、デジタルサービスを拡大する前に、デジタル・プラットフォームを再設計した。セブン-イレブン・ジャパンは、統合的な業務プラットフォームによってリアルタイムで状況を可視化できるようにし、それが同社の成長と革新性に大きく貢献した。ナイキプラス、エアビーアンドビー、ヘイローなどでも、うまく構築されたデジタル・プラットフォームが、新しいデジタル・ビジネスモデルの基盤となっている。

しかし、これが本当だとすると、なぜ多くの大企業がデジタル・プラットフォームをうまく設計してこなかったのだろうか。大企業では組織が縦割りで、それぞれが独自のシステム、データ定義、業務プロセスを用いていることがよくある。システムはわかりにくく、時には重複しており、しばしば複雑に（時にはどうなっているかわからないくらいに）絡み合っている。こうなると、会社全体で、顧客や製品に対する共通の認識を持つことは非常に難しくなる。

さらに、複雑性を増す要因がある。標準的ではないテクノロジーを求めること、独自のやり方で進めたいという要望、速く動くために企業ガバナンスのプロセスから逃れようとすること、そして、スタッフが統合のための会議を欠席することなどだ。複雑性は時には必要だが、多くの場合はないほうがいい。大手保険会社の障害者事業の責任者はこう話す。「私たちは過去50年間にわたり、自社のITシステムとアプリケーションを拡大してきた。システムを新しいものに入れ替えることはせず、既存のシステムにただ機能を追加してきた。そのために、膨大な費用がかかっており、非常に複雑化しているのだ」[26]

技術者にはこの種のシステム開発を表現する言葉がある。それはレガシー・スパゲッティ【訳注：過去に書かれたコードがスパゲッティのように絡み合って、メンテナンスが大変な状態】だ。レガシー・スパゲッティに陥った企業は、保有している情報を理解するのが難しく、変化を起こすのはさらに難しくなる[27]。研究によると、プラットフォームにおける不必要な複雑性が、企業におけるITリスクの第一要因だという。プロセスの変更やテストが難しくなり、失敗する傾向が強くなり、失敗した後の復元が困難になるからだ[28]。レガシー・スパゲッティの状態に陥るのは、リーダーがそうさせたからだ。スパゲッティを取り除くには、強力なリーダーシップが必要になる。

強固なデジタル・プラットフォームの威力

ウェブベースの企業が、従来の企業よりずっと容易にデータ解析と個別的な顧客対応を実現できる理由の1つに、うまく設計されたデジタル・プラットフォームがある[29]。アマゾンには、あなたの長年の購入履歴があるので、次に買うものをうまく提案できる。フェイスブックやグーグルは、あなたが過去に書いたり読んだりした内容を知っているので、他の企業よりもはるかに効果的な広告を表示することができる。

しかし、この能力は、創業時からデジタル・テクノロジーを活用している企業だけが有するものではない。シーザーズの個別対応とモバイルの運用は、すべての顧客とのやりとりを記録する統合的な「トータルリワード」データベースをもとに構築されている。コデルコでは、鉱山をデジタルで統合的に管理しているため、業務プロセスをスムーズに同期し、プロセス革新の方法を特定することができる。

私たちの調査では、各社のプラットフォームの質を理解するために、企業のさまざまな側面について社内での見解がどの程度統一されているかを質問した。デジタルマスターは、オペレーションの実績とサプライチェーンの状態に関して、見解が統一されているとするスコアが非マスターに比べて平均で17％も高かった[30]。オペレーション以外の部分では、より大きな差が見られた。顧客データに関する見解の統一では、デジタルマスターは非マスターより平均で25％、製品やサービスのパフォーマンスに関する見解の統一では26％高かった。

顧客についての共通見解がなければ、個別化されたサービスや位置情報によるマーケティングなど、顧客と関わる先進的な手法を採用することはきわめて困難だ。チャネルが複数になると、問題はますます大きくなる。あるマーケティング担当の幹部が言うように、「顧客データが多くのシステムに分散されていると、顧客をよく理解することは非常に困難だ」

多くの伝統的な企業にとって、デジタル変革に向けた準備の第一歩となるのは、企業全体でデータとプロセスを統合するための投資を行うことだ。これは、場合によっては非常に大きな投資になる。この点で、すでにERPやCRMシステムを導入している企業は、他社よりも先行していることになる。バーバリーの変革では、店舗のデジタル化やソーシャルメディア・マーケティング以上のことが必要だった。同社は、会社の隅々までデジタル化を進めるために、ERPシステムに数百万ドルを投資する必要があった。バーバリーは、統一されたシステムとプロセスを通じてオペレーションを改善し、販売パターンを理解し、チャネル間でシームレスなサービスを提供できるようになった。

うまく構築されたプラットフォームは、グローバル化における「中央集権化か分権化か」という問題に対処するうえでも役立つ。例えばシーザーズでは、世界中の各ホテルのウェブサイトは、1つのグローバル・プラットフォームによって提供されている。各ホテルの責任者はウェブサイトのコンテンツとマーケティング・キャンペーンをカスタマイズでき、一方で、本社はすべてのサイトに関して技術面でのサポートを行っている。グローバルメディア企業プリサのコンテンツ管理システムでは、バルセロナで録画されたサッカーのビデオクリップを、マドリッドのテレビ局やフランスの新聞、アルゼンチンのラジオ局などで、その日のうちに簡単に利用できる。

デジタル・プラットフォームの規模の力

うまく構築されたデジタル・プラットフォームには、効率と敏しょう性以外にも利点がある。第2章で説明したように、プラットフォームによって、重要なオペレーションから望ましくないバラつきを取り除くことができる。しかし、優れたプラットフォームであれば、労働力を増やすよりも速いスピードで規模を拡大することもできる。また、地理的に分散した大企業全体で、イノベーションを迅速に展開することもできる。

米国の薬局チェーンであるCVSは、うまく構築されたプラットフォームによって、規模を拡大しただけでなく、新しい手法も大々的に展開した。薬局事業において、顧客サービスレベルは重要な指標だ。よって、2002年にCVSの顧客満足度が低下したとき、経営幹部は見逃さなかった。さらに分析すると、重要な問題が明らかになった。処方箋の17%は、顧客の健康保険に関する問題により遅れが生じていたのだ。店舗スタッフはたいてい、顧客が店を出た後に健康保険を確認していた。つまり、顧客が処方薬を受け取りに戻らなければ問題は解決できなかった。健康保険の確認を早い段階で行えば、問題は解決できるはずだった。

CVSはこのプロセス変更を同社の業務遂行システムに組み込み、それによって100%の順守を確実にした。つまり、もはや健康保険の確認なしには、処方箋を受け入れることができなくなったのである。そのプラットフォームによって、CVSは1年のうちに4000店以上の薬局で、新しいプロセスを実現することができた。薬の処方プロセスのパフォーマンスは大幅に向上し、顧客満足度も向上した。その年、全体的な顧客満足度は86%から91%に上昇した。これは非常に競争の激しい薬局業界では劇的な違いとなる(31)。

卓越したデジタル・プラットフォームはリーダーシップなしには生まれない

卓越したプラットフォームは、意思決定者に明確な情報を提供する。高度なデータ解析と新しいデジタルサービスの基盤ともなる。効率的で機敏であり、常に新しいデジタル変革の方法を提供する。

しかし、卓越したプラットフォームは簡単には生まれない。複雑化した企業では、プラットフォームは一度に複数の方向に成長する傾向があり、庭に雑草が生い茂るように、コピーや、勝手な手直しや、派生的なものが生まれる。一方で、良いプラットフォームは美しい庭園のように常に注意が払われ、雑草が抜かれ、害虫は排除され、美しいデザインに整えられている。顧客や業務についての見解を統一するには、強力なトップダウンのリーダーシップが必要だ。

ITリーダーは、プラットフォームの形成に力を発揮できる。例えば、デジタルビジョンを、それを実現できるようなテクノロジー・プラットフォームのビジョンに書き換えられる。アーキテクチャレビューなどの管理ツールを構築し、雑草を根こそぎにして、プラットフォームを正しい方向に動かすことができる。また、テクノロジー向けの資金の供給方法を調整して、適切な方向に成長を後押しできる。例えば、インテルのIT部門は、同社のアーキテクチャの方向性に沿ったプロジェクトについては、その優先順位を高めている(32)。また、ビジネス部門による要請は、それが同社の標準に基づいていれば、そうでないものに比べて資金が供給されやすい。

しかし、ITリーダーがビジネス慣行に変化を迫る力には限界がある。一般的なCIOには、強力なビジネス部門の責任者の行動を変える力はほとんどない。ここで出番となるのが、企業のトップに君臨する人々だ。パージュ・ジョーヌのCEOであるジャン=ピエール・レミーは、紙ベースの電話帳のためのシステムに関して、その更新に資金を提供するのをやめた。P&Gのデジタル王と言われるフィリッポ・パッセリーニは、より前向きな方法をとっている。ビジネス部門の責任者に次のように約束しているのだ。彼の率いるグローバル・ビジネス・ソリューションズは、購買、人事、およびその他のプロセスのコストを10～30％削減できるが、それは各部門が彼の決めた標準的なプロセスを使用する場合に限る、ということだ[33]。

プラットフォームの問題は、従来型の大手企業だけに起こるわけではない。デジタル企業として誕生したアマゾンでも、プラットフォームに関する問題が発生した。2002年、急成長とイノベーションが進む中、アマゾンの強力なプラットフォームは、レガシー・スパゲッティと標準から外れた設計の蔓延に苦しみ始めたのだ。

そこで、CEOのジェフ・ベゾスが問題を解決するために、トップダウンのリーダーシップを発揮した。ベゾスは、あらゆる新規開発は非常に明確化された設計ルールに従わなければならない、という強い指示を出した。そして、この指示を伝える文書を、次のような警告で締めくくった。「これを守らなかった人は誰であろうと解雇される」。ベゾスはその後、上級幹部に権限移譲し、この指示が確実に守られるようにした[34]。その後数年間で標準化の文化は進化し、プラットフォームも発展した。10年以上経った今、アマゾンのうまく構築されたデジタル・プラットフォームは、ますます拡大し続けるオンライン販売を支えている。また、電子書籍のキンドルやビデオ配信などの新しいビジネスモデルも可能にしてきた。アマゾンはまた、クラウドベースのインフラサービスを他社に販売し、社内のプラットフォームを製品に変えている。

あなたのプラットフォームでも同じことが起こる可能性がある。医療保険会社は、医療保険請求のプラットフォームを活用して、薬の処方や医薬品の動向に関する解析をベースとした製品を開発している。中国の物流会社は、以前からの販売プラットフォームで見出したトレンドをもとに、地域ごとの需要予測を行い、それを販売している[35]。ボーイングが「未来の航空会社」を実現する中で、同社のプラットフォームは多くの企業にまたがるものとなって豊かになり、新しい情報をベースとしたサービスや製品を見つけていくことができる（第4章を参照）。しかし、適切なプラットフォームやスキルを開発するにも、それらを整合させ続けるにも、またそこから創造された機会を生かすにも、リーダーシップが必要となる。

企業はテクノロジー・リーダーシップと共に進化する

プラットフォームをどう構築するかにかかわらず、私たちの研究では重要な点が明らかになった。**デジタル変革の本当の価値は、最初の投資から生まれるのではなく、どのように能力を拡張するか、継続的に見直しを行って、収益拡大、コスト削減、その他のメリットを得ようとすることから生まれるのだ。最初の投資は、その後の戦略的投資を行うための基盤となる。**

アジアンペインツが最初に受注プロセスを集中化し、ERP システムを導入したときには、幹部は将来的に多くのビジネスモデルの変更が可能になるとは考えていなかった。彼らがわかっていたのは、統合されたデータと標準化されたプロセスによって、今までとは異なるレベルの実績を達成できるということだけだった[36]。その後、統一されたデータと強力なコールセンターにより、彼らは今までになかったことを思い描けるようになった。

モバイル端末を持った営業担当者は、最新の販売や注文情報を参照でき、小売業者との関係を拡大することに注力できる。コールセンターの担当者は、小売業者に営業電話をかけたり、輸送トラックがいつ近くに来るかを知らせたりすることもできる。小売店の代わりに顧客の作業現場に配達するという、競合企業がどこもやっていなかったことを行い、最終顧客に近づくこともできた。その後、幹部らはこのプロセスをインド国外に輸出しはじめた。

デジタル・プラットフォームによって、アジアンペインツの幹部は今まで一度も考えなかったような可能性を手にしたのである。しかし、彼らにはこうした機会を活用するための準備が必要だった。同社では、ビジネスに精通したITリーダーが、ビジネスを変えるITの力を理解しているビジネスリーダーとペアを組むことから始めた。リーダーたちは、緊密に協力しあってプラットフォームを変え、やがてはプラットフォームの変更から新しい機会が創出されるようにした。また、リーダーたちはスキルの開発に多額の投資を行った。 例えば、営業担当者をデジタル武装させる、社内のデータアナリスト人材を育てるなどにより、変革を起こすうえで、会社が新しいステップを次々と上っていけるようにした。

ロイズ銀行グループ、コデルコ、バーバリー、シーザーズ、および他の企業でも同様のパターンが生じた。テクノロジー・リーダーシップ能力が低いと、すべてがリスクの高い困難な取り組みになる。高い場合には、すばらしいことを成し遂げられる。ITとビジネスとの関係性と、デジタルスキル、デジタル・プラットフォームに常に注意を払っていれば、常にそれらを拡張して、価値のある、新たなデジタル変革の機会を生み出すことができるのだ。

次章以降では

本書ではこれまでのところ、デジタルマスターになるとはどういうことか、そして、なぜデジタルマスターになることを考えるべきなのかを見てきた。私たちはデジタルマスターを構成する側面を順に説明してきた。具体的には、第1章から第3章まででではデジタル能力、第4章から第7章まででではリーダーシップ能力について述べた。

いよいよここからは、これらの考え方をあなたの会社に適用してみよう。第8章から第11章までは、あなたがデジタル変革を始めるのに役立つガイドとなるだろう。

デジタル・シフト戦略チェックリスト

テクノロジー・リーダーシップ能力

- ✓ ITとビジネスの関係を評価しよう。信頼、共通理解、一体感のあるパートナーシップが築けているか考えよう。
- ✓ IT部門の能力を評価しよう。デジタル経済で求められるスキルとスピードを備えているだろうか。
- ✓ デュアルスピードITの取り組みについて検討しよう。例えば、ある部門内の一部署にするとか、独立のデジタル部門にするなどの形で、ITとビジネスやその他の役割を組み合わせることを検討する。
- ✓ 最初の投資では、きれいに整い、構造化されたデジタル・プラットフォームを作ることに集中しよう。これがほかのすべての基盤となる。
- ✓ 正しいデジタルスキルの構築を始めよう。
- ✓ ITとビジネスの関係、デジタルスキル、およびデジタル・プラットフォームに関して、何か新しくできることはないか、常に問い続けよう。

第 III 部

BACK AT THE OFFICE

A Leader's Playbook for
Digital Transformation

実践する

リーダーのための
デジタル変革の手引き

デジタル変革の羅針盤を持つ

デジタル変革を進めるには、スティーブ・ジョブズやジェフ・ベゾスほどのビジョンやリーダーシップは必要ない。百戦錬磨の経営幹部であれば、業界の変革者になれるだけの基本的な能力をすでに身につけている。ただし、変革を推進していくためには、第Ⅰ部と第Ⅱ部で見てきたように、変革の道筋を定めるための新しい考え方や、ぶれないリーダーシップが必要になる。第Ⅲ部では、デジタルマスターから教訓を引き出し、デジタル変革の羅針盤としてまとめたものを紹介する。この羅針盤は、複雑な変革の道を進んでいくうえで役立つだろう（図Ⅲ.1）。

デジタル変革の課題を定義し設定しよう

デジタルによる機会と脅威を認識しよう。自社の出発点を知り、デジタルの熟達度を自己評価しよう。ビジョンを作り、ビジョンに対する経営チームの目線を確実にそろえよう。

投資の焦点を絞ろう

ビジョンを実行可能なロードマップに落とし込もう。縦割り組織を越えたガバナンス体制を作ろう。変革に向けて適切なものに投資しよう。

組織を動かそう

あなたが成し遂げたいこと、今求められる変化についてはっきりと示そう。変革の機運を作り出し、社員を巻き込もう。新しい行動原則を作り、より革新的な組織文化へ進化させよう。

変革を継続しよう

土台となる能力を身につけよう。報酬体系を整合させ、古くからある組織の壁を乗り越えよう。そして、変革の進捗を測定し、必要に応じて繰り返そう。

図Ⅲ.1　デジタル変革の羅針盤

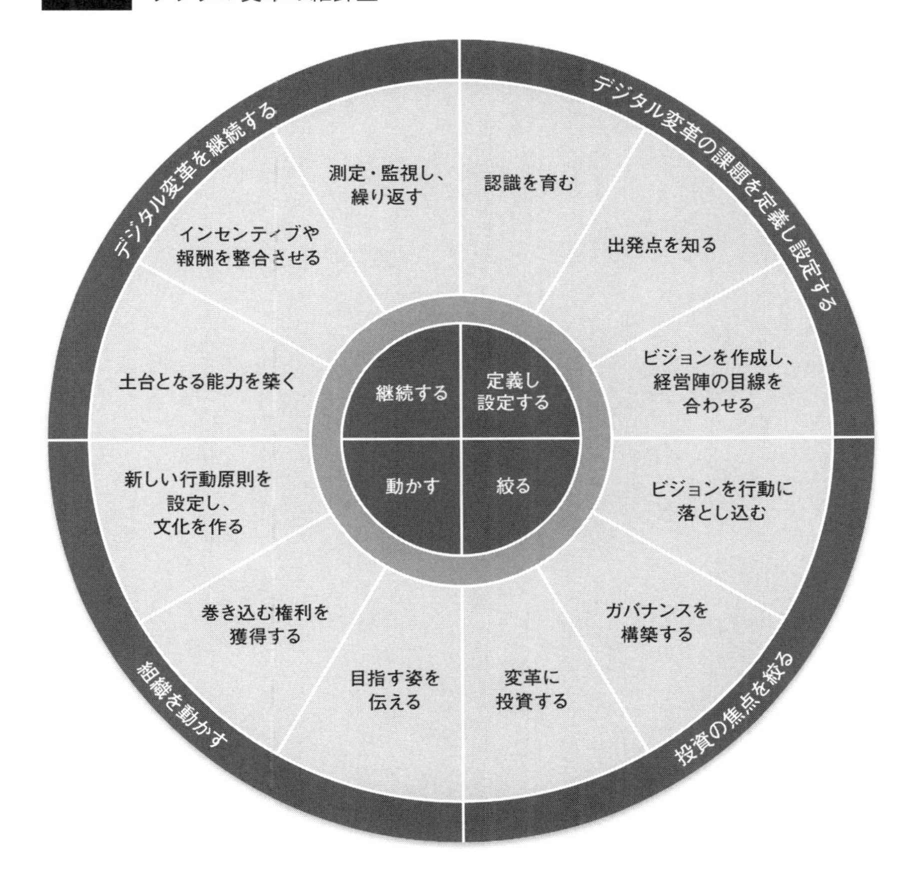

デジタル変革は決してまっすぐな道ではない。あなたは、もうデジタルに関する取り組みをいろいろと始めているかもしれない。その中で、さまざまな能力が必要になるかもしれないし、時には方向転換が必要になるかもしれない。そのようなときには、道標となるデジタル変革の羅針盤を使ってほしい。第Ⅲ部の各章では、デジタルマスターがデジタル変革を最大限に成功させるために、どんなことに取り組んだのかをたどっていく。

第 8 章

FRAMING THE DIGITAL CHALLENGE

デジタル変革の課題を定義し設定する

経営の負の慣性を乗り越えるための課題設定

序章で見たように、デジタル変革は、私たちが調査したどの業界でも起こっている。しかし、調査回答者の約40％が「危機感の欠如」がデジタル変革の主な障害になっていると指摘している[(1)]。なぜこんなことが起こるのだろうか。デジタル変革に失敗する主な要因は、1つには経営の慣性、つまり、変化の必要性を感知し損ねてしまうことにある。未来を築こうとする代わりに、目の前の脅威に対処しようとするのだ。

例えば、出版業界では、デジタル技術によって引き起こされた激変により、変革が避けられないことは明らかだ。すでに危機的状態にあるのだ。一方、他の業界、例えば製造業では、変化はそれほど目につかない。ある幹部はデジタル変革に懐疑的な理由をこのように説明した。「大げさに言われすぎている。サプライヤーが大げさに言って売り込んでくるから、私は逆に強く推し進められない。あまりに強力に進めすぎると、私は信頼を失ってしまう。それで、否定的な人々の言い分が通らないようにゆっくりと進めるのだ」[(2)]

経営の慣性を乗り越えるためには、課題を認識し、自社の出発点を知り、どこに向かうのかというゴール地点を決めることが必要だ。自分の業界については十分知っているのだから、あとは経営幹部として、デジタル変革の機運を作り出せばよいのだ。そのために、まずは次の3つのことに取り組もう。

認識を育もう：

経営陣は、デジタル技術の潜在的な脅威と機会や、変革の必要性を理解しているだろうか？

出発点を知ろう：

自社のデジタル能力はどの程度で、既存の戦略的資産のうち、今後の競争で役立つのはどれだろうか？　現在のビジネスモデルをデジタル化する努力をしてきただろうか？

共有できるビジョンを作ろう：

自社のデジタル面での未来について、他の経営幹部とビジョンをすり合

図9.1　デジタル変革の羅針盤：デジタル変革の課題を定義し設定する

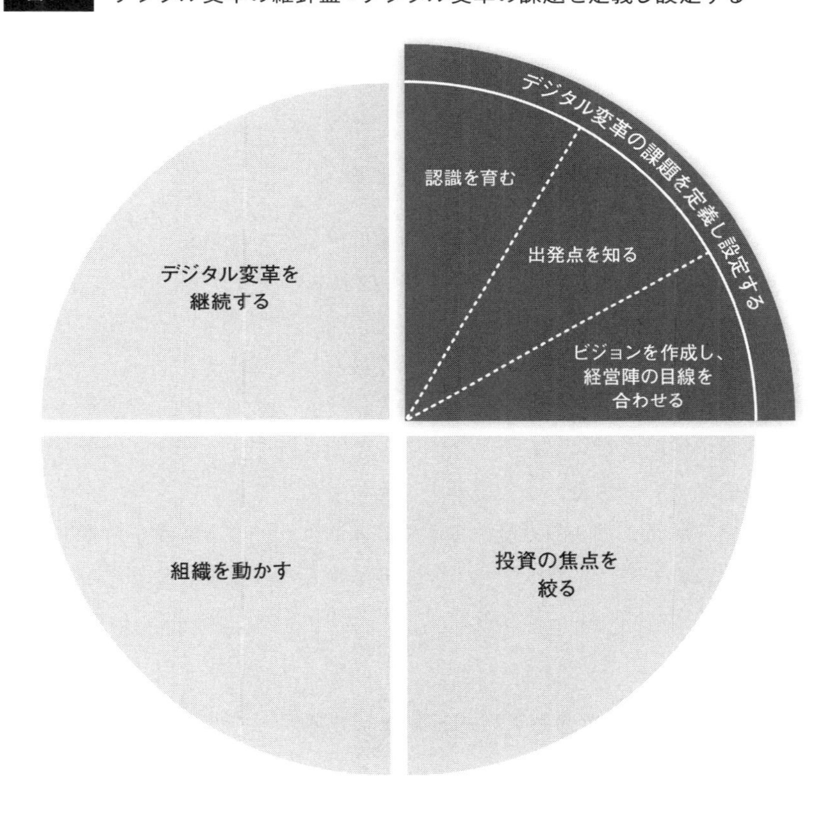

わせてきただろうか？

デジタル変革の課題を認識しているか？

デジタル変革の課題を設定するにあたって、最初の一歩となるのは、デジタル技術がどんな影響をビジネスに与えうるか、経営陣が確実に理解することだ。デジタル変革を自分たちの現在の経営課題としていつも考えているのは、私たちが行った調査の回答者のうち、わずか37％にすぎなかった。対照的に回答者の61％が、デジタル変革はこれから2年以内に重大な課題になると考えていた[3]。

今すぐにデジタル変革を最重要課題にする

経営陣を巻き込んで、現在や将来の事業にデジタル技術が与える影響について話し合おう。そしてこう問うのだ。「これらのテクノロジーは、当社の競争上の地位をどのように破壊する可能性があるだろうか」「これらのテクノロジーは、業績や顧客満足の向上にどう役立つだろうか」

組織のトップであるCEOには、この課題設定の段階を確実に成功させる責任がある。感動的なスピーチや社内での啓蒙活動をするだけでは十分ではない。組織のリーダーたちが、迫り来る大きな変化をイメージし、テクノロジーがもたらすビジネスの可能性を理解できるようにする必要がある。デジタルの変化によって、プラスやマイナスの影響を受けた企業や業界の実例に目を向けることも良い学びになる。

デジタルの影響の大きさとスピードを理解する

デジタルの影響の大きさとスピード、自社の組織能力が組み合わさって、企業にとってのリスクの状況が決まる。自組織に合ったデジタル変革のテンポを見つけ出すのは、一種のアートのようなものだ。組織文化も影響してくる。意思決定は集権的か、あるいは分権的か。協働や共有にはどんな姿勢で臨んでいるかといった点も考える必要がある。

さらには、デジタル変革のプログラムを策定するときは、収益性の高い既存の業務や資産は守りつつ、新しいデジタル事業への移行や、デジタルによる既存事業の強化も取り込んだものにする必要がある。

けれども注意してほしい。インテルでかつてCEOを務めたアンディ・グローブが言ったように、「パラノイアだけが生き残る」のだ[4]。破壊的なデジタルイノベーションは、たいていは業界の外からやってくる。何らかの出来事によって、求められる変化のスピードが決まってしまうこともある。競合分析や業界分析は、かつてほど有益ではなくなっている。第3章で述べたように、ロンドンのタクシー市場は、既存企業がオンラインへの展開やタクシー配車用のモバイルアプリの開発を怠ったことが原因で破壊されたのではない。業界の破壊が進んだのは、運転手と顧客とで構成される二面的な市場において、その非効率を解消するチャンスをヘイローが見つけたからだ。ヘイローは、まず初めに運転手の心をつかみ、次にすばらしい顧客体験を創り出した。両者にメリットがあるヘイローのビジネスモデルには、ロンドンの2万3000あるタクシー免許事業者のうち、2年間で60%以上が参画するようになった[(5)]。

体験的に課題を認識する

経営陣にデジタルの課題を認識させることは、経営トップにとって難しい問題だ。社員は時に容赦せず、次のようなことを言う。「経営陣は55歳以上の年長の人たちばかりだ。デジタル技術やそのメリットについては何も知らないし、学ぼうとも思っていない」[(6)]

課題を認識するこの段階では、事実に基づいた信頼できる調査を活用して、デジタルの課題について認識を深めよう。それと同時に重要なのは、経営陣が体験的に学ぶことだ。例えば、デジタル変革の成功事例と失敗事例を見ることで、機会と脅威についてバランスのとれた見方ができるようになる。また「デジタル・ハッカソン」を行う企業もある。上級幹部とハイテクに精通した社員を2人1組にして、デジタルがどんな影響を及ぼしうるか理解を深め、予測するのだ。ほかの進め方や手段もある。破壊的なイノベーションの分析、競争のシミュレーション、シナリオ・プランニング、他社の経営陣の体験を聞くなどだ。これらの取り組みはすべて、経営陣にデジタルを正しく理解してもらうのに効果的だ。

ある世界的な製造会社のCEOの事例を考えてみよう。このCEOは、デジタル技術とオンラインチャネルが、会社の事業運営や競争上の地位に大きく影響すると確信していた。しかし、ほかの経営陣はそれほど関心を持っていなかった。あまり進展が見られなかったので、CEOは経営陣をカリフォルニアに呼び寄せ、デジタルにどっぷりと浸る1週間の集中合宿を実施した。CEOは、デジタルを取り入れるチャンスをつかめなかった元CEOたちの助言を参考にしながら、どんな危機に瀕しているのかについての個人的な見解を伝えた。また、先進的なデジタル技術を提供する企業、業界で先端を行く企業、変革に成功した企業の例を次々に見せ、デジタル技術によってどんな可能性が生まれるかを強調した。経営幹部はこの1週間で目が覚めた。これにより、デジタル変革は経営陣の重要課題になったのだ。

デジタル信奉者のグループをつくる

経営幹部全員を巻き込む必要はあるだろうか。おそらくないだろう。しかし、多くのデジタルマスターは、デジタル変革で重要な役割を担う幹部のグループを早い段階でつくっている。アリアンツ・グループのジョー・グロスは次のように語った。「デジタルが及ぼす影響は部門によって異なる。だから、デジタル変革がどんな意味を持つのか、共通の認識を持っておくことがとても重要なのだ」[7]。この認識ができると、中心となる経営陣が共通の目的に向けて一致団結し、デジタル変革にスムーズに着手できる。

重要なのは経営陣を技術者にすることではない。目指すのは、経営陣が全体としてデジタル技術がもたらす潜在的な脅威と機会、変革の必要性を確実に理解することだ。

自社の出発点を理解しているか?

経営幹部が強力なグループをつくることは不可欠だが、それだけでは十分ではない。大きな変化を前にした大企業は、単に新旧を大胆に入れ替えるのではなく、既存の経営資源と能力を新たなデジタル環境で活用して乗り越えていく。そのためには、自社の出発点となる現状を知る必要がある。今、あなたの組織はデジタル面でどれだけ熟達しているだろうか。そして、今ある戦略的資産のうち、デジタル世界では何が役立つだろうか。

デジタル熟達度を評価する

自社のデジタル熟達度を評価するには、現在のデジタル施策と能力について、先入観を持たずに見る必要がある。デジタル能力とリーダーシップ能力の両方を詳細に検討してみよう。すでに見てきたように、あなたの会社も、デジタルマスターへの4段階、つまり、初心者、保守派、先端派、デジタルマスターのいずれかに位置しているだろう。序章では、巻末のチェックリストを使って、自社のデジタル熟達度を評価するとよいと述べた。これまでに、デジタルマスターが一般的な企業とどれほど異なる取り組みをしているかを見てきたが、ここであらためて、自社のデジタル熟達度を評価しなおすとよいだろう。本書を通して説明してきたデジタルマスターと比較しながら、自社がこの4象限のどこに位置付けられるかを見直してみよう。その際には、デジタルマスターがテクノロジーを使って何に取り組んだかだけではなく、どのように変化を起こしてきたかを考えてみよう。自社のデジタル能力とリーダーシップ能力に関して、その強みと弱みに着目しよう。そうすれば、自社の変革の出発点が見えてくるはずだ。

デジタル変革の道筋を描く

さて、ここまできてようやく、変革への道筋とスピードを計画できるようになる。企業ごとにその進み方は異なる。例えば、バーバリーのように、初心者からデジタルマスターへ一気に移行する目標も立てられる。そのためには、リーダーシップ能力とデジタル能力を同時に開発して、戦略を成功させる必要がある。あるいは、イノベーションよりも慎重さを重視し、より保守派に近いアプローチもとれる。その場合は、新しいデジタル技術をあれこれ試す前に、強いリーダーシップ能力の基盤を作っておくことが必要になる。現状が先端派に近い場合は、個別具体的なデジタル施策をたくさん進めているだろう。その場合、次にやるべきことは、まず一貫したビジョンとしっかりとしたガバナンス体制を作り、そのうえでデジタルの施策を事業部門横断で効率化して調和をとることだ。規模の大きなグローバル企業の場合は、デジタル熟達度は、部門、製品ライン、機能、立地によって異なる可能性がある。こうした違いを理解することは、組織全体できちんと機能する変革の道筋を描くうえで重要なことだ。

戦略的資産を評価する

次に、戦略的資産の評価について考えよう。ここまででも見てきたが、デジタルマスターは、デジタル世界で意味がある戦略的資産とそうではない資産を明確にするため、変革の早い段階で戦略的資産の評価を行った。第4章で見たように、パージュ・ジョーヌの経営陣は、強力な直販営業部隊による電話帳の広告販売が、いずれは競争優位性ではなくなると早い段階で認識していた。紙の電話帳を主軸としたビジネスモデルには将来性がなかった。しかし、営業部隊、そして営業部隊と地元企業との強力な関係は、依然として重要な戦略的資産だった。営業部隊を再教育してデジタルサービスを販売できるようにするのは簡単ではなかったが、それをしたおかげでデジタル世界への移行に必要な足場を固めることができたのだ。

どの資産がデジタル変革の成功に役立つかを見極めるには、慎重な分析が必要だ。デジタル変革後の社会というレンズで戦略的資産を見て、価値があるかどうかを見極めなければならない。例えば、第3章では、シェアリング・エコノミーの観点から資産とは何かを考え直すことで、革新的なビジネスモデルを生み出せることを示した。何が戦略的資産なのかについては、いくつかの定義がある[8]。金融資産は新規参入者に対抗するうえでは非常に有効だが、私たちはそれ以外に4つのカテゴリーの資産が、デジタル変革の基盤となることを認識した。その4つの資産とは、物的資産、組織能力(コンピテンシー)、無形資産、そしてデータ資産である。

物的資産:最もわかりやすい資産である。例えば、小売店、流通網、倉庫や小型の配送拠点、製品などだ。物的資産の中には、デジタル世界では不要に思えるものもあるかもしれないが、物的資産とデジタル資産がまったく新しい方法で組み合わさると、きわめて強い優位性が生じることがよくある。例えば、今日の米国の銀行では、顧客の62%がオンライン取引を好む[9]。だからといって、すべての銀行が支店を閉鎖するということにはならない。米国の銀行の顧客のうち約47%が、実店舗がなければ、合法的な銀行ではないとすら考えている[10]。しかし、業界で共通認識となっているのは、すべての顧客セグメントに対応する、均質で、フルサービスを提供する昔ながらの店舗網は、もはや存続しえないということである。一部の支店は標準的な銀行サービスを提供するが、他の支店は高度なデジタル化を進め、オンラインやモバイルバンキングの実物版のような形へと発展させる。デジタル技術により、実店舗の役割は変わっていくが、近い将来に消滅することはないだろう。

組織能力(コンピテンシー):このタイプの資産は、デジタル優位性を創出するためにも不可欠だ。組織能力は、各部門のスキル(例えばITや販売)や、コア・コンピタンス、つまり製品やプロセス、技術に関する独自のノウハウなどに存在する。例えば、現場の従業員や販売員は、顧客からの信頼を維持するうえで重要な資産となる。顧客の行動や好みに関する重要な知識を蓄積しているからだ。さらに、デジタル技術を活用することで、組織能力を強化・拡大することができる。ナイキは、製品デザインとエンジニアリングで、世界レベルの人材を有している。デジタル技術により、これら2つのグループがより緊密に連携できるようになり、製品開発プロセスも高速化され、フライニットシューズ【訳注:ナイキの超軽量で足にぴったりフィットするスポーツシューズ)】の製造プロセスを大幅に変革することができた。

無形資産:無形資産はその性質上、最も把握が難しい場合が多い。無形資産には、ブランド資産、企業文化、特許、独自の技術、パートナー企業のネットワークなどが含まれる。例えば、スターバックスはブランドを資産として活用し、オンラインでも同じブランドで事業を展開した。

データ資産：デジタル世界になってまた新たに光が当たり、経営陣の注目を集めるようになったのがこのデータ資産だ。企業が解析の方法を習得すれば、データは最も価値のあるデジタル資産の1つになる。しかし、データ資産がうまく活用されず、隠れた状態になっている場合も多い。多くの企業では、依然として所有しているデータから価値を引き出すことができず、他の情報源とデータとを組み合わせて新たな洞察を得ることもできていない。もしデータを使いこなすことができれば、莫大な価値のある新たな収益源を創出できることだろう。例えば、バークレイ銀行は、1300万人の顧客に関する情報の収益化を始めている。顧客のお金の使い方やそのトレンドについて、集計して他社に販売しているのだ(11)。

自社の戦略的資産を、別の視点で見ることから始めよう。その資産は、デジタル世界で競争優位性があるだろうか。資産を再構成したり、組み合わせたりすることで、何か価値のある、新しいものを生み出せるだろうか。データをもとに、まだ誰も見出していない洞察を得られるだろうか。幅広い思考のプロセスを採用し、自社や競合が現在行っていることの枠を越えて考えてみよう。だが、曖昧なブレインストーミングから始めてはいけない。まずは、顧客の潜在的ニーズや、自社のオペレーションの複雑さの原因を探ることから始めよう。そして、こう問うのだ。どのように資産を活用すれば、あるいは組み合わせれば、これらの問題に対処できるか。また、どのようにテクノロジーを活用すれば、経済的に実現できるだろうか——。

デジタルマスターは、戦略的資産を検証し、自社の中核能力に合わせて初期投資を行っている。バーバリーはユニークな顧客体験、アジアンペインツは卓越した業務プロセスを重視する文化、シーザーズ・エンターテインメントは解析能力と顧客データという強みから着手した。何から始めるかは問題ではない。重要なのは、戦略的資産を早期に活用できる領域から始め、デジタル優位性を確立することだ。

ビジネスモデルを見直す

第3章では、ビジネスモデルの改革が、デジタル変革では大きな価値の源泉になりうることを見てきた。しかし同時に、ビジネスモデルが事業を脅かす危険性もある。デジタルが事業に与える影響の大きさとそのペースを測定し、戦略資産を再検討することは、ビジネスモデルを見直すかっこうの機会でもある。

もちろん、最初に現在のビジネスモデルをよく理解しておく必要がある。まず考えるべきなのは、どうしたら顧客にもっと大きな価値を提供できるかだ。次に、そのより大きな価値を、利益を創出しながら提供するにはどうすればよいかを考える。ここで、そのための創造的で効率的な方法を見つけるために、デジタル技術で何ができるかを考えてもよいだろう。加えて、他の業界が似たような問題をどのように解決し、同様の機会をどのように有効に利用したかも学ぶとよい。

やり方はいくつもある。優先すべきなのは、顧客に最大の価値をもたらし、他社が模倣しにくく、収益性の高いビジネスモデルを実現できる方法だ。また、新しいビジネスモデルで実験を行い、変更に伴うリスクを減らす必要もある。そのうえで、データを収集して、仮説を修正していく。

既存のビジネスモデルの見直しや、新しいビジネスモデルの開拓、あるいは破壊的なビジネスモデルからの防御には、いくつか実践的なアプローチがある。例えば、DYOB（Destroy Your Own Business：自社のビジネスを破壊する）やWWAD（What Would Amazon Do?：アマゾンならどうするか）などの思考実験のセミナーを行っている企業もある。また、思考を構造化するのに役立つ実用的なフレームワークもある。例えば、アレクサンダー・オスターワルダーとイヴ・ピニュールが開発したビジネスモデル・キャンバスもそうだ[12]。たとえ現在のビジネスモデルが脅威にさらされていなかったとしても、経営陣と共にビジネスモデルを再考するのは、時間をかける価値がある取り組みだ。

経営陣の認識はデジタルビジョンと整合しているか？

ここまでのステップで、デジタルによってどんなビジネス上の課題が生まれるか理解した。また、自社の出発点や自社にどんな可能性があるのかもわかったはずだ。次に決めなければならないのは、どこを目指すのかだ。

変革のビジョンを作成する

第4章では、デジタルマスターがどのようにビジョンを作り上げたかを説明してきた。あなたも同じことに取り組まなければならない。ビジョンが焦点を合わすべきなのは、顧客体験の向上や業務の合理化、または両者の組み合わせで、これらはビジネスモデルの変革を目指すものだ。このとき、現実に根差さないマーケティングのスローガンを掲げるという罠に陥らないようにしよう。リアリティがあることが重要だ。ビジョンは、現有の組織能力や文化を踏まえて、自社がどこから出発するのかを認識したうえで作成する。そして、デジタルの未来につながる戦略的資産やその組み合わせを中心としたものとする。加えて変革は漸進的なものではなく、革新的なものでなければならない。

デジタルビジョンを作るときは、テクノロジーありきではなく、事業や顧客を起点に考えよう。その作成においては、明確な意図、つまり何を変える必要があるかという全体像と、明確な成果、つまり顧客や社員にとってのメリットや業績を考えよう。覚えておきたいのは、ビジョンの策定はまるで旅のようなものだということだ。したがって、組織に方向性を示せるよう十分具体的なものにする。だが、同時にビジョンが持続し、成長できるような余地のあるものにしよう。優れたデジタルビジョンを描くには、いくつかのプロセスと有効なアプローチがある[13]。

経営陣の認識を合わせる

壮大なデジタルビジョンがあれば、目標の途中までは行けるかもしれない。だが、それだけでは最後までは到達できない。ビジョンは共有されなければならないのだ。ビジョンが経営陣の間で共有されていないがために、デジタル施策が本来的な価値を実現し損ねてしまうことも多い。スターバックスの

CIOであるカート・ガーナーは次のように話す。「当社の経営陣は、デジタルとテクノロジーに、そしてそれが会社にとってどんな意味があるかということに、強い関心と熱い思いを持っている。こうした思いは、経営チームが共有している目標の一部だ。そのおかげで、我々は、イノベーションと、対顧客のテクノロジーという2つの観点から社員をリードしていくことができるのだ」[14]。デジタルビジョンの共有は、デジタル変革の成功に不可欠であり、またデジタルマスターのDNAを構成する重要な要素である。

しかし、私たちの調査では、「デジタルの未来に関するビジョンについて、経営チームが共通の認識を持っている」と回答した経営幹部は、57%しかいなかった[15]。なぜなのだろうか。リーダー陣は、合意されていることと認識が合っていることを混同しがちだ。この罠にはまってはいけない。情報があることと理解していることは異なるし、反論がないからといって、認識が共通しているとは言えない。デジタル変革が進むのは、経営陣がビジョンを持ち、かつ積極的に関与している場合だけだ。この点において、あなたはロールモデルになる必要がある。あらゆるスピーチやコミュニケーションにビジョンを織り込んで、ビジョンについて問い掛けてみよう。そしてフィードバックを求め、アイデアを集め、繰り返そう。他の経営陣にも同じように取り組むよう勧め、その結果を交換しあうのだ。

経営陣の認識を合わせることは、特に目新しいことでも、デジタル変革に限ったことでもない。しかしながら、デジタル変革に特有なことが1つある。デジタル変革では、従来の組織の境界線は関係がなくなるということだ。デジタル変革では、革新や変化を起こすために、さまざまな分野の人材と努力を集めたチームが必要になる。アリアンツ・グループのジョー・グロスは、次のように述べた。「当社がデジタル変革に、ITやオペレーションのみならず、マーケティング、営業、現地法人を巻き込むのは、全員の積極的な参加が、この規模の変革を推進するには必要だからだ」[16]

経営陣の認識を合わせるのに役立つ経営管理手法はたくさんある。一部の例を挙げると、ファシリテーターを用いたチームビルディング演習、対個人またはグループでのコーチング、360度評価などだ。インセンティブ制度もまた有効だろう。いくつかの調査対象企業では、リーダー1人ひとりに、変革の目標に直結したデジタル業績評価指標（KPI）を課していた。どんな手法を使うにせよ、認識のすり合わせには良質な対話が重要だ。経営陣の定例会合で、一定の時間を割いて、デジタル変革についてじっくり議論をするのは良いやり方だ。変革を進めるために、定期的に社外でファシリテーターと共に議論するのも良いだろう。

経営陣の認識が本当にそろっているかどうかは、どうすればわかるだろうか。見極めるポイントは、経営チーム全員が変革の緊急性を感じているか（課題を認識しているか）、戦略的資産を理解し自社の出発点を認識しているか、デジタルの未来の姿（共有ビジョン）を言葉や具体的な到達目標でしっかりと述べられるかである。この3つの条件がすべてそろったときが、実行のタイミングなのだ。

まとめると、デジタル変革の特徴は何なのだろうか。テクノロジーは、従来からあるビジネス上の課題に新たな側面を加える。経営陣は、デジタル技術がもたらす新たな脅威や機会を、はっきりと説明できなければならない。また、従来の資産をデジタルというレンズで見つめ直すことで、新たな可能性が浮かび上がる。一部の資産は引き続き役に立つが、一部は役に立たなくなるだろう。デジタル世界では、データや新たな知見といった新しい資産が新たな価値の源泉になる。さらに、部門単位でのアプローチは、従来型の変革ではうまくいくが、デジタル変革では組織の境界線は意味がなくなる。経営陣はチームとして、縦割り組織を越えて変革を進める権限を持っている。したがって、こうした経営陣の認識を合わせておく必要がある。

あなたの組織はデジタル変革の課題をうまく設定しているか？

表9.1は、デジタル課題を設定する方法を3つのステップにまとめたものだ。各ステップの設問を見て、あなたの会社の進捗状況を、1～7までの点数（1＝まったくそうではない、4＝普通、7＝まったくそのとおり）で正直に評価してみてほしい。そして、3つのステップのそれぞれについて、合計点数を計算してみよう。

表 9.1 あなたの組織はデジタル変革の課題をうまく定義し設定しているか？

各設問に、**1**から**7**までの数値で答え、その数値をもとにどんな行動をとるべきか判断しよう。（**1**＝まったくそうではない　**4**＝普通　**7**＝まったくそのとおり）

あなたの組織はデジタル変革の課題を認識しているか？	得点
リーダー陣は、デジタル変革の戦略的な重要性について認識がそろっている	
リーダー陣は、自業界のデジタル変革の速度について見解が一致している	
デジタル変革は、経営幹部が常に考えるべき戦略課題となっている	
合計	

スコア

15以上：デジタル変革の課題を理解している
9以上15未満：完全ではない部分を特定し、チームで改善しよう
9未満：認識を育むための演習やデジタル課題を発見するプログラムを検討する必要がある

あなたの組織は現状を理解しているか？	得点
デジタル変革で最も重要になる戦略的資産を理解している	
自社と競合のデジタル能力の違いを理解している	
変革において最初に取り組むべきことをしっかりと認識している	
合計	

16以上：自社がいる位置と変革の道筋を理解している
7以上16未満：実行可能な変革の進め方について認識を合わせよう
7未満：デジタルの熟達度評価を行い、模範事例を丹念に調べよう

経営陣の認識はデジタルビジョンと整合しているか？	得点
リーダー陣は、自社のデジタル未来のビジョンと認識が合っている	
経営幹部には、組織横断的デジタル変革のビジョンがある	
リーダー陣には、従来の仕事の延長線上ではない革新的なデジタル変革のビジョンがある	
合計	

16以上：チームの認識が合っているとの確信を持てている
7以上16未満：懸念を引き起こしている根本的な原因を特定し、チームと協力して改善しよう
7未満：経営幹部の認識を合わせる活動を始めよう

各ステップで、デジタルマスターのレベルに達するためには何点が必要かを示した。また、今すぐ行動にとりかかって、状況を改善すべきと判断できる点数も示した。もし、あなたの組織の点数がデジタルマスターの範囲内であれば、次のステップに進んでよい。もし点数が中程度の範囲にある場合は、その理由についてよく考えよう。課題設定する段階で、まだ取り組まなければならないことがいくつかあるはずだ。もし点数がそれよりも低いならば、今こそ是正措置を取らなければならない。もし点数がかなり低いのであれば、経営陣と共に全力で課題の組み立てに取り組むことをお勧めする。

第 9 章

FOCUSING
INVESTMENT

投資の焦点を絞る

投資の焦点を絞ることから デジタル変革が始まる

「先端派」になるのは簡単だ。あらゆるところに、時間や労力、資金を投資して、ビジネスをよりデジタル化するチャンスがある。ついつい、それらすべてに投資してみたくなる。デジタル技術の誘惑は強力で、多くの企業を迷わせる可能性がある。一方で、デジタルマスターは自社の方向性を知っていて、道を踏み外さない。自社のビジョンを進化させ、既存の能力や資産を活かす取り組みに集中する。こうした取り組みは、デジタルマスターが新しいデジタル・プラットフォームやインフラを構築するのに役立つもので、また、金銭的に投資できる範囲内にあって、リターンを期待できるものだ。デジタルマスターは、重要なことに集中し、そうでないものに気を取られたりはしない。

このように、投資の焦点を絞ることから、デジタル変革が実際にスタートする。この時点から、取り組みに相応の資金を充て、実現に向けて実際に人々を巻き込み、皆を同じ方向に動かし続ける必要が出てくる。私たちの調査によると、多くの企業がビジョンを実現するのに苦労しているようだ。デジタルマスターでない企業では、回答者の78%が、上級幹部はデジタル変革の重要性を認めていると答えた。しかし、それをどう実行するかという点に関しては、上級幹部の認識がそろっていると答えたのは、40%にすぎなかった[(1)]。では、どうすればよいのだろうか。

デジタル変革の初期段階で投資を行う場合には、次の3領域を慎重に実行しよう。

ビジョンを行動に落とし込む：

デジタルビジョンを戦略目標に変換する。デジタル変革の優先順位を、ロードマップに反映する。

ガバナンスを構築する：

変革を正しい方向に進めるため、ガバナンスの仕組みを設計する。

図 10.1　デジタル変革の羅針盤：投資の焦点を絞る

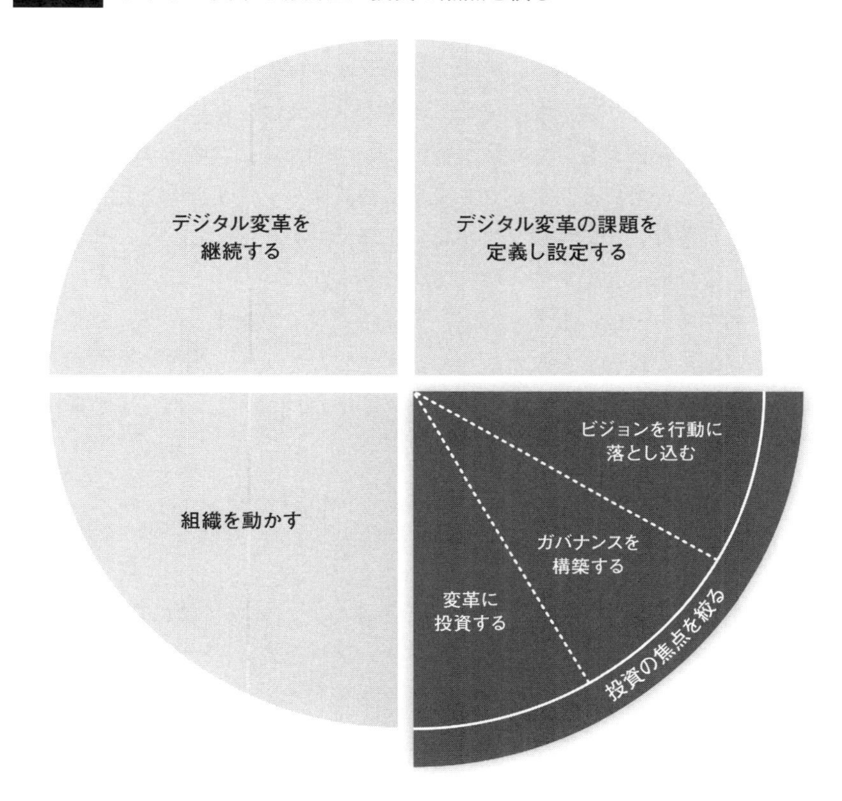

変革に投資する：
デジタル化投資のバランスのとれたポートフォリオを作る。変革のための投資の仕組みを作る。

ビジョンを行動に変換しているか？

ビジョンを絞り込んだ目標と施策に落とし込むことは、デジタル変革実行の重要な出発点となる。あなたはチームと共に、デジタル変革後の会社の姿を丹念に描く。具体的には、会社がどんな存在になっており、どのように動き、そして、そこに到達するには（あるいはそのための道を進んでいくには）何をする必要があるかを描く。そのビジョンからは、デジタル変革の道筋における主な道標が浮かび上がってくるはずだ。例えば、顧客体験をどう向上させるか、オペレーションをどう改善するか、そしてビジネスモデルをどう変化させるかなどである。デジタル変革に必要なデジタル能力を見抜いて賢く投資する重要性については、すでに第I部で説明した。しかし、ビジョンをどのように行動へと変えていけばよいだろうか。

デジタルマスターは、まずビジョンを戦略目標に変換する。その目標によって、ビジョンが達成されたときの姿を示すのだ。次に、実際の取り組みのロードマップを作成する。そのロードマップが、ビジョンに向けて組織を導いていく。

「良い」ものとは何かを定義する

デジタルビジョンが達成されたときの姿を考え、戦略目標に変換しよう。ここで明確にするのは上位の目標だ。詳しいプログラムができれば、その後に具体的なKPIを設定できる。例えば、「2016年までに、顧客との接触の3分の2は、デジタルチャネルを経由したものとする」「デジタルによる売上げが、4年間で総売上げの60%を占めるようにする」、あるいは「2年間で、人が介入することなしに、自動で請求処理が行えるようにする」などである。

目標は、達成したいことをバランスよく反映したものにしよう。目標は財務面に関するものだけでなく、顧客体験やオペレーション、そして組織能力の面についても示す必要がある。こうした主要分野の目標やKPIを一覧にした戦略スコアカードを作成すれば、デジタル変革への活動全体における、基本的な型が提供される 。

バランスト・スコアカード手法のように、こうしたスコアカードの作成と管理に役立つツールや方法がいくつかある[2]。ビジネス管理ソフトウエアを使うと、このプロセスを自動化することもできる。しかし重要なことは、経営陣と共に十分な時間を取って、ビジョンが実現したら現れる「良い」ものの姿が真に反映されたスコアカードを設計し、管理することだ。もちろん、何度もやり直したり、時には修正したりする必要もあるだろう。しかし、昔ながらの方位磁石のように、スコアカードはデジタル変革を舵取りする際の基準となるのだ。

デジタル変革のためのロードマップを作る

夢の世界では、デジタル変革によって比類なき顧客体験が提供され、業界で最も効率的なオペレーションが実現でき、そして革新的な新しいビジネスモデルが生み出される。しかし、デジタル技術がビジネスを向上させる機会は無数にあるものの、どんな企業も一度にすべてを行うことはできない。現実には経営資源は限られ、注意を持続できる時間に限界があり、能力も限られているので、選択せざるをえないのだ。だからこそ、ロードマップが必要になる。

入り口を探す

多くの企業は、社内で大規模な変化を起こすには、まずは方向転換につながる入り口を見つけねばならないことに気づく。どうしたらよいだろう。第8章で説明したように、既存の資産や機能を活かして、ロードマップを作成することから始めよう。例えば、バーバリーには世界で認知されたブランドがあり、世界中に旗艦店があった。そこで同社は実店舗やオンラインで、ブランドと顧客体験を再活性化することから始めた。コデルコは、事業の核となっている業務プロセスから着手した。シーザーズ・エンターテインメントは、高度に個別化された顧客体験を提供するため、優れた解析能力と顧客サービスの文化とを組み合わせた。デジタル変革を始める際、唯一絶対の正しい方法はない。重要なのは、あなたの会社をスタート台から発射させてくれる、（いわばスイートスポットと呼べるような）既存の能力を見つけることだ。

最初の焦点が明確になったら、変革ロードマップの設計を始められる。ビジョンと現状との差を埋めるのに、どんな投資や活動が必要だろうか。何が予測でき、何が予測できないか。それぞれの取り組みのタイミングやスケジュールはどうするか。各取り組みの間にはどんな依存関係があるか。解析スキルといった組織の経営資源としては、どんなものが必要となるだろうか。

設計の早い段階で実務の専門家を巻き込む

ロードマップを設計するには、幅広いステークホルダーからの情報が必要だ。議論を経営チームに限定するより、現実的な視点を持つ実務の専門家を巻き込んだほうがよい。これにより、ビジョンと実行との間に生じがちなギャップを最小限に抑えられる[3]。第5章のペルノ・リカールの例で示したように、設計をクラウドソーシングすることもできる。もしくは、「デジタル・デー」のようなワークショップを実施して、検討すべき優先事項や情報を、効果的に収集して抽出することもできる。私たちはさまざまなデジタルマスターが両方とも行うのを見てきた。

ロードマップの設計には、時間と労力と幾度もの見直しが必要となることは間違いない。しかし、それが価値のある営みであることがわかってくるだろう。なぜなら、ロードマップの作成により、優先順位についての合意が促されたり、このプログラムを実行する人々と上層部との認識をそろえたりできるからだ。ロードマップは単なる書類以上のものになる。うまく実行できれば、変革のキャンバスそのものになる。ロードマップは生きており、実行するにつれて進化していく。

テクノロジーではなくビジネスの成果を求めて設計する

テクノロジーそれ自体が、罠となることがよくある。ロードマップを、テクノロジー・プロジェクトが連続するようなものにしてはならない。テクノロジーはデジタル変革の一部にすぎず、かつ容易な課題である場合が多い。例えば第5章では、Enterprise 2.0プラットフォーム導入の主なハードルが、技術的なものではなかったことを述べた。プラットフォームの実装は比較的簡単であり、現在ではソリューションも安定している。むしろ課題は、ユーザーの行動を変えることにある。つまり、プラットフォームによってできるようになったことを実行し、使い続けてもらうことだ。

ビジネスの成果の観点から、変革ロードマップを表現しよう。例えば「顧客を360度すべての角度から理解できるようにする」などだ。ロードマップには、変革に必要となる組織の変化をさまざまな面から組み込もう。顧客体験、業務プロセス、社員の働き方、組織文化、コミュニケーションなど、ほかにもまだまだある。だからこそ、さまざまなステークホルダーの貢献が非常に重要になるのだ。

マラソンではなく、短距離走（スプリント）で考える

デジタル世界の動きは素早い。今日のテクノロジーの急速な進歩には、ERP時代におなじみだった複数年にわたる計画や、ウォーターフォール型開発【訳注：システム開発を「基本計画」「外部設計」「内部設計」「プログラム設計」「プログラミング」「テスト」という工程に分け、上から順に後戻りせずに行う方法】はそぐわない。市場は変化し、新しいテクノロジーが主流になり、破壊的な参入者が顧客に取り入り始める。したがってロードマップは、変化を認識し、適応し、軌道修正できる、鋭敏なものでなければならない。

変革を敏しょう性の高いものにするには、今日の主要なソフトウエア企業の間で一般的になっているアプローチを活用しよう[4]。皆で最終目標を目指しつつも、それぞれの取り組みは短距離（スプリント）に区切って展開するのだ。その中で、仮説的な解決策をプロトタイプとして策定し、新しいテクノロジーやアプローチを試してみる。その結果を評価し、進化するロードマップに組み込む。スターバックスのCDO、アダム・ブロットマンは、同社がこうした反復的なプロセスをとったことをこう説明する。「私たちは答えをすべて知っていたわけではなかったが、ほかに何ができるかを考えるようになった。そうすることで、行き過ぎたり、早く進め過ぎたりすることなく、ビジョンを念頭に置き続け、成功を積み重ねてこられたのだと思う」[5]

このテスト・アンド・ラーン型のアプローチの実施には、新しい仕事のやり方を取り入れる必要があるが、明確な利点もある。大々的に展開する前に、

アイデアを素早く市場でテストすることにより、時間とコストを節約できるのだ。サイクルタイムが短いため、外部環境の変化に適応しやすくもなる。さらには、長期的なプログラムでのビッグバン・アプローチ【訳注：必要な機能をすべて同時に一括して導入・稼動するやり方】ではなく、小規模で段階的な成功を積み重ねることで、変革の勢いを維持できる。しかし、第7章で説明したように、テクノロジー・プラットフォームのような規模の大きな取り組みには、必要条件を把握し機能を実現するという、従来型のアプローチがより必要だ。

利益について検討する

ロードマップにおけるオペレーション上の変更が、どのように事業利益に結び付くのかを示す、ビジネスケース【訳注：事業投資を行う理由や論理的根拠を記した書類のこと。意思決定や計画立案を行う際の重要な資料として用いられる】が必要となる。オペレーション上の変更が、戦略目標にどのように貢献するかを検証するには、現場で働く社員を巻き込もう。

デジタル化を推進するためのビジネスケースも、基本的な要素は他のビジネスケースと同じで、コストやベネフィット、そしてリターンが出るタイミングを算定する必要がある。しかし、デジタル変革は未知の領域だ。コスト面の算出は簡単だが、ベネフィットに関しては、たとえ直感的には明らかだと思われる場合でも、定量化するのは難しいかもしれない。

こうしたビジネスケースを作ることは、アートでもありサイエンスでもある。非常に多くの未知なるものを抱えながら、わかっていることといないことの両方に照らして、現実的なアプローチで投資を考える必要がある。

まずは、あなたがよく知っているところから始めよう。しっかりとした費用対効果の分析をするうえで、必要な情報がほとんどそろっているところから着手する。本書でデジタルマスターから学んできた点にも役立つものがあるだろう。

ビジネスケースを、単なるテクノロジー投資として作成してはならない。そうすると、コストの大きな部分を見逃してしまう。テクノロジーの実装だけでなく、その導入にかかる費用、例えばデジタルスキルの構築や組織変更、コミュニケーション、トレーニングなどの費用も算出しよう。そうしたものがないと、十分なベネフィットを（おそらくどんなベネフィットも）実現できないからだ。

実現したい成果の観点から、ベネフィットを定義しよう。目標の達成や問題解決も成果と考えられる。例えば、顧客価値の拡大や、売上げの増加、コスト状況の改善などだ。次に、具体的にビジネスにどんなインパクトが生じるかを定義し、そこからさかのぼって、「良い」状態を示す指標と、それを生み出す要因を考える。例えば、ある投資によってデジタルにおける顧客との関わりが深まると考えるならば、得られる成果とは、顧客との関わりが売上げに結び付いたコンバージョン率【訳注：転換率】の増加となるだろう。続いて、この成果に結び付く指標、例えば訪問数や「いいね」の数、問い合わせ数、評価、リピート数などをさかのぼって考える。

ある取り組みがビジネスにどんな影響を及ぼすか、あまりはっきりしていない場合は、既に同様の投資を行っている企業を参考にしよう。あなたの会社にテクノロジーを提供しているベンダー企業も、デジタル投資に関する豊富な（多少偏っていたとしても）事例を持っていることだろう。

しかし、最新のテクノロジーや最先端の手法などに投資しようとする場合、それが価値あるものだと示すのはどうしても難しくなる。例えば、あなたのブランドのSNSコミュニティにゲームの要素を取り入れる価値は何だろうか。これらのタイプの投資については、第7章で議論したように、テスト・アンド・ラーン型のアプローチを用いて実験を行おう。成功の基準を決め、小さな実験を行い、結果を評価して、やり方を改良するのだ。対照群を用いた仮説検証の実験やA/Bテストなど、役立つツールや方法がある[(6)]。小さな実験の成功（と失敗）が、大きな規模で投資する際のベネフィットの根拠となりうる。どんな方法であっても、解析的アプローチをとろう。リターンの推計の質はそれによって決まってくる。

ビジョンを戦略目標に変換し、実行可能なロードマップを作成することは、投資の焦点を絞る段階の第一歩だ。それは組織に活気を与え、行動を促すだろう。ただし、ビジョンの開発におけるあなたの役割が建築家のようなものだったとしても、ロードマップの作成では配管工になる必要がある。自分の手を汚す覚悟をしてほしい。

適切なガバナンス・モデルを選んでいるか?

戦略目標と実行のロードマップを定めれば、関係者全員をデジタルの優先事項に集中させられる(優先事項とは、これまでに顧客体験やオペレーションにプラスの影響をもたらすよう、選んできたものだ)。ただし、ロードマップは、デジタル変革で何をするかという点で力になるが、変革をどう実行するか、つまり変革の進め方(第Ⅱ部で議論した)に関しては力とはならない。これまでの部分で、ビジョンを丹念に作る必要性とその方法については詳しく述べた。次章以降では、組織を効果的に動かす方法と、IT部門とビジネス部門が協調して仕事をする必要性について説明する。現段階では、全員を正しい方向に動かし続ける方法を理解しなければならない。ここでガバナンスが大切になってくる。

適切なガバナンスを構築する

デジタル変革の大きな課題の1つとなるのは、変革に唯一絶対の明確なオーナー(責任者)がいないことだ。それはマーケティング部門だろうか、それともIT部門か、オペレーション部門か、あるいは最大の事業部門だろうか。さまざまな機能や事業部門、地理的な広がりを持つ複雑な企業では、変革のオーナーが誰かという問いに答えるのは非常に難しい。しかし、それに答えなければ失敗につながる。

デジタル変革には、部門をまたいだ幅広いステークホルダーが関わる。その人々はいったんやる気になったら(例えば、利用できる多額の予算を見たら)、自分たちにとって最善だと思う方向に動き始めるだろう。しかし、その方向は全社的には最善でない可能性がある。

こうした人々の動きを同じ方向に合わせなければならない。そこで必要となるのがガバナンスだ。私たちの研究では、ガバナンスが、デジタルマスターに収益面の優位性をもたらす重要な要因であることが示された。ただし、研究でわかったことはほかにもある。それは、すべての企業にとって唯一で絶対的なガバナンス・モデルはないということだ。これは当然だろう。ITのガバナンス・モデルでさえ、すべての企業にとって絶対的なものは長年にわたる研究でも見つからなかったのだから。デジタルガバナンスは、ITガバナンスよりもずっと複雑だ。

第6章で説明したように、あなたの会社がどんな事業を行っているにしろ、デジタルガバナンスは「調整と共有」という2つの明確な目標に焦点を当てる。そして、それを機能させるのに役立ついくつかの共通の仕組みがある。デジタルガバナンス・モデルを構築するには、あなたが何を調整し共有したいのかを決める必要がある。そして、あなたの会社でそれをどう実現していくか、その方法を解明する必要もある。最後に、いつガバナンスを調整すべきかを知る方法も必要になる。

何を調整し共有するかを決める

まずは、奨励する行動、またはしない行動を特定することから始めよう。あなたは会社全体で何を調整したいだろうか。何を共有したいだろうか。ロードマップ上のすべての投資、経営資源、および活動について考えてみよう。

まずは自らに「複数のグループの間でどのような経営資源を共有または調整する必要があるだろう？」と問い掛けてみよう。例えば、デジタル・テクノロジー・プラットフォームや人材、データなどのデジタル資産といった経営資源を共有することで、規模の経済を実現できる。しかし、経営資源を共有するのも簡単なことではない。なぜなら、その経営資源が、共有に参加するグループそれぞれのニーズを確実に満たすようにしなければならないからだ。そこで、共有するのではなく、事業部門ごとに経営資源を別々に所有し、一方で活動を調整するという選択もできる。また、少なくとも短期間は、調整を行わなくても問題なく機能するものもあるかもしれない。

次に問うべきなのは、「どのような取り組みを企業全体で共有、または調整するべきか」である。例えば、自社の全製品について、1つのソーシャルメディアを使う戦略をとるべきか、それとも各ブランドが独自に設計できるようにするべきか。各ブランドが独自に設計する場合は、テクノロジーやベンダーについては調整を行うべきか。また、共通の基準は設けるべきか。異なるブランドが一緒に作業をできるように、インターフェースを開発する必要があるか。

研究によれば、標準化されたプラットフォームを集中管理すれば、効率と敏しょう性を同時に実現できるという[7]。逆に言うと、あまりにも自主性に任せると効率は低下し、リスクが生じ、敏しょう性が減少して、レガシー・スパゲッティの状態（第7章参照）につながる[8]。

標準化されたシステムとプロセスでは、すべての事業部門に規模の経済をもたらしながら、一方で各事業部門がその上で拡張を行えるようにもできる。例えば、シーザーズのオンライン・プラットフォームは標準化されていて、効率的な管理を可能にし、全部門に影響するような変更も簡単に行える。それでも各ホテルの従業員は、自分たちのウェブサイトのスタイルや、情報、マーケティング・キャンペーンをカスタマイズでき、地元のニーズに合わせてプラットフォームの上に拡張機能を構築することもできる[9]。

なお、共有と調整に関する選択が、イノベーションの息を止めないよう注意しよう。ここでは、規模の経済を構築して不必要な複雑さを解消したいが、同時に、部門が新しいやり方を見つける余裕も持ちたい。実験を認め、革新的な活動の種をまくような例外も、プロセス上で認めてみよう。

最後に、共有と調整が強制的なものか任意のものか、そして企業のどのレベルでするべきなのかを検討しよう。P&Gは各事業部門の起業家的な自主性を誇るが、財務や人事などのプロセスでは厳格な調整と共有を義務付けている。一方で、同社の事業部門のリーダーは、イノベーションやブランド管理などの他の共通のサービスも、それが自部門のためになると思うなら、利用できるようになっている[10]。

仕組みを選択する

あなたが望む調整と共有の中には、会社での通常の動きの中で自然に発生するものもあるだろう。しかし、多くはそうではない。組織の設計によっては、望ましくない行動が生じる可能性がある。部門の中には、会社のニーズではなく、自分たちのニーズに最も合った形になるものがあるだろう。一方で、標準的なやり方に従うだけで、それを革新しようとはしない部門もあるはずだ。また、標準化に集中するあまり、イノベーションをやめてしまう部門もあるかもしれない。

誰かがガバナンスに取り組まなければ、ガバナンスが生じることはない。例えば、スターバックスのアダム・ブロットマンは次のように説明する。「CDOのポジションが創設される前は、私の仕事はウェブ、モバイル、ソーシャルメディアだった。……グローバル・デジタル・マーケティングでも、（スターバックス・カードやモバイル・ペイメントなどの）カード事業でも、ロイヤルティでもなかった。それらは社内の3つのグループに分散していたのだ。しかし、私たちはそれらが1つのことであり、一緒にしたほうがうまくいき、また、デジタルでどこに向かうかというビジョンを掲げたら、それらはすべてそこに含まれると気づいたのだ」[11]

第6章では、ガバテンスを実現するために有効な仕組みについて詳しく説明した。あなたの会社のデジタルガバナンス・モデルを設計するために、適切な行動を促進する仕組みの組み合わせを考えよう。

ガバナンス委員会

このような委員会は最も簡単に導入できる。しかしこれは誰にとっても「本業」ではないので、何かを成し遂げるという点では限界がある。委員会は出発点としては有効だが、通常は別の仕組みへと進化する必要がある。

デジタル・リーダーの役割

責任を持つ人がいなければ、大きな変革の取り組みは起こらない。多くの企業は、チーフ・デジタル・オフィサー（CDO）、または同等の役割を設けて、デジタル変革を誰かの本業とする。軽い調整だけが必要な場合を除き、上級幹部をその役職に任命して、デジタル・リーダーの役割を実効力のあるものにしなければならない。デジタル・リーダーがどのような権限を持ち、誰の直属となるのかが非常に重要だ。リーダーの非公式なネットワークも非常に役に立つだろう。また、組織全体の変革を推進するうえで、公式なリエゾン（橋渡し役）となる役割をどう活用するかを検討しよう。

全社デジタル部隊

この部隊は、デジタル時代に有効なシェアードサービス部門だ。全社デジタル部隊が存在することで、単にITやマーケティングなど、複数のグループのデジタル活動の溝を埋めるのではなく、活動を1つのグループに統合できる。これらの部隊は通常は独立した組織であり、独自の予算と経営資源を持つ。この部隊は、変革を力強く加速する。しかし、すべての仕組みの中で最も多くの経営資源を必要とする。

ガバナンス・モデルを進化させる計画を立てる

前述のように、どんな組織にも当てはまる唯一絶対のガバナンス・モデルは存在しない。そうだとしたら、永遠に通用するガバナンス・モデルも存在しないはずだ。もしデジタル能力が進化しているのにガバナンス・モデルが変わっていないのであれば、何かしらの調整を行う必要があることに気づくだろう。

調整したい行動や共有したいものに注意を払おう。現在のガバナンス・モデルで、どの程度それが実現しているだろうか。共有のデジタルリソースがうまく機能することを事業部門が理解しはじめたら、厳格で強制的な仕組みを緩やかなものにすることも可能だ。中央に集約された人材や取り組みを、各事業部門に移してもよい。反対に、デジタル部隊の役割を拡大して、共有と調整をさらに進めたり、新しいデジタル製品を立ち上げたりするなどのやり方も考えられる。

加えて、ガバナンス・モデルの副作用にも注意しなければならない。小さな事業部門にも十分な注意を払っているだろうか。ガバナンスのプロセスが、あまりにも官僚的すぎないだろうか。標準化することで、可能性のある革新的なアイデアが締め出されてはいないだろうか。分権化のアプローチをとることで、他の事業部門が開発した手法を、共有しにくくなっていないだろうか？

最後に、社内のデジタル・リーダーについても考えよう。運営委員会にフルタイムのCDOを加えて、組織文化やガバナンス・プロセスの変化を促す必要はあるだろうか。組織が自然に適切な行動をとれるようになっているならば、CDOの役割を進化させて、強力なガバナンスからイノベーションの推進など、別の方向へと転換させるべきではないだろうか。依然として強力な全社レベルのCDOは必要だろうか。あるいは、部門レベルのCDOでも、委員会や全社デジタル部隊と連携すれば、必要な調整を行え、相乗効果を生み出すことができるだろうか。

完璧なガバナンス・モデルは存在しない。すべて調整をしていく必要がある。そして時間の経過に伴い、新しい行動を促し、経営資源を最も効果的に使おうとするなら、当然のことながらガバナンスも進化させる必要がある。

変革のための資金モデルはあるか？

デジタル変革は、あなたの会社にとって戦略的なチャンスであるかもしれないし、時には、危機的状況に何とか対処しようとするためであるかもしれない。いずれにしても、変革には常に本気の投資が必要だ。これまでに、あなたはチームと共に、戦略目標を定め、ロードマップでは財務的な根拠を示してきた。ここでは、長期的な能力の構築と短期的な収益との間で、バランスをとることを考えよう。また、資金源についても明確にする必要がある。最後に、変革で用いる指標が、組織全体で理にかなっていることを確認しなければならない。

デジタル投資のポートフォリオを管理する

投資ポートフォリオを構築する際には、ビジョンに基づく目標と、短期的・長期的なリターンを、うまくバランスさせる必要がある。さまざまな研究で、ITポートフォリオ管理の原則や、テクノロジー投資の分類などがカバーされている(12)。私たちの研究からは、大きく分けて以下の4種類のデジタル投資が行われていることが、一貫して見えてきた。

基礎投資

基礎投資は、変革を戦略的成功に導くために、いわば最初に「賭ける」ものだ。これがなければ、そもそも規模を拡大し、進化を遂げることなど困難だとわかるだろう。基礎投資に当たるのは中核となるシステムやプラットフォーム、そしてデジタルな顧客体験やオペレーションを進化させるツールなどだ。これらの投資は非常に高額な場合が多く、投資のリターンも分散するので、一部門のP/L（損益計算書）のみでは吸収しにくい。

例を挙げよう。ある大手グローバル企業は、多様な事業部門の間でコンテンツの流れを一元化するために、グローバルなコンテンツ管理プラットフォームに投資した。どの事業部門も、単体でその投資で得られるベネフィットを十分に示すことはできなかった。事業ごとの小さなリターンも合わせて、ベネフィットは企業レベルで得られるものだった。最高経営責任者（CEO）は、この投資が同社の変革において不可欠なものだと理解していた。だからこそ、部門ごとにビジネスケースを作るのではなく、CEOが新しいプラットフォームに投資する経営判断を下したのだ。

基礎投資は、細かなメリットを得ることを目的としたケースには適さない。リーダーの意思決定が必要だ。したがって、基礎投資は本社によって行われる場合が多い。

メンテナンス投資

メンテナンス投資は、デジタル面での能力を向上させるものではないが、事業を続け、リスクを最小化するうえで不可欠なものだ。規制やコンプライアンス要件などの外部要因によっても、メンテナンス投資が必要となる可能性がある。ウェブサイトの機能を改良したり、規制当局に自社の法令順守に関する分析を提供したり、セキュリティ用アプリケーションのために資金を確保したりすることなどが、メンテナンス投資に当たる。

ROIに基づく投資

ROI（投資収益率）に基づく投資は、変革のロードマップと密接に結び付いている。通常はプロジェクトベースで行われ、KPIの改善目標やROIの目標と明確に結び付いている。これらの投資は、一般的には組織の通常の財務計画の範囲内で行われるが、別のデジタル用の資金や勘定から出される場合もある。

初期段階のイノベーション投資

本質的に、初期段階の投資はより投機的な側面が強く、そのリターンは非常に振れ幅が大きい。こうした投資の対象となるのは、例えば、インキュベーター、デジタル・ラボ、パートナーシップを組んで行う研究、特定の実験などだ。ベンチャー・キャピタリストになったようなつもりで管理しよう。プロジェクトの中で最も期待が持てるものを選び、見込みがないものは早めに外し、成功したらその商業価値を最大化しよう。

能力の長期的な構築と短期的なROIとのバランスがとれたポートフォリオを組み立てよう。まず始めに、あなたの組織が今、上記の4分野にどのような割合で投資を配分しているかを考える。次に、デジタル変革を加速するには、どのようなバランスにするのが最適かを話し合う。多くの場合、デジタル変革への投資は、少なくとも赤字は出さないものであれば、投資するよう説得しやすい。ポートフォリオの中で、利益を出しているITによるコスト削減分を、他のデジタルの取り組み、例えば、新しい能力の開発や、革新的な新製品の開発などの資金として活用しよう。つまり、古いものから利益を絞り出して、新しいものに資金を供給するのである。

さまざまな資金確保の仕組みを活用する

大半の企業では、デジタル変革のための資金需要は、実際に使える資金額より大きくなる。こうした場合、資金源を多様化するのがコツだ。資金を確保するための仕組みはたくさんあるが、そのほとんどが3種類に分類できる。本社型、ローカル型、パートナー支援型だ。

本社型投資

その投資により提供されるサービスを本社が管理する場合、または組織間での調整が必要な場合には、本社による投資を行う必要がある。デジタルの基礎投資はたいていがこの形である。本社型投資は、イノベーションの資金を得るためにも活用される。例えば、準備段階のシード資金や、インキュベーターの資金などだ。

ローカル型投資

ロードマップ内のプロジェクトが、特定の事業に直接利益をもたらす場合は、ローカル型投資（部門による投資）が最も効果的だ。例としては、特定ブランドのためのｅコマース用アプリなどが挙げられる。ローカル型投資を行った場合でも、可能であれば、その成果をより幅広い事業で活用するようにしよう。会社全体への活用の可能性が大きいのであれば、本社から補助金を提供するという提案もできる。または、アプリストアのような仕組みを設けて、他の部門がそのアプリを使用することになったら、ロイヤリティを支払うことも考えられる。

パートナー支援型投資

パートナー支援型投資にはいくつかの種類がある。例えば、一定量や一定期間以上のサービスを提供することを約束し、それと引き換えに、初期投資をパートナーにサポートしてもらう。あるいは、成果に応じて投資をしてもらうという方法もある。資産（物的資産や知的資産）をパートナーに売却、またはリースし、新たな投資資金を得ることもできる。さらには、パートナーが新しいテクノロジーに着手している場合には、投資額を大幅に引き下げる代わりに、マーケティングの実験台を引き受けるという方法もある(13)。

変革の目標を見失わない

経営幹部は、戦略、コスト、収益などの観点から考える。一方で現場の社員たちは、製品、業務の流れ、クリックスルー【訳注：ウェブサイト上の広告をクリックすることによって広告主のコンテンツに移動すること。広告効果を測る1つの尺度】といった観点から考える。CFOリサーチサービスの調査によると、テクノロジー投資の評価指標が会社全体で理解されていると考える財務担当役員は、全体の36％しかいなかった(14)。成功を測る戦略的な指標と、現場のオペレーション上のKPIとを変換する過程で、明らかに何かが失われているのだ。

その変換も両方向からなされる必要がある。リーダー陣は、オペレーション上の改善がどう業績を左右するかを理解する必要がある。あるハイテク企業の経営幹部はこう述べる。「マーケティング担当者が投資の有効性を示すために、クリックスルー率やインプレッション単価【訳注：インターネット広告が表示された場合に支払う広告料】、センチメント分析【訳注：ソーシャルメディア上の書き込みから、商品や事象に対する消費者の感情を分析する手法】などの指標を持ち出したとき、取締役は全員、何の話なのかまったくわかっていなかったと思う。その結果として起こることは明らかだ」

戦略的な目標は、現場の社員がわかるような言葉で考えられなければならない。同様に、オペレーションや顧客体験の改善は、リーダー陣が追跡でき、理解できるような財務面でのメリットに変換されなければならない。しかし、ここでリーダーが行うべきことは、変革のための投資と資金確保について検討する際に、両方のグループが共通の言語を使えるようにすることなのだ(15)。

焦点を絞り切れているか？

デジタル変革における成功は、何をするかにかかっているが、何をしないかも同じくらい重要だ。ビジネスをデジタル化する機会が多く存在する状況では、最新のきらびやかなものに気を取られてしまいがちだ。しかし、実際に戦略に本腰を入れ、資金を投じ、生身の人々を巻き込む段になると、ビジネスに真の価値をもたらすのは、デジタル変革に向けて焦点を絞ったアプローチだけだ。

強みを生かそう。既存の資産と能力を活用してロードマップを構築しよう。変革を導き収益を最大化するため、ガバナンスの仕組みを構築しよう。資金確保のモデルを明確にしよう。これらのステップは、ビジョンを行動に変えるために不可欠だ。次のステップは、組織を動員して実現することだ。次章では、これをどのように行うかを説明する。

まとめると、今日のデジタルの世界では、投資の焦点を絞ることに関して次のような特徴が見られる。今日では、デジタルの変化の速度に対応するために、敏しょう性の高い変革ロードマップを設計する必要がある。チーフ・デジタル・オフィサーを任命する必要があるかもしれない。マーケティングなど、さまざまな部門がデジタル開発に独自で資金を投じようとするため、他のテクノロジー投資に比べると調整が重要になっている。

あなたの組織は投資の焦点をうまく絞れているか？

表10.1は、投資の焦点を絞る方法を3つのステップにまとめたものだ。各ステップの設問を見て、あなたの会社の進捗状況を1～7までの点数（1＝まったくそうではない、4＝普通、7＝まったくそのとおり）で正直に評価してみてほしい。そして、3つのステップのそれぞれについて、合計点数を計算してみよう。

各ステップで、デジタルマスターのレベルに達するためには何点が必要か

表 10.1 あなたの組織は投資の焦点をうまく絞れているか？

各設問に、**1**から**7**までの数値で答え、その数値をもとにどんな行動をとるべきか判断しよう。（**1**＝まったくそうではない　**4**＝普通　**7**＝まったくそのとおり）

あなたの組織はビジョンを行動に変換しているか？	得点
変革を導く戦略スコアカードがある	
デジタル変革のための精緻なロードマップがある	
ロードマップは、テクノロジーの変化だけでなく、必要な組織の変化をすべて網羅している	
合計	

スコア
17以上：あなたのロードマップとスコアカードはよくできている。今後は、実行面で社員を巻き込むことに焦点を当てよう
7以上17未満：内容や認識の統一などに関して、ロードマップとスコアカードを見直してみよう
7未満：スコアカードとロードマップのプロセスを全面的に見直す必要がある

あなたの組織は現状を理解しているか？	得点
デジタルの取り組みは、部門や地域などの縦割り組織の壁を越えて調整されている	
企業全体で、何を調整すべきか、また何を共有すべきかが明確になっている	
デジタルの取り組みを行う仕組みとその責任が、企業の中で明確に定められている	
合計	

スコア
15以上：ガバナンス・モデルは良好である
8以上15未満：ガバナンスの方針やリーダーシッププログラムをチェックしよう
8未満：ガバナンスの方針を設計しなおす必要がある

共有されたデジタルビジョンと経営陣の認識が整合しているか？	得点
ビジネスケースと主要業績評価指標（KPI）は、ロードマップと連動している	
デジタル投資のポートフォリオで、長期的な能力構築と、短期的な収益（ROI）、実験的な投資との間でバランスがとれている	
多様な資金確保の仕組みがある	
合計	

スコア
16以上：デジタル資金確保のプロセスは強力である
8以上16未満：ポートフォリオ、資金の確保、ビジネスケースが整合しているか確認しよう
8未満：投資と資金の確保について再考する必要がある

を示した。また、今すぐ行動にとりかかって、状況を改善すべきと判断できる点数も示した。もし、あなたの組織の点数がデジタルマスターの範囲内であれば、次のステップに進んでよい。もし点数が中程度の範囲にある場合は、その理由についてよく考えよう。投資の焦点を絞る段階で、まだ取り組まなければならないことがいくつかあるはずだ。もし点数がそれよりも低いのであれば、今こそ是正措置を取らなければならない。点数がかなり低いのであれば、今すぐデジタル変革のための投資プロセスについて、根本的に再考することをお勧めする。

第10章

MOBILIZING
THE ORGANIZATION

組織を動かす

組織を動かすために必要なこと

大がかりな変革プログラムを成功させるには、リーダーが社員の信頼を獲得し、巻き込み、行動を促すことが不可欠である。デジタル変革もこの点で何ら違いはない。しかし意外にも、私たちが行った調査によると、リーダー陣がデジタル変革に向けたビジョンを全社員としっかり共有しているとは考えていない社員が、全体の64%にのぼったのだ(1)。この点に関して、デジタルマスターから学べることとは何だろうか。組織を動かして大きなインパクトを与えるために、以下の3つの点を自らに問い掛けてほしい。

目指す姿を伝える：
組織全体に対し、デジタル変革への熱意とメリットを十分に明確にして売り込んでいるか？

巻き込む権利を獲得する：
社員と共に解決策を考え、変わらなければならないと思っているメンバーを巻き込むことによって、変革への機運を十分に高めているか？

新しい行動原則を設定する：
社員の働き方や協業のあり方を変えるために、デジタル技術の活用によって積極的に組織文化の変化を促しているか？

この3つの問いに答えるようなプログラムを策定すれば、デジタル変革を成功させるチャンスはずっと大きくなる。もちろん、あなたが1人でこれに取り組むわけではない。変革の実現に向けては、経営陣全員が関わる必要がある。

目指す姿を効果的に伝えているか？

第8章では、経営陣の中でデジタル変革によるインパクトの大きさについ

図 11.1 デジタル変革の羅針盤：組織を動かす

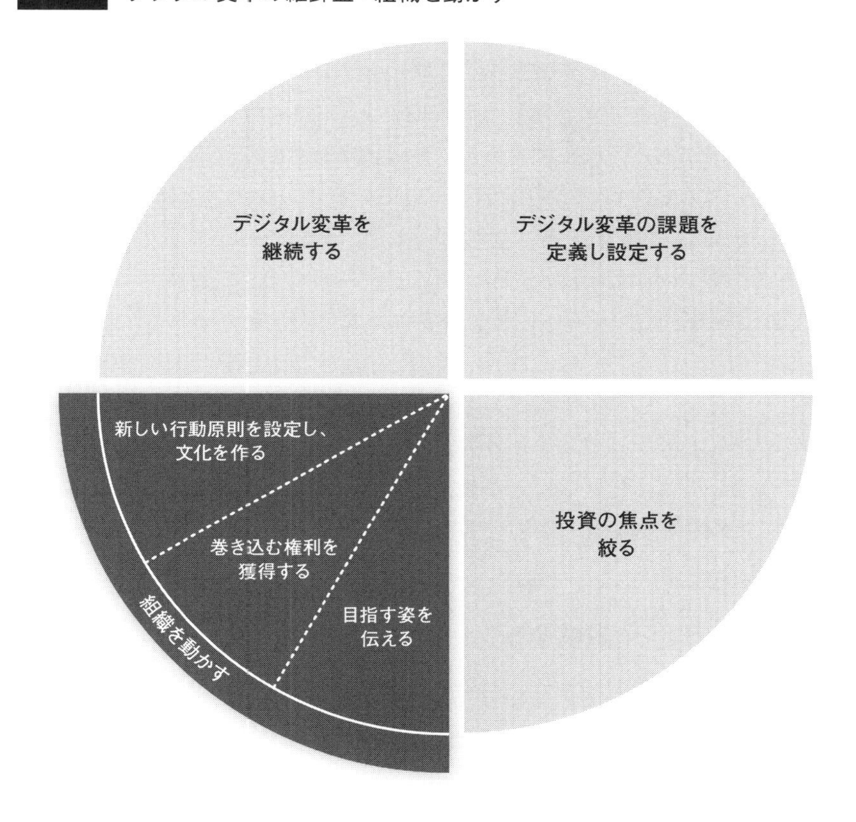

て見解を一致させること、そして将来のビジョンについて認識を合わせることの両方が必要であると述べた。しかし、経営陣だけでなく、組織全体を変革の波に乗せるのはより難しい。そこで、変革に向けた熱意を組織全体に売り込むために、リーダーであるあなた自身がマーケティング・マネジャーになる必要がある。そのためには、まず早い段階で組織全体に明確なシグナルを送る必要がある。社員１人ひとりや各部門にとって、デジタル変革が生み出す価値が明らかで、意味があるものになっているかを確かめよう。そして、あらゆる手段を使って、大々的に変革への熱意を売り込むのだ。

メッセージを伝える

デジタル化の事実やその結果生じる変化の重要性について、社内外へ明確に伝え、早急に変革プロセスを始動させよう。メッセージの伝え方には、いくつもの方法がある。例えば、数値や業績目標を示すやり方があり、パージュ・ジョーヌのCEOは、「約30%を占めているオンライン事業を、4年以内に75～80%以上にする」と宣言している(2)。人事によって伝えることもできる。これまでの章でも述べたが、あるグローバル企業において、主要部門のCOOが同部門内でCDOにも任命されたことが、会社全体への強いメッセージになった。さらには、ロレアルのCEOが2010年を「デジタル年」と発表したように、企業のすべてのステークホルダーに対して、変革をわかりやすくブランディングするという方法もとれる(3)。このように、メッセージはさまざまな方法で伝えることができる。重要なのは、明確にメッセージを送って、組織を始動させることである。

メリットをはっきりと説明する

しかし、社員にメッセージを伝えるだけでは不十分だ。熱意を効果的に売り込むには、メリットを説明し、主要な人々がデジタル変革を意味のあるものと思えるようにする必要がある。それぞれの社員の立場になって、「私にとってどんな利益があるのだろう」と自身に問い掛けてみるのだ。業績向上や競争に勝つためなどの昔ながらの理屈は重要ではあるものの、社員の心はあまり引き付けられない。デジタル変革が、いかに仕事を楽に、より良く、速くし、また充実したものにするかを、はっきりと示す必要がある。そして、こうしたメッセージを社内のさまざまな組織に合わせて調整する必要もある。例えば、財務部門には、デジタルツールによって財務報告が可視化され、正確性が高まることを説明し、マーケティング担当者には、顧客セグメンテーションをより豊富なデータに基づいて、より洗練された形で見られることを教える、といった具合だ。ビジョンを実現するうえで鍵となる人物が、デジタル変革は意味があると思えるように、メリットを示すことが重要である。

あるグローバルな携帯電話会社は、新たな競合が出てきて市場シェアが急減したことを機に、「モバイル市場で最初に真のデジタルブランドになる」とビジョンを再定義した。この会社は、組織を動かすために動画を制作し、社内のあらゆるプラットフォームで配信した。そして経営陣および150人の幹部は、社内のソーシャルネットワークを使って、社員や各部門とオープンな対話を行った。そうすることで、変革の規模や顧客へのメリット、そして業務がどのように改善されるかを説明し、社員のフィードバックやアイデアを得ようとしたのである。

デジタル変革を社員個々人や各部門にとって意味のあるものにすることで、社員がより積極的に関与するようになる。デジタルビジョンのどの部分に自分が貢献できるのか、自分の仕事にどのようなメリットがあるのかを理解するにつれて、社員は支持者となっていくのである。

利用できるすべてのコミュニケーション方法を使う

組織を大々的に動かし、全社員がその変化を理解できるようにするために、ビデオ、社内ソーシャルネットワーク、ウェブによる動画配信、イントラネットなど、組織内で利用できるすべてのデジタル・プラットフォームを活用しよう。従来のコミュニケーション手段も併せて用いる。そして、オープンなフィードバックや対話を奨励するのである。ただし、こうした手段は単にメッセージを運ぶ道具にすぎない。したがって、メッセージの内容を作り込む必要がある。重要なのは、真摯な姿勢である。社員がビジョン実現のために貢献していることや、対話が増えたことを高く評価していることを示そう。確実に組織を動かすうえで、社内コミュニケーションの強い味方になるのは人事部だ。人事部を巻き込み、双方向のコミュニケーション計画を一緒に策定しよう。それから、優れたメッセージを練り上げ、フィードバックを分析するプロセスを設計するのだ。

巻き込む権利を獲得しているか？

組織の中で変革への機運を大々的に高めることが、経営側の権利となっているわけではない。あなたは変革に向けて社員を巻き込む権利を獲得する必要があるのだ。その権利を効果的に獲得するには、次の4点を着実に行おう。第1に、会社のリーダーたちにロールモデルになるよう促し、新しいビジョンを体現する行動を進んで示してもらう。第2に、変革の実現に責任を持つ人々と共に、詳しい実行計画を立てる。第3に、変革に本気で賛同し、リスクを取ってでも変革を実現させようとするデジタル・チャンピオンを早期に見つけて参加してもらう。第4に、デジタル化によってはっきりと事業が改善された社内外の成功事例を、早い段階で見つけよう。

有言実行する

マハトマ・ガンジーの有名な言葉に、「世界を変えたいなら、まずあなた自身が変わりなさい」というものがある。これと同じことが、デジタル変革を主導する際にも言える。リーダーとして、最も重要な経営判断を体現するロールモデルになることで、デジタルへの移行に影響を与えることができるのだ。ファイザーの経営幹部が、次のように述べている。「私たちのアプローチは、『まずデジタルを考えよう』と言うことだ。そうすることで、私たちが創り出すもの、コンテンツ、持っている情報に、すべてデジタルでアクセスできるようにする」(4)。変化を体現するロールモデルとなり、同僚にもそうなるよう促すことは、社員を変革に巻き込む権利を得るための重要な第一歩となる。第5章で述べたように、コカ・コーラが協働のために社内ソーシャル・プラットフォームを作ったとき、最初はなかなかうまくいかなかった。経営幹部がプラットフォームに参加して初めて、コミュニティが活発化した。「経営幹部が主体的に関われば、社員に活用を義務付ける必要はなくなる」(5)

テクノロジーに精通したビジネスリーダーの中にも、ロールモデルになることを当然だと考える人がいるだろうし、違和感を覚える人もいるだろう。しかし辛抱する価値はある。長期的に見れば、経営幹部が関与するメリットは努力をはるかに上回る。

変革を共に創る

デジタル技術を使うことで、これまでになく簡単に、組織内のさまざまな階層の人々と一緒に変革を行うことができる。ペルノ・リカールは社員と対話を行えるようにし、全社的なデジタル変革へのロードマップを共同で作成した。クラウドソーシングを活用すると、新しいアイデアを生み、変革の計画の質を向上させられるだけでなく、人々を巻き込むこともできるのである。

2013年6月、フランスを本拠としグローバル展開を行うソシエテ・ジェネラル銀行は、19カ国1万6000人の社員を巻き込んで詳細な変革計画を策定した[(6)]。この取り組みでは、同社の変革ロードマップのうち、顧客体験の改善、行員の連携方法の変更、変革を支えるITシステムへの投資という3つの施策に注力した。社内ソーシャルネットワークを使って1000以上の案を集め、それらの案を何千人もの行員が並行してレビューし、分析した。その中で最も有望な案がCEOと経営陣に提示されて検証され、変革プランに組み込まれた。その後は、変革の施策に関して行員に売り込む必要はほとんどなかった。ソシエテ・ジェネラル銀行のCEOであるフレデリック・ウデアはこう話す。「私たちのデジタル変革には、一晩でできる革命はない。現場のビジネス主導の取り組みを奨励しなければならないのだ」[(7)]

デジタル・チャンピオンを見出す

変革を本当に支持している人を組織内に見つけることで、人々を巻き込む取り組みを拡大し、その影響力を何倍にもすることができる。デジタルマスターは、デジタル・チャンピオンを公式な役割と非公式な役割の両方で活用する。デジタル・チャンピオンは、ビジョンや戦略、その結果生じる変革の必要性をすでに受け入れている。トップダウンのデジタル施策を、さまざまな地域や部門、事業分野、ブランドなどと結び付けるうえで欠かせない存在だ。デジタル・チャンピオンは、自身が関わる部門や担当領域が変革に関与し続けるようにし、その領域の具体的なニーズや貢献を経営層に示す。年齢や在籍年数にかかわらず、テクノロジーにもビジネスにも精通している。人脈をうまく作り、横のつながりを作って、組織の壁を越えて変革を実行できるようにしてくれる。あなたを助けてくれるデジタル・チャンピオンを大切にしよう。かなりの確率で、あなたの組織における将来のデジタル・リーダーになるだろう。

ところで、デジタル変革をリードする役割を、中間管理職層が担わないのはなぜなのだろうか。これは多くの企業にとって扱いにくい問題である。オンライン上で会話がなされ、情報が透明化し、自由に利用できるようになると、伝統的な階層構造における中間管理職層の役割は変化する必要が生じるかもしれない。優れたデジタル・チャンピオンになる中間管理職もいるが、大半はそうはならない。これはデジタル格差、つまりデジタルに精通したマネジャーと、そうではないマネジャーとのギャップが顕著な企業では特に大きな問題だ。この問題には、早く取り組まなければならないだろう。デジタル変革を成功させるためには、デジタル・チャンピオンが不可欠である。

最初の成功事例を見つける

組織の人々を巻き込む権利を獲得するためには、結果を早く出さなければならない。語ることをやめ、早いうちに結果を示すのだ。早い段階での成功事例があれば、変革を支持する人々は意欲を高め、反対派はおとなしくなる。ただし、その際には公式のプロセスを用いて成功事例を認定し、それを目立たせ、称える必要がある。

ここで役立つのが試験運用や実験だ。幸いなことに、デジタル技術を使えば非常に効率的に、かつ低コストで的を絞った実験ができる。フィルムとは異なり、デジタル写真なら角度や照明を変えて何回でも撮ることができ、リスクはほぼ何もない。同様に、デジタル技術を使うことで、実験的にビジネスを行い、何度も繰り返し試してみることができる。そうすることで、業務オペレーション効率化の落とし穴を見つけたり、実験的な分析を通してより良い決定をしたり、もしくは地域を限定して試験販売を行ってより良い売上結果を出そう。このような早期の成功事例が多くを物語り、あなたの組織を動かす力となるだろう。そして、このような成功事例を増やしていくことで、組織にも大きなメリットがもたらされる。

新たな行動様式を設定しているか?

デジタル技術によって仕事のやり方は変わりつつある。協働やコミュニケーションなどの方法が新しく変わることで、企業と社員の間の関わり方が変化している。

ユニリーバで、グローバル・アジャイル・ワークプレイスの責任者を務めるミシェル・パティソンは次のように説明した【訳注:「アジャイル」は近年ソフトウエア開発に関してよく用いられる言葉で、機敏で柔軟であることを意味する】。

「ユニリーバ、あるいは他の会社でも、社員が情報を受け取る方法や、同僚や会社とやりとりする方法は、簡単に利用できるテクノロジーのおかげで急速に進化している。従来の働き方においては、多くの企業と同じように、当社の社員も労働時間と出社の有無を問われた。いつ、どこで働くかは既定のものだった。当社では、社員の業績と成果を重視する『アジャイル・ワーキング』プログラムを導入した。労働時間や出社は撤廃できる人為的なルールだと考え、社員がもっと自由に働けるようにした。このプログラムによって、世界中で能力が開発され、ビジネスを継続することができ、はるかに多様な人材を確保できている。社員も会社側も、お互いが満足できるのだ」(8)

将来のデジタル組織が具体的にどのような形になるかは、まだ明確になってはいない。明らかなのは、デジタル技術の力による新しい働き方が、組織文化や仕事の仕方を進化させつつあることだ。そして、次第に組織の構成や機能も変わっていくだろう。

デジタル技術によって、情報は、組織の階層間だけでなく組織全体でより風通しよく共有されるようになる。掲示板や社内コミュニティ、新しいデータの流れにより、協働や意思決定がより良いものになる。オンライン会議やウェブによる動画配信、ビデオコミュニケーションによって、あらゆる部門の社員が勤務地にかかわらず集まり、問題解決やイノベーションを実現できる。フライト予約や経費の申請、週間売上予測の更新といった、従来は社内で行われていたプロセスは自分で行うものとなり、社員が柔軟に、思いどおりに仕事を進められるようになる。

こうした効率の良いデジタルビジネスを築くために、多くのデジタルマスターが組織文化を積極的に進化させてきた。これは行き当たりばったりで実現するものではなく、リーダーシップが必要である。あなたの組織も、新しい働き方や組織文化の進化に適応しなければならない。では、どのように始めればよいだろうか。まずは新しい行動を促すことだ。報われる行動とそうでないものを明らかにするのだ。第2に、テクノロジーへの投資が狙いどおりのメリットを出せるよう、利用を奨励することだ。第3に、失敗を許容し、そこから学ぶことだ。そして最後に、新しい仕事の仕方を組織の習慣にすることである。

仕事の仕方をはっきりと変える

仕事のやり方を変え、文化を進化させるには、トップ自らが小さな行動をさまざまに変える必要がある。トップダウンのコミュニケーションだけでは、それがどんなに感動的なものでも十分ではない。特効薬はないが、行動で示しロールモデルとなることが、言葉よりも威力を発揮する。

まずは、あなたの直感に疑問を持とう。データ解析の力に基づいて、最も重要な経営上の意思決定を行うようにするのである。組織の細分化や、縦割りから生じる発想と戦おう。デジタル技術がもたらす透明性、主要なプロセスの標準化、および業務オペレーションの効率化を奨励しよう。

一方で、背後から指導し、励ますスタイルをとって、自律的なチームが問題を解決し、イノベーションを起こし、さらにはビジョンを先へと進めていくようにする。これは、デジタル技術と本気のリーダーシップによるマネジメントの革新である。これを成功させれば、組織内に新しい文化が作られ始めるだろう。

多くのCEOが顧客志向の必要性について語る中で、ヴァージン・グループCEOのリチャード・ブランソンは積極的に行動を起こした。彼は230万人いるツイッターのフォロワーに対し、ハッシュタグ「#AskRichard」を使って、ヴァージン・グループについて質問をするよう促した。社外の人を対話に招き入れることで、彼は外部へ強いメッセージを送ったわけだが、これは社内へのメッセージにもなったのだ(9)。

組織文化を発展させるためには、時に、あるレベルのリスクを受け入れる必要がある。カナダのINGダイレクトのCEOであるピーター・アセトが行ったことがまさにそうだ。彼は、社内のソーシャルネットワークを使って、会社に対する苛立ちや不満を直接彼にぶつけるよう社員に促したのだ。アセトはこう説明している。「これによって大きなビジネス上の問題が解決されることはなかったかもしれない。だが、私がサポートすることで、意見を声に出しても安全であり、対話は奨励されていて、フィードバックをしてもよいことが社員にわかる。そして経営陣は、誠実な対話、素直でオープンな議論に宿る力に気づかされる。それがパンドラの箱であろうと、複雑で困難な問題であろうと、肝心なことは、問題が存在するということと、会話がなされれば常に改善の余地があるということだ」(10)

導入するだけではなく、使うよう促す

業務で実際にどう使われるかということよりも、テクノロジーの導入にばかり重点を置くと、デジタル変革に失敗する可能性が大きくなる。これは、当たり前のように聞こえるかもしれない。しかし、データ解析技術に何百万ドルも費やしながら、業務の意思決定方法には目に見える改善をしていない、あるいはまったく改善していないという状態になっていないだろうか。鳴り物入りで社内ソーシャルネットワークを導入したにもかかわらず、なかなか

利用されない、あるいは数カ月後にはほとんど使われなくなった、という企業も多いのではないだろうか。

その責任の一端は、これらのプラットフォームを組織に導入する際によく用いられる方法にある。プラットフォーム上に導入したサイトやアプリケーションによって成功を測ることで、テクノロジーの導入のみが注目され、実際の活用は注目されなくなるのだ。そうなると、デジタル投資の本当の価値が得られない。すなわち、熱心なユーザー同士の協働や、賢明な意思決定、ベストプラクティスの共有の拡大、行動変革の継続などが行われないのだ。その結果、誰も有効活用していない社内アプリケーションが広く導入されているという状態になる。

なぜ、そうなってしまうのだろうか。主な理由は3つある。まず、これらのデジタルプログラムが、テクノロジーの実装として扱われる場合が非常に多いことだ。技術担当のリーダーは導入に関する指標で成否を判断し、本当に業務で使われているかどうかは他人が考える仕事と見なしてしまう。次に、プラットフォームのベンダーは、デジタル技術によって即座に変革が期待できると誇張することが多い。こうしたベンダーは製品やソフトの販売によって稼いでおり、こうしたものを大々的に活用することで稼ぐということはめったにない。そして最後に、ユーザーに活用してもらうためのプログラムにはコストがかかるのだ。

本当のROIは、新しい仕事の仕方がプロセスや業務の流れ、そして最終的には組織文化に組み込まれることで生じる。しかし、使われることの価値が理解されていたとしても、コスト削減が優先されることはよくある。予算が限られている企業は、テクノロジーの導入という、最も目に見える部分にまず注力し、ユーザーがテクノロジーを十分に活用するために必要な、難しいトレーニングや組織変更は後回しにされる。しかし、ほとんどの場合、着手されることなく終わってしまう。

このように中途半端な状態では、ユーザーが消極的になり、デジタル変革プログラムの重要な部分が脅かされかねない。ユーザーは価値を見出せず、新しいデジタル・プラットフォームと距離を置いてしまう。そして、その失敗が原因となって、プラットフォーム自体が責められることになる。懐疑的な見方が広がり、デジタルへの追加投資はすべて否定的に評価され、デジタル変革の計画全体が失速してしまう。

ロールモデルやゲーミフィケーション【訳注：ゲームの要素を他の分野に応用すること】、報酬などを用いて、社員がデジタルツールやテクノロジーを使うよう、目に見える形で奨励すると、行動に大きなインパクトが生じる。このプログラムがうまく実行されると、メリットが目に見えてくる。

バイエル社のマテリアルサイエンス事業【訳注：現コベストロ社】のCIOであるクルト・ドゥ・ルウェは、ソーシャル・プラットフォームの導入により拡大する一方の動きが生じたことを、こう説明している。「この動きを止めることはできない。適切なプラットフォームを活用できるようにすると、魔法が起きるのだ。〈中略〉なぜ私が参加するのかというと、参加しなければ、社員がどんどん進めてしまうからだ。ミニブログ【訳注：ツイッターなど、利用者が主に自身の状況や雑記などを短い文章で投稿するサービス】には、組織内で関心のある人なら誰もが関わっている。それによって、組織内にまったく異なる文化が作られつつある。時々、このプラットフォームがどのくらいの価値をもたらしたのか、ユーロやドルで表してほしいと言われることがあるが、そのような場合には、バイエル全体でものごとの考え方が変わり、情報共有がオープンになったこと、そして情報が社内をいかに速く伝わるようになったかを見てもらいたいと答える。プラットフォームがなければ2～3週間かかる可能性があったことが、今や数時間で済んでいるのである」(11)

しかし、デジタルツールを業務で活用しようとする場合、それは自然には起こらない。道案内をしなければならないのである。その際には、小さく始めるほうが良い場合が多い。ツール活用の計画を、人やプロセス、構造の変化を考慮して一から立てる必要がある。狙いどおりの成果を得るのに必要な投資を調整してほしい。ツールが活用されるまでには費用がかかるだろう。金銭的な報酬と評価をすり合わせておくのは良いことだ。そして前述したように、模範を示して導くのである。

デジタルツールを業務で活用することを重視する組織は、より大きなリターンを得ている。ツールの活用に向けて積極的なリーダーシップを発揮すれば、デジタル技術への投資で狙いどおりの成果を得られるはずだ。

失敗することを学ぶ

テクノロジーの変化がどんどん進むため、市場開拓やオペレーションのプロセスが未知の領域に急に広がることがよくある。そこで試みたことがすべて成功するわけではない。「早く、安く、何度も失敗しよう」というのは以前から言われているが、デジタル技術の活用にもよく当てはまる。もちろん、この言葉は失敗を促すものではなく、チームが速く、賢く学習する文化を奨励するものである。

実験することで、正しい方向に進むことができる。デジタル技術によって、比較的低コストで、新しいアイデアを試す多くの実験を行える。適切な仕組みがあれば、測定し、学習し、適応を可能にするデータが次々と送られてくる。完璧を追求するよりも、市場投入までの時間のほうが重要になっている。ただし、十分に実験を行ったにもかかわらず、計画どおりに実行できない施策もある。しかし、それは当然のことだ。

重要なことは、これらの失敗から学び、得られた知識をその次の試みで活用することだ。インテル CIO のキンバリー・スティーブンソンは、情報に基づいてリスクを取ることを奨励するわかりやすいプログラムを社内で立ち上げた。スティーブンソンは、「私はリスクを取って失敗し、何かを学び、それを活用しました」と書いてある小さなカードを配布した。このカードは、実験してリスクを取るための許可証だ。プロジェクトが失敗したら、チームメンバーは上司にカードを提出し、上司は、カードをメンバーに戻すかどうかを決める[12]。失敗は学習機会になる。失敗をプロセスの一部だと考えてほしい。

新しい仕事の仕方を制度化する

デジタルツールの力を限界まで使おう。新しい仕事の仕方が、組織の習慣になるようにしよう。社内でクラウドソーシングを行うことにより、組織の力を活用できるし、選抜された少数のリーダーだけでなく、関係する社員全員へメッセージを伝えることができる。英国に拠点を置く小売大手のセインズベリーは、2000人以上が参加する社員集会を毎月開催し、主要な経営判断に対するフィードバックを行っている[13]。イノベーションのプロセスさえ、クラウドソーシングやブロードキャスト検索【訳注：オープンイノベーションの1つで、題材を設定し、コンテスト形式でソリューションを募集する方法】、オープンイノベーションといった新しいデジタルツールによって変革されつつある。生産性や効率を上げるために、組織全体でこれらのツールを1つずつ導入する必要があるのだ。

しかし、これらの変化を確実なものにし、習慣化するにはどうすればよいだろうか。そのためには、新しい方法の制度化に向け、マネジャー自身のマネジメントや人事関連のプロセスを変える必要がある。これは人事や組織開発を担当する部門にとっては、変革においてリーダーシップを発揮する重要なチャンスになるはずだ。ただ残念なことに、私たちの調査によると、これらの部門の社員がその仕事に取り組もうとすることはめったにない。だからこそ、人事や組織開発部門の社員の意欲をかき立てると同時に、「自分の熱意への支持をきちんと得ているだろうか」と、自分自身に問い掛けてみてほしい。

あなたは、変化についてのメッセージを組織に送り、社内の支持者とデジタル・チャンピオンを巻き込んできた。そして、デジタルビジネスに近づくために、新しい行動を積極的に育てている。組織を動かす営みは順調に進んでいるはずだ。

まとめると、デジタル変革へ向けて組織を動かすにあたっての新たな特徴は、次のようなものになる。組織の大きさや複雑さにかかわらず、大きな規模で動かすことができる。支持者を幅広く巻き込むことで、変革の計画を共同で立てることもできる。変化を推進するデジタル・チャンピオンには、リーダー陣だけでなく、どの年齢層、在籍期間の人でもなることが可能だ。実験と失敗の許容が、デジタルの世界でこれまでにも増して大きな部分になってきている。

組織をうまく動かしているか？

表11-1は、組織を動かす方法を3つのステップにまとめたものだ。各ステップの設問を見て、あなたの会社の進捗状況を1～7までの点数（1＝まったくそうではない、4＝普通、7＝まったくそのとおり）で正直に評価してみてほしい 。そして、3つのステップのそれぞれについて、合計点数を計算してみよう。

各ステップで、デジタルマスターのレベルに達するには何点が必要かを示した。また、今すぐ行動にとりかかって、状況を改善すべきと判断できる点数も示した。もし、あなたの組織の点数がデジタルマスターの範囲内であれば、次のステップに進んでよい。もし点数が中程度の範囲にある場合は、その理由についてよく考えよう。組織を動かす段階で、まだ取り組まなければならないことがいくつかあるはずだ。もし点数が平均よりも低いのであれば、いまこそ是正措置を取らなければならない。点数がかなり低いのであれば、今すぐ経営陣と一緒に組織を動かす本格的なプログラムを設計し、実行することを勧める。

表11.1 組織をうまく動かしているか？

各設問に、**1**から**7**までの数値で答え、その数値をもとにどんな行動をとるべきか判断しよう。（**1**＝まったくそうではない　**4**＝普通　**7**＝まったくそのとおり）

リーダー陣は熱意を十分に明確にして組織に売り込んでいるか？	得点
リーダー陣は、デジタル技術を盛り込んだ未来のビジョンを積極的に推進している	
リーダー陣と管理職は、デジタル変革に関するビジョンを共有している	
社員は変化することのメリットを理解している	
合計	

スコア
17以上：リーダー陣はうまく熱意を売り込んでいる
7以上17未満：十分ではない部分を探し、あなたのチームと協力して改善しよう
7未満：熱意を伝えるための具体的な施策を検討しよう

組織に変革の機運を十分に作り出しているか？	得点
デジタルの取り組みに関する会話に全社員が参加する機会がある	
組織を動かす力となる「真の支持者」を見つけ出している	
早い段階で成功事例を作り、勢いを強めている	
合計	

スコア
16以上：あなたは組織に変革への機運を十分に作り出している
8以上16未満：組織を巻き込むためのどの要素が平均以下であるかを調べ、その要素を強化する必要がある
8未満：組織を巻き込む十分な施策を設計し、実施する必要がある

デジタル文化への移行を進んで奨励しているか？	得点
リーダー陣は、新しい行動を取り入れるロールモデルとなっている	
デジタルの取り組みにおける失敗を容認し、そこから学んでいる	
デジタル変革に必要となる組織文化の変化を促進している	
合計	

16以上：リーダー陣は組織の行動様式や文化を変え始めている
7以上16未満：懸念のある点について根本的な原因を把握し、自らのチームと共に問題を解決する必要がある
7未満：組織文化を変えるために動き始める必要がある

第 11 章

SUSTAINING THE DIGITAL TRANSFORMATION

デジタル変革を継続する

変革の機運を保ち、加速させる

大きな変革プログラムは、変革への機運を保てずに失敗することがよくある。デジタル変革もこの点においてまったく違いはない。初めの段階では、社員をやる気にさせるのは簡単だ。動機づけ施策としては、Tシャツ、野球帽、動画を使ったコミュニケーション、参加を促すための企画、初期の成功事例、ベストプラクティスの共有、新しい役割を持つリーダーのポジションなどが役に立つ。しかし、時が経つにつれて社員は変革に疲れ、新しいやり方は以前のやり方に戻ってしまう。

このようなときに、企業の変革スキルの差が明らかになってくる。例えば、変革の方向性に沿わない評価基準や報酬体系が障害となる。リーダー陣も次の戦略を考えるのに忙しいため、手を離しても、デジタルへの移行は自動的に続き、いずれ完了に至るだろうと思ってしまう場合が非常に多い。

こういう時期こそが危ないのだ。新しいデジタルな手段が顧客体験に定着するまで、また、働き方や業務に根付くまでの時期にこそ、デジタル変革の機運が揺らぐという重大な危険が潜んでいる。変革を継続するために一致団結して努力しなければ、変革のビジョンや事業目標を達成できなくなるおそれがある。保険会社アリアンツ・グループのジョー・グロスは次のように説明する。「私は、アリアンツの最大の課題は、作り出した機運を保ち、加速することだと思う。まだ進化の最中なので、すぐに結果を期待することはできない。組織は慣れ親しんだやり方に戻ってしまいがちだ。私たちのチャレンジは、居心地の良い場所に舞い戻ることなく、常に新しいデジタルの機会を探し続けることだ」[(1)]

デジタル変革を持続するために、デジタルマスターから何を学ぶことができるだろうか。デジタルへの移行に関する3つの側面のマネジメントが、変革の機運を保つのに有効だ。次の点について考えてみよう。

土台となる能力を築く：

組織内で、デジタルスキルの向上を計画しているか？　しっかりと構築

図12.1　デジタル変革の羅針盤：デジタル変革を継続する

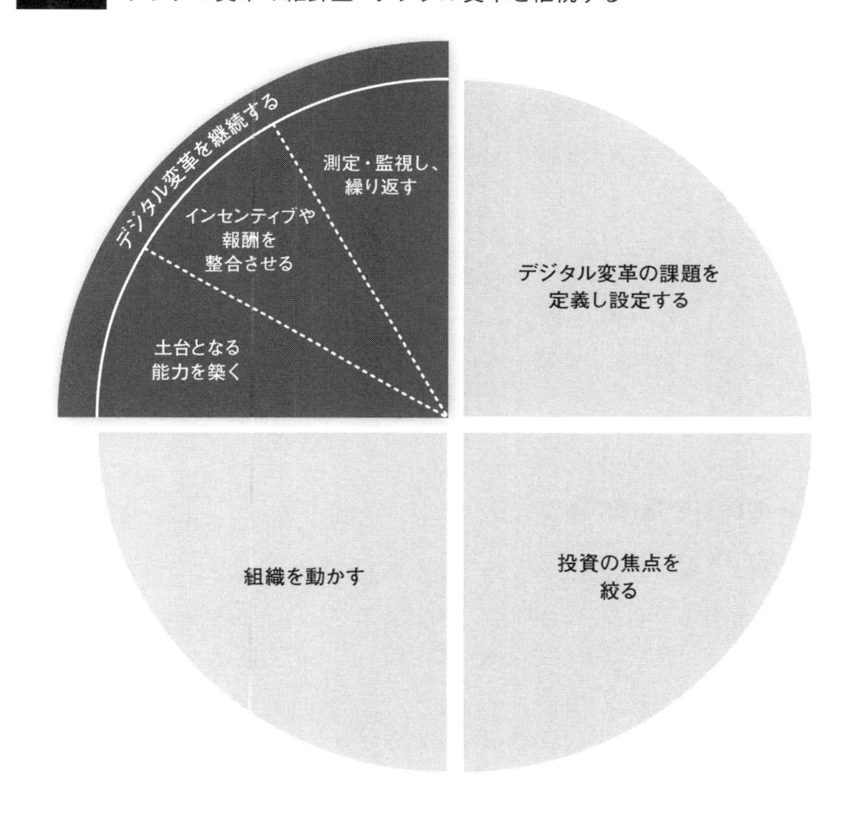

されたデジタル・プラットフォームを持っているか？　ITとビジネスとの関係は強固になっているか？

報酬体系を整合させる：

動機づけ施策や報酬、非金銭的報酬は、変革の目標と整合しているか？

測定・監視し、繰り返す：

デジタル変革の進捗状況を測定し、監視するプロセスがあるか？　必要に応じて軌道修正できるよう、十分にプロセスを可視化できているか？

土台となる能力を築いているか？

多くの企業は、技術革新に見合った速さでは組織能力を築けていない。第7章で、デジタルマスターはデジタル変革を継続するための3つの強固な基盤を築いていることを見てきた。1つ目はデジタルスキル、つまり社員の経験と知識を構築している。2つ目はうまく構築されたデジタル・プラットフォームで、これは事業プロセスを強化するテクノロジーを組み合わせたものだ。そして3つ目がITとビジネスとの強固な関係だ。技術担当者と事業担当者の間の相互関係は、信頼しあい、理解が共有され、そして緊密なものになっている。

スキルの構築を指揮する

デジタルスキルの構築には、時間がかかる。特効薬はなく、一夜にして実現することはありえない。採用、トレーニング、パートナーシップ、買収、起業支援など、複数の補完的なやり方を用いて、能力開発と組織開発の計画を作る必要がある。

とはいえ、まず行うべきなのは、どんなスキルが足りないのかを理解することだ。具体的には、まず現状のスキルの棚卸しをきちんと行うことが必要だ。主要な部門で必要となる新たなスキルを理解するため、現在の保有スキルと、デジタル変革に必要なスキルを比較して、そのギャップを見抜くのだ。このスキルの棚卸しを主導するよう、人事部門に依頼しよう。そして、活用できるすべての戦術を検討してみよう。

採用

企業の能力構築の手段として、誰もが思いつくのが良い人材の採用だ。デジタル・リーダーシップ能力のある人物を経営陣に加える場合でも、特定の能力のある人物を現場に配置する場合でも、外部からの採用は有効である。

トップから始める　社内にデジタルスキルを構築しようとするなら、経営陣にデジタル変革の意識と経験がある人を入れるといい。例えば、コカ・コーラは2012年に、ゲーム会社のアクティビジョン・ブリザードのCEO、ロバート・コティックを役員として招いた。コカ・コーラ会長兼CEOのムーター・ケントは次のように説明する。「ロバート（コティック）は、当社に起業家精神と金融やデジタルに関する高いレベルの知識をもたらしてくれる。私たちがビジネスを成長させ、世界中の消費者や顧客との関係をデジタルで強化し続けていくうえで、彼のグローバル・ブランドについての専門知識と洞察力は非常に貴重なものだ」(2)。多くの組織が、経営陣にデジタル・リーダーシップ能力を注入するために、経験豊富な人物を採用している。食品大手のネスレは、2011年にピート・ブラックショウをデジタル・ソーシャルメディアのグローバル責任者に据え、同社のデジタル・マーケティング戦略を全体として調和させ、加速させた(3)。

採用戦略を進化させる　ソーシャルメディアや、オンライン人材紹介、その他のオンライン・コミュニティなど、デジタル技術によって生まれた採用ルートを、従来型の手法と共にすべて活用しよう。例えば、ロレアルは、ビジネスゲームの形式をとる採用ウェブサイト「REVEAL」を開発した(4)。想像に難くないが、デジタルに慣れ親しんだY世代の候補者は、デジタルな手段を通じた関わりを好む。候補者の49%が、革新的な手法で募集している仕事のほうをより検討するという(5)。

希少なスキルを持つ人材を探すなら、広く網を張る　才能ある人材を獲得するには、そうした人がいる場所に出向こう。貴重なスキルを持つ人材を獲得するには、他業界を見てみよう。また、青田買いをしたいなら、学術機関と提携しよう。シーザーズ・エンターテインメントは、定量分析の能力を強化する必要に迫られたとき、まさにこの方法をとった。同社は、その時点で最も高度な定量分析の能力を持つ企業を探した。そうした企業の多くは金融業界にあった。そこで、シーザーズはこれらの企業からの転職者を採用し、核となる解析スキルを確実に築いていった。

トレーニング

自社の能力を内側から成長させるには、トレーニングが不可欠だ。多くの社員は自分のスキルを伸ばすために、自ら進んでデジタルを学ぼうとするだろう。トレーニングにはさまざまな方法がある。デジタル意識を啓発するプログラム、特定のデジタルスキル教育とスキル認定、社員交流プログラム、逆メンター制度【訳注：部下から上司へ、若年者から年長者へと、通常のメンター制度とは逆の関係性でアドバイスをさせる制度】、さらに社内デジタル大学を作るのもいいだろう。

社内のデジタル意識を高める　例えば、ロレアルは、マーケティング、調査、製造、販促、営業などの部門でデジタル意識を高めたいと考えていた。同社は、マネジャーを含む1万5000人のデジタル能力を2年間でトレーニングするため、これに特化したプログラムを実施した(6)。

社員に具体的なデジタル技術の情報を付与する　インテルは、ソーシャルメディア測定からブランド・アイデンティティまで、幅広い分野にまたがる60のオンライン・コースで構成されるデジタルIQ訓練プログラムを始めた。そのプログラムが成功したので、インテルは、会社の代表としてソーシャルメディアを扱う社員を認定する「デジタルIQ 500」という社内認証制度を始めた(7)。

社員交流プログラムを構築する　交流プログラムにより、パートナー企業の力を借りて社員のデジタルスキルを向上させられる。例えば、P&Gは、グーグルと組んで社員の交流プログラムを始めた。これは両社の社員が、お互いの研修プログラムや会議に参加しあうものだ(8)。選ばれたP&Gの社員は、このプログラムによって、デジタル・マーケティングと検索エンジン・マーケティングに関する専門知識を得ることができた。一方のグーグルは、検索連動型広告でシェア約74％を占める企業だが、世界最大の広告主であるP&Gの仕事の仕方や文化への理解を深めることができた(9)。

逆メンター制度を導入する　もともとGEによって始まった逆メンター制度は、デジタルに精通した社員と幹部とを階層に関係なくペアにするすばらしい方法だ。インドのテレコミュニケーション・グループ、バーティ・エアテルの人事担当責任者、クリシュ・シャンカールは、次のように説明する。「テクノロジーの未来は若者が決める。若い世代と話をし、彼らの行動を近くで観察しなければ、彼らが求めるものはわからない。このような（逆メンター）制度は、どんなに出世していようとも学ぶのに遅すぎるということはない、というメッセージでもある」[10]

デジタル大学を自社で設立することを検討する　数々の高級ブランドの持株会社であるケリングは、世界的にデジタルスキルを高めるために、社内にデジタル・アカデミーを設立した。その目的は、ブランドの革新を計画すること、管理職のデジタル意識を高めること、デジタル変革に関する国際的なコミュニティをケリング・グループ全体で作ること、の3つであった[11]。

パートナーシップ

パートナーシップは、自社に重要なスキルが不足し、それをエコシステム内のパートナー企業が持っている場合に、非常に効果的である。バーバリーCEOのアンジェラ・アーレンツは、次のように話した。「私たちは、技術面でのパートナー企業に、エコシステムのビジョンを提示することにした。彼らに対し、バーバリーはグローバルであり、ダイナミックで、明確なビジョンを持っていると伝え、バーバリーには、すばらしいCTOと明敏で迅速に動けるITチームがあると言った。つまり、私たちが提案したのは、『我々を研究開発の場にしてほしい、一緒に実験したい』ということだった」[12]

パートナーシップは、製品やサービスの革新に不可欠な特定のスキルを手に入れるうえでも有効である。例えば、GEは製品開発プラットフォームのクァーキーと提携した。このパートナーシップによって、クァーキーのプラットフォームに参加する製品開発コミュニティのメンバーは、GEの持つ特許を活用して、高度なイノベーションを加速することができるようになった。その代わりGEは、特許が侵害されることを心配せずに、GEの技術を基盤とした製品開発を拡大することができた[13]。適切なスキルの移転の仕組みがあれば、パートナーシップを結ぶことは非常に効果的である。

買収（または買収による人材獲得）

才能ある社員を獲得するためだけに、小さな会社を買収するという方法もある。ウォルマート・ラボは、モバイルとソーシャルメディアを通じたサービス強化を狙って、製品開発に特化したさまざまなモバイル関連企業を買収した[14]。他の方法では時間がかかりすぎたり、獲得したい能力が非常に希少だったりする場合には、買収という方法がとれる。ただし、他の人材目当ての買収と同じように、リスクもある。

起業支援

機敏に動くベンチャー企業に投資し、自社の技術の提供や経営の支援を行うこともできる。そうしたスタートアップ企業に自社の資源を開放すると、普通ではなかなか出会えない、専門スキルを持った人材に接触できる。世界的な菓子メーカーであるモンデリーズは、2011年に起業支援組織「モバイル・フューチャーズ」を立ち上げ、モバイルでのマーケティング分野でベンチャー企業の能力を活用することにした。同社は、この支援プロセスによって、モバイル技術のベンチャーを立ち上げたいと考えている。だが、同社にとってより重要なのは、自社のイノベーションを促すために、店内マーケティング、位置情報に応じた広告、ソーシャルTVアプリなどの新しい能力を獲得することだ[15]。社内の起業家精神を刺激し、最先端のデジタルスキルを利用したい場合、起業支援という方法は非常に役に立つ。だが、成功するには強力な計画管理が必要である。

デジタルスキルの強化は、デジタル変革を継続するうえで不可欠だ。デジタルスキルを幅広く開発すべき分野もあれば、非常に限られた特殊な能力を獲得すべき分野もあるだろう。これらを実現する手段に事欠くことはない。重要なのは、それを実行した際のインパクトだ。明確な計画と投資、そして諸機能や事業部門と協力しあって実施することが必要となる。また、自分ひとりで進めようとはしないことだ。人事部門と組織開発チームと共に実行し、この複雑な組織能力の転換を実現しよう。

デジタル・プラットフォームを構築する

本書の前半で、強力なデジタル・プラットフォームの重要性を説明した。明確に定義され、十分に管理されたプラットフォームがあれば、意思決定に必要な情報が得られ、プロセスを実行するための調整を最も効果的に行える。同時に、優れたデジタル・プラットフォームは顧客との架け橋となり、社内外と協業を行う際の窓口ともなる。プラットフォームが優れていれば、顧客とのやりとりを個別化でき、分析を行い、社内プロセスを最適化し、チャネル間を分断せずに管理し、顧客情報を一元的に見ることができる。

デジタル・プラットフォームは業務プロセスの集まりで、それを支えるIT基盤とアプリケーション、およびデータを備えており、目的とする業務の質と予測可能性を高めることを狙ったものだ(16)。デジタル・プラットフォームは明確に定義され、適切に管理され、できる限りシンプルでなければならない。それが優れたものとなっていれば、業務プロセスをより効率的に、より低リスクに、より速くすることができる(17)。残念ながら、多くの大企業では、プラットフォームはレガシー・スパゲッティ状態（第7章参照）になっている。つまり、構造が複雑すぎ、運用コストが高く、変更を加えにくく、故障しやすい。

顧客との関係性やオペレーションを変革したいなら、まずプラットフォームを変革する必要がある。バーバリーのアンジェラ・アーレンツがデジタル変革のプログラムを開始したときもそうしたし、ロイズ銀行グループが新しいデジタル決済機能を導入したときもそうした。おそらく、あなたがデジタル変革を始めるときも、同様にデジタル・プラットフォームの変革を始める必要がある。

適切なデジタル・プラットフォームを構築するには、どうすればよいだろうか。エンタープライズ・アーキテクチャの手法【訳注：企業などの組織で、業務プロセス、情報システム、組織構造などを最適化し、効率化するための方法論】で考えるとよいだろう。つまり、業務プロセスと、その基盤となるテクノロジーについて、どのような構造にするのが望ましいか、そのロジックを説明するロードマップを作るのだ[18]。

エンタープライズ・アーキテクチャは、相互に関連する3つのレイヤー（層）に分けて考えるとわかりやすい。まず、テクノロジー・アーキテクチャのレイヤーが必要だ。ここには、新旧のアプリケーションと、処理、保存、および通信のための基本となるインフラが含まれる。テクノロジーには、自社で運用するものもあれば、パートナー企業が運用するもの、クラウドベースなど第三者が運用するものもあるだろう。次に、ビジネスプロセス・アーキテクチャのレイヤーが必要だ。これは、社内のさまざまな部門をどの程度統合し、標準化しようとしているのか、そして社内のさまざまな業務プロセスによって会社がどのように機能しているのかを理解するためのものだ。こうした点について、現在から将来の状態までを、将来像の実現に向けて必要となる技術と組織の変化と合わせて、ロードマップ上に示せるはずだ。

そして、最後がデータ・アーキテクチャのレイヤーで、ますます多くの企業がこれを構築するようになっている。データ・アーキテクチャは、情報がどのように作られ、どのように配信されるのかといった情報の中身の理解そのものだ。情報は構造化されているのか、構造化されていないのか。どのように取引や解析に使われるのか。どのように安全性、プライバシー、データ保持の要件を担保するか。どのように顧客、プロセス、およびパフォーマンスを統一して見るようにするかを考える。

プラットフォームを正しい方向に導くには、強力なデジタルガバナンスが必要だ。効果的なガバナンスがあれば、プラットフォームを不必要に複雑にする要望は却下し、一方でその機能を改善する取り組みを推奨することができる。第7章で見てきた薬局チェーンのCVSのプラットフォームは十分に標準化されていて、そのために効率化を推進でき、全社に変化を起こせるものだった。そうした標準化されたプラットフォームを構築するためにも、ガバナンスは不可欠である。

また、シーザーズ・エンターテインメントのウェブ・プラットフォーム上で、同グループの地方のホテルが行ったように、あらゆる部門がプラットフォームの一部をカスタマイズしたり、プラットフォーム上で革新的な取り組みを行ったりする方法も、ガバナンスにより提供されなければならない。

世界で通用するデジタル・プラットフォームを構築することは、CIOとその技術チームだけの仕事ではない。技術チームが自分たちだけで進めることはできない。経営トップと経営陣が、ITのリーダー陣と連携して行うべきだ。経営側には、基準に従いつつ不必要な例外を防ぐ規律と、優れたプラットフォームと新しいテクノロジーを用いた、新たな仕事の仕方を構想するための知識が必要だ。あなたが進んでITのリーダー陣と一緒に取り組もうとするなら、彼らはプラットフォーム構築の貴重なパートナーになるだろう。

ITとビジネスとの緊密な関係を作る

遠い昔、IT部門は技術の番人であり、ITのリーダー陣は事業部門へのサービス提供者だと思われていた。IT部門の仕事は、事業戦略と歩調を合わせ、事業部門の注文を聞き、新しいITシステムを届けることだった。ITシステムを運用し、ITプロジェクトが時間どおりに終わればそれでよかった。しかしもう何年も前に、そんな時代は終わった。

デジタル変革を効果のあるものにするには、ITスキルとビジネススキルを融合する必要がある。そのためには相互の信頼と共通の理解が必要となる。また、新たな仕事の仕方も求められる。例えば、顧客に向き合った高速のイノベーションを起こすために、俊敏に実行しながら学習する手法が必要だ。また、重要で長期間にわたるプロジェクトのための、より体系的な手法も必要だ。さまざまな手法を適切に組み合わせる知恵も求められている。

長年別々の組織だったことが、強固な関係を構築するうえで邪魔になることもある。多くの組織では、自然に交流が起こることもあまりない。だが、IT部門と事業部門のリーダーたちが、関係が薄かった状態から真のパートナーになることは可能だ。こうしたことは世界中の企業で何度も起こっている。パートナーシップを組むための良いガイドラインもある(19)。だが、新しいパートナーシップを築くには、あいにく時間と努力が必要だ。IT側とビジネス側のリーダーたちの関係性や両者の文化が完全に変わる前に、デジタル変革を始めなければならないかもしれない。デジタルマスターの例を見ると、ITとビジネスの関係を改善するためには、いくつかのアプローチがある。トップダウンで行った例もあれば、プロジェクトベースで行った例もあり、ガバナンスによって行った例もあれば、組織的に行った例もある。

トップダウンによる取り組み

バーバリーCEOのアンジェラ・アーレンツは、CIOが経営チームの一員となることを義務付けた。だが、CIOをチームに入れるだけでは十分ではなかった。アーレンツはCIOと緊密に協力して、CIOが新たな役割へと成長していくよう力を貸した。また、経営チームのメンバーに、ビジネス側からIT部門との関係構築に取り組むよう、はっきりと求めた[20]。企業トップであるCEOがリードしたからこそ、ITとビジネスの融合は成功した。

プロジェクトベースの取り組み

デジタルイノベーションのプロジェクトとして、「スカンクワーク」【訳注：企業内で既存組織とは別に組成される新製品開発チームのこと】の手法をとる企業もある。事業部門とIT部門から必要な人材を抜擢し、期間限定で特別な取り組みを行うのである。このやり方には、簡単に始められるという利点がある。しかし、プロジェクトベースのアプローチでは、コミュニケーションは改善されるものの、2つのコミュニティがずっと協力するようになるわけではない。

ガバナンスによる取り組み

強力なガバナンスのプロセスを設けることで、プロジェクトの審査と実行に関して、ITとビジネスの統合を進めることができる。ITとビジネスを統合するアプローチによって、双方の幹部が共に時間を過ごし、どうやって施策を行うかを共同で考えるようになる。ITとビジネスを確実につなぐには、事業部門の経営陣に、技術プロジェクトの財務上の結果責任を持たせるのも良い方法である。たとえば、ある大手アパレル会社では、事業部がデジタル施策の資金を必要とする場合、その部門長が幹部による運営委員会で直接プレゼンテーションを行い、具体的で測定可能な利益目標を提示しなければならない。部門長は、施策の実施後にも、利益目標が達成できたかを、その理由と合わせて同委員会に報告する必要がある。このように責任を明確にすることで、経営陣はIT部門と緊密に連携して成果を上げなければならなくなり、技術側と事業側の経営陣の間により強力なつながりがもたらされる。

組織的な取り組み

組織の変化によって、IT部門と事業部門の間の距離感が解消される場合もある。例えば、テトラパックでは、各プロセスに責任を持つ「プロセスオーナー」の力を強めることによって、IT部門と事業部門とを融合させている。プロセスオーナーは、プロセスにどのような変更を加えるかを決め、その変更を実現するためにITとビジネスの担当者の調整を行う。他の企業では、技術側とビジネス側の社員が、1人の同じ経営幹部の部下となっている例がある。また、デジタル化へのロードマップを提供するための組織を作っている企業もある。ナイキ・デジタルスポーツやロイズ銀行グループなどにそうした組織がある。そこには、組織独自の資源がある場合も、独自の資源と共有資源を組み合わせて持っている場合もあるだろう。または、第7章で議論したような、デュアルスピードITの形をとってもよいだろう。

どんなモデルを選んでもいい。IT部門と事業部門のリーダーをより緊密に連携させること、それを、信頼と理解の共有と、協働ができる環境の中で行うこと。これが変革を維持し、デジタルマスターと同様のデジタル優位性を得るための前提条件となる。

報酬体系を変革のゴールと整合させているか？

変革の目標と手段は深く結び付いている。報酬体系は両者をつなぐ接着剤だ。変革の最中に「変化への抵抗」というレッテルが貼られる問題の多くは、実際は手段と報酬に関する矛盾の表れなのだ。これを防ぐために、私たちが調査したデジタルマスターの3分の2が、報酬をデジタル変革の目標に明示的に結び付けていた[21]。事業部門のリーダーにとって、デジタル変革は、金銭的・非金銭的な報酬の組み合わせを、企業目標の達成に最大限役立つように考え直す良い機会だ。矛盾を解消し、デジタル変革が続くよう報酬体系を修正する必要がある。

トップから始める

課題を定義し設定する段階で（第8章参照）、経営陣の認識がビジョンと整合していることが大切であると述べた。デジタル変革の部門横断的な性質についても、本書全体を通じて述べてきた。経営陣がビジョンに認識を合わせるように、その報酬をデジタル変革の成功や進展に基づいたものにするのも良い方法である。

最初から最後までスムーズなオペレーションにする

オペレーションは、デジタル変革の目標に向けて認識を合わせるうえで、大きな問題となる可能性がある。どうすれば、核となるプロセスが最初から最後まで実行され、機能間や事業部門間の連携がスムーズになるだろうか。報酬体系の矛盾のいくつかは初期段階で明らかになるだろうし、それらの矛盾は修正する必要がある。しかし、多くの矛盾は初期にはわからず、デジタル変革を深掘りしていくにつれて明らかになってくる。そして、ボトルネックになったり、変革の努力を遅らせる言い訳になったりするので、気をつけていなければならない。私たちの研究初期のインタビューでも、変革に対する社員の抵抗は、デジタル変革を実施するうえでの最大のハードルの1つに挙げられていた[22]。

小売業を1つの例として考えてみよう。オンラインのチャネルはどんどん顧客を引き寄せている。今日の小売業者が直面している最大の課題の1つは、オンラインと実店舗のチャネルを統合することだ。2011年、ウォルマートは店長と店員向けに新しい褒賞制度を定め、店長や店員は自店の販促と同じように、それぞれの地域でのオンライン販売を推進しなければならないこととなった。この報酬変更の後、店員はオンラインのショッピングサイト「Walmart.com」、新しいiPadアプリ、フェイスブックアプリの「My Local Walmart」を、毎週1億4000万人にもなる店への買い物客に宣伝しはじめた[23]。

また、英国の百貨店チェーンのジョン・ルイスは、顧客がオンラインで購入した商品を店頭で受け取れる「クリック・アンド・コレクト戦略」を展開した。実店舗とオンラインストアを効果的に連動させるために、同社では、オンラインストアでの売上げを、顧客それぞれの地域にある実店舗に計上する。店長は、店内販売だけでなく、その商圏のインターネットでの売上げも含めた全売上げの責任を負うようになった。この変更により、店長は、顧客がウェブサイトで買い物をすることを勧めようと思うようになった。「クリック・アンド・コレクト戦略」を展開してから、ジョン・ルイスでは、オンラインチャネル全体の売上げが大幅に増加していった。現在、全オンライン注文の3分の1は、ジョン・ルイスまたはウェイトローズ（ジョン・ルイスの食品小売部門）の店舗で商品が受け取られている[24]。

金銭以外の報酬も活用する

デジタル変革を維持するための報酬は、必ずしも金銭的なものである必要はない。無形の報酬、例えば地位、評判、表彰、専門知識、特権などは、社員を動機づけ、生産性を向上させ、最終的に変革の目標に到達するのに非常に役立つ[25]。実際に、無形の報酬が金銭的報酬よりも社員の参加意識を醸成するのに効果的な場合があることが、研究からもうかがえる[26]。例えば、先に述べたように、チリの鉱山会社コデルコと技術会社のEMCは、イノベーションを表彰する社内制度を創設し、それによって新しいアイデアを出すよう促し、社員のイノベーションを奨励し、結果として文化の変革をもたらそうとしている。

デジタル技術はまた、ゲーミフィケーションなどの新しい褒賞のあり方を可能にした[27]。ゲーミフィケーション施策で提供される賞賛や即時のフィードバックといった無形の報酬は、プラスの結果をもたらす可能性がある。ある中堅企業は、営業担当者に新しい活動記録システムを導入したが、社員の使用率が非常に低いことが判明した。これを改善するため、同社は1週間のコンテストを行った。この期間中に記録を1件書き込むたびに1ポイントが与えられ、最も高い合計ポイントを獲得した社員が、地元のレストランで使える100ドルのギフト券を受け取れる、というものである。すると、記録数は750％増加した。コンテスト開始から4週間が経った時点でも、記録は以前のレベルの6倍であった[28]。

会社の垣根を越えて報酬体系を広げる

デジタル変革を維持するためには、企業の垣根を越えてサプライヤー、パートナー、さらには顧客にまで、報酬体系を拡大したほうがよい場合もある。韓国の電機メーカー大手のサムスンは、同社のポータルサイト「Samsung.com」に対する顧客の支持を高めたいと考え、ゲーミフィケーションを使ったソーシャル・インセンティブ・プログラムを展開した。このプログラムでは、サムスンの製品を自分のネットワークに宣伝してくれる主要な顧客を評価し、報酬を与えた。このように企業という枠を越えて考えたことで、サムスンは、受動的なウェブ訪問者を積極的なブランド推奨者に変えた。サイトのレビュー数は500％増え、コメント数は200％増加した[29]。

デジタル変革プログラムを継続できるかは、報酬と評価の体系を目標に整合させられるかどうかに大きく左右される。これは複雑で多面的な課題だ。整合していない点が最初からすべて明らかなわけではないため、段階的に取り組まねばならない。しかし、その困難を上回るメリットがある。報酬は、良くも悪くも人々の行動を左右する。そして、人々の行動を変えることが、最終的には組織文化の変化を促すのだ。

デジタル変革の進捗を測定し、監視しているか？

ほかの事業活動と同じように、デジタル変革にも「測定できないものは管理できない」という古くからの金言が当てはまる。デジタル変革は経営陣の信念だけでは持続しない。適切な測定と監視のシステムを設置することで、投資と事業の変革によって組織に真のメリットが生じているという自信を持てるようになる。加えて、組織文化を変えるのにも測定が不可欠だと、私たちが調査した経営陣の3分の2が考えていた(30)。したがって、測定の基準が変革プログラムの骨格となり、変革を導く計器盤とならなければならない。

では、どのように測定すればよいのだろうか。進捗をきちんと測定し監視するには、4つの基本となるステップがある。戦略スコアカードの管理、取り組みの進捗を測るための現場レベルでのビジネスケースとKPIの運用、トップでの指標と現場レベルでの指標を結び付けること、そして、繰り返しレビューするプロセスを作ることである。

戦略スコアカードの管理

戦略スコアカードの進捗状況を追うのは、経営陣の仕事だ。「投資を絞り込む」段階では、ビジョンを、最終的に達成したい姿を反映した戦略目標に変換することが重要だと述べた。その場合には財務指標が重要な役割を果たす。だが戦略スコアカードには、それ以外にも顧客体験や業務プロセス、構築すべき組織能力についてのデジタル面での目標も必要だ。スコアカードは、デジタル変革に向けた取り組み全体の基準でなければならない。スコアカードの個々の要素を積極的に推進し、変革がバランスをとりつつ進むように気をつけねばならない。

複数のブランドを持つあるグローバル企業では、デジタル変革プログラムの進捗状況を確認したいと考えた。そこで彼らは、経営陣用のデジタル・ダッシュボード【訳注：経営指標を表示するシステム】を導入し、それによって適切な目標に重点を置き、全社的な変革を監督することとした。同社はさらに、グループ横断でのデジタル活動に関する仮想の損益計算書を作った。そこには、実際に収益やコストを計上する企業とは関係なく、すべてのオンライン上の活動が含まれた。経営チームはまた、各事業部門の進捗を監視するための複合指標として、「デジタル変革の指標」を作った。しかし、すべてがこのようにトップダウンで進むわけではない。次項を見てみよう。

ビジネスケースと関連するKPIを運用する

第9章では、デジタル・ロードマップ上の利益を定量化し、監視する重要性について述べた。それを正確かつ確実に実行するために、専門性を持った社員を参加させることについても触れた。加えて、明確なビジネスケースとそれに関連するKPIを提示し、投資対効果を明らかにすることも、ビジネスを変革する大きな動機づけとなる。

KPIにはさまざまな形がありうる。高いレベルのものもあれば、非常に細かいものもあるだろう。通常、プロセスに関する業績評価は、いくつか鍵となる指標を定めて行うことができる。例えば、オンラインでのクレジットカードの申請から発行までの期間などだ。ほかのKPIとしては、実験や概念実証に関連したものが考えられる。例えば、フェイスブック上のオンライン広告キャンペーンの効果などだ。大切なのは、長期的な変革の目標を達成するために不可欠な指標を選択することだ。

トップダウンの指標と現場レベルの指標をつなげる

トップダウンの指標と現場レベルの指標とを結び付けることで 、一貫した事業管理プロセスが作れる。デジタルの取り組み1つひとつが、変革目標と戦略スコアカードにどのくらい貢献しているか、明らかにする必要がある。また、1つひとつの取り組みの因果関係も理解しなければならない。このような指標のつながりを構築すれば、変革チームはビジョンの展開に集中でき、事業のリーダー陣はビジネスへの影響を把握できるようになる。

繰り返しレビューするプロセスを作る

繰り返しレビューすることで、進行状況を監視し、必要に応じて軌道修正できる。このレビューは、厳密かつ頻繁に行う必要があり、またデジタル・プログラムの状況に応じて柔軟に行う必要もある。デジタル変革では、新しいテクノロジーが登場するたびに、またチームが新たな改善の機会を発見して試すたびに、適応しなければならない。伝統ある業界や分野も、根っからのデジタル企業からどんどん学んでいる。例えば、英国政府は最近、「デジタル・バイ・デフォルト（デジタルを基本とする）」というプログラムを始めた。ガバメント・デジタル・サービスの責任者であるマイク・ブラッケンは、政府がデジタル分野で、繰り返し行う新たな手法をとっていることを、次のように説明する。「素早く取り組み、素早く失敗し、学習し、進化し続けることだ。そのために、組織の中にスキルを持つ必要がある」[31]

経営陣のレベルでは、繰り返しレビューするプロセスは、新たな取り組みを選び、優先順位を付ける際に役立つ。どれが変革目標を前に進め、どれが重要でないかを見極めるのである。また、真の利益につながらない取り組みをやめさせるのにも役立つ。さらには、現場レベルでは、重要なデジタル化の取り組みを計画的に進め、組織による問題が起こった場合に、素早く気づけるようにもなる。

長期的な成功のためには、デジタル変革の勢いを保つことが不可欠だ。そのためには、変化を可能にする新しい土台となるスキルを構築する必要がある。また、社員のやる気を高めて組織の障害を取り除けるよう報酬の仕組みを調整し、そして、進捗状況をこまめに測定し、繰り返しレビューするプロセスを導入することも求められる。熱意が薄れて組織内部からより多くの抵抗が起こるようになったら、こうした持続のための介入が、変革をやり遂げるために不可欠になる。

まとめると、今日のデジタルの世界では、変革を継続することに関してどのような特徴が見られるだろうか。過去と比較して、テクノロジーとビジネスの能力を真に統合することが、これまで以上に不可欠になっている点だ。競合他社よりも早くデジタル能力を強化することが、優位性の源となる。首尾一貫したデジタル・プラットフォームを作ることが、変革を加速させる。デジタル変革には、ITスキルとビジネススキルの融合が必要だ。オンラインとオフラインで褒賞や報酬を整合させることがこれまで以上に重要であり、障害の解消につながる。デジタル技術によって、ゲーミフィケーションなどの新たな動機づけの方法が可能になっている。トップダウンの指標と現場の取り組みレベルのデジタル指標をつなげることで、デジタル化の施策がどのように変革目標に貢献しているかが明らかになる。

さて、長かった道のりも、ようやくこれで終わりとなるだろうか。いや、決してそんなことはないのだ。あなたとあなたの組織が、デジタルマスターにデジタル化の優位性をもたらした手法を取り入れたとしても、変革は決して終わらない。たとえデジタルマスターになったとしても、デジタルマスターであり続けるために努力し続けなければならないだろう。エピローグで、その理由を説明する。

あなたの組織はデジタル変革をうまく継続させているか？

表12.1は、デジタル変革を維持する方法を3つのステップにまとめたものだ。各ステップの設問を見て、あなたの会社の進捗状況を1～7までの点数（1＝まったくそうではない、4＝普通、7＝まったくそのとおり）で正直に評価してみてほしい。そして、3つのステップのそれぞれについて、合計点数を計算してみよう。

各ステップで、デジタルマスターのレベルに達するには何点が必要かを示した。また、今すぐ行動にとりかかって、状況を改善すべきと判断できる点数も示した。もし、あなたの組織の点数がデジタルマスターの範囲内であれば、次のステップに進んでよい。もし点数が中程度の範囲にある場合は、そ

表 12.1　あなたの組織はデジタル変革をうまく継続させているか？

各設問に、**1**から**7**までの数値で答え、その数値をもとにどんな行動をとるべきか判断しよう。（**1**＝まったくそうではない　**4**＝普通　**7**＝まったくそのとおり）

あなたの組織には、必要な土台となる能力があるか？	得点
組織は必要なスキルに投資している	
組織に共通する、適切なデジタル・プラットフォームを活用している	
IT 部門と事業部門との強固な関係性がある	
合計	

スコア

16以上：デジタル変革に必要な土台となる能力がある
8以上16未満：組織能力の開発を狙いとしたプロジェクトに取り組んでいるが、もっと強化する必要がある
8未満：土台となる組織能力を高めるためのプログラムを考える必要がある

あなたの組織には変革目標に整合した報酬体系があるか？	得点
金銭的な報酬（ボーナスなど）がデジタル変革の目標に整合している	
褒賞や評価する点がデジタル変革の目標に整合している	
個人への報酬（業績評価、昇進など）がデジタル変革の目標に整合している	
合計	

14以上：組織には変革への機運が十分に作り出されている
6以上14未満：デジタル変革と整合した実行可能な報酬体系について合意を形成しよう
6未満：デジタル目標を実現する報酬体系を実施しよう

あなたの組織はデジタル変革の進捗を測定、監視しているか？	得点
デジタル変革の取り組みは、共通した業績評価指標（KPI）によって評価されている	
プロジェクトレベルの KPI から戦略スコアカードの目標まで、しっかりと見ている	
デジタル変革の進捗について経営チームと定期的にレビューしている	
合計	

15以上：取り組みへの評価に必要な KPI が使われている
7以上15未満：特定の測定指標を選び、デジタル変革の進捗を測定するために活用しよう
7未満：KPI を開発し、どの段階で測定するのが適切かを特定し、繰り返し進捗を追跡するプロセスを構築しよう

の理由についてよく考えよう。変革を持続する段階で、まだ取り組まなければならないことがいくつかある。もし点数がそれよりも低いのであれば、今こそ是正措置を取らなければならない。点数がかなり低いのであれば、早期に変革の努力が燃え尽きてしまうリスクがある。変革プログラムを継続できるよう、能力、報酬、測定に関して対策を講じることをお勧めする。

おわりに

さあ、本番はこれからだ

本書では、なぜあなたの会社がデジタルマスターになるために努力すべきなのかについて、議論を展開してきた。デジタルマスターとは、次々と押し寄せてくるテクノロジーの新たな波を活用して、事業の業績や伸びしろを劇的に向上させる組織だ。デジタルマスターとなった企業は、他社よりも良い業績を上げていることが私たちの調査からわかっている。その事実があれば、経営陣には本書で示した考え方に十分に関心を持ってもらえるだろう。だが、それ以外にも、関心を持ってもらうべき根本的な理由がある。デジタル技術によってビジネスの世界が受ける影響という点では、本番を迎えるのはこれからなのだ。

ビジネス界を果てしなく揺るがし続けるテクノロジー

ソーシャルネットワーク、モバイル端末、アナリティクス、スマートセンサー、クラウド・コンピューティングなど、ここまでに論じてきた数々のイノベーションが強力かつ大きな変化をもたらすものであることは間違いなく、そうしたイノベーションが顧客体験や業務オペレーション、ビジネスモデルを変化させている。たしかに、今日のイノベーションの速度や影響力は驚くべきものではあるが、来るべきことを考えるとこれはほんの序章にすぎない。

テクノロジーはビジネス界を今後も揺るがし続け、さらにその変化の速度は指数関数的に増加していくだろう。ムーアの法則【訳注：半導体回路の集積密度は24カ月ごとに2倍になるという法則。1965年にインテル創業者の1人であるゴードン・ムーア博士が経験則として提唱】は、デジタルの未来において、今後も中心となってテンポを刻み続ける[1]。テクノロジーは5年後には、価格はそのままで10倍の力を発揮するようになる。10年後には100倍になる。もしあなたの会社が、ここ数年の変化の波についていくだけで精一杯と感じているようなら、事態は厳しい。デジタルマスターのスキルを身につけない限り、ついていくのは今後ますます難しくなる。

そうした中での朗報は、次なる革新的な技術イノベーションが、すでにいくつか見えてきているということだ。新たなイノベーションは、これからも顧客経験や業務オペレーションを根本から変化させていくだろう。デジタルマスターたちがその方法を見出そうと努力している様子は、すでに見てきたとおりだ。

最も影響の大きいイノベーションは、データとアナリティクスがビジネスにインパクトを与え続けていることだ。デジタル形式で入手できる情報が爆発的に増え、新たな洞察を活用してより優れた意思決定をしようとする企業側の能力も、著しく高まっている。これは非常に重要な進展だ。データは科学における生命線であり、何が原因となって、どんなことが、なぜ、どんな状況で起こるのかについて、さらに理解を深めるために不可欠だからだ。今後数年の間に、目先が利く企業は、数々の重要な活動をより良く、賢く、正確に実行するために、ビッグデータを活用するようになるだろう。ビッグデータ活用の対象となる活動としては、将来の見通しや業績予想の策定、社員の採用や昇進の検討、製品の特性の決定、社内手続きの最適化、マーケティングや広告宣伝、製品やサービスのカスタマイズなどが挙げられるが、これらはほんの一部だ。こうした活動の向上のためにビッグデータを活用する企業は、そうでない企業の先を行くことになる。勝ち目を知っている賭博師が、直感だけで賭けている人に圧勝するのと同じようなものだ。

アナリティクスの新しい方法を身につけるなら、早いに越したことはない。顧客や業務に関するデータで企業が収集できるものはさらに増え、非構造化データの解析技術が進んでソーシャルメディアが調査の場となり、「モノのインターネット化（IoT：Internet of Things）」によってますます多くの機器からデータが得られるようになる。もし、社内の各プロセスの状況や製品に関する情報がリアルタイムですべて入手できたら、業務プロセスはどう変わるだろうか。あるいは、社員について同様の情報を測定できたら、採用や人事関連の業務はどう変わるだろうか。さらには、顧客のニーズや行動についてもっときめ細かく把握したならば、どのくらい個々の顧客の好みに合わせたサービスを提供できるだろうか。

アナリティクス以外にも、影響の大きなイノベーションがある。なかでも、ロボット工学や3Dプリンティング、拡張現実（AR：Augmented Reality）、ウェアラブル技術は、ビジネスの進め方を根本的に変えるだろう。こうしたテクノロジーによって、業務の性質や顧客体験だけでなく、ビジネスモデルまでもが変わっていく。

つい最近まで、産業用ロボットといえば高価で柔軟性に欠け、作業の際に近付きすぎると危険を伴うものだったが、こうした状況はすべて変わりつつある。今では、多くの工場で自動化された機械と人々が隣り合わせで働くようになり、人とロボットはどんどん緊密に協働するようになっている。見たり感じたりするなど、周囲の状況を感知するロボットの能力は急速に上がっており、ロボットができる仕事はますます増えている。さらに、ロボットは工場の現場を抜け出し、活動範囲を経済全体へと広げている。無人運転車などの自律走行車両も、ヒト型ではないがロボットの一種だ。ロボットは、製造業だけでなく物流や運輸業も変えるだろう。テレビのクイズ番組「ジェパディ！（Jeopardy）」で優勝したコンピュータのワトソンが法律や医学の分野に進出したら、こうした分野の仕事にどんなことが起きるだろうか。産業用ロボットは、あなたの事業のサプライチェーンや物流管理の形をどう変えるだろうか。

3Dプリンティングは、さらにビジネスチャンスを拡大させるだろう。企業は、このテクノロジーによって、文書を印刷するのと同じぐらい簡単に（スピードは劣るが）、部品を文字どおりプリントできるようになる。部品はプラスチックや金属などさまざまな原材料から作ることができ、非常に複雑な形状も製造できる。3Dプリンティングには、従来の製造プロセスにあったような制約はなく、すでに試作品の製造や特殊な部品の少量生産で使用されている。今後さらに用途は拡大するだろう。生産量の少ない部品の在庫を持たなくていいとなったら、在庫管理のプロセスはどう変わるだろうか。また、特注の部品を注文ごとにプリントできるとしたら、設計や販売の仕事はどう変わるだろうか。

拡張現実は、実世界にデータを重ね合わせて見せるもので、コンピュータによる音や画像、動画などを使って、修正された形の現実を表示する。このテクノロジーを使えば、消費者は製品やサービスをこれまでとはまったく違う方法で体験できるようになる。例えば、仮想の試着室で新しい服を着てみて、色違いを試し、アクセサリーを加え、フェイスブックで友人に意見を聞いてみる──。これがどれも珍しいことではなくなるだろう。オンラインショッピングは、そのうち実店舗での買い物と同じぐらい臨場感のあるものになるかもしれない。

拡張現実も社内のプロセスを変えるだろう。例えば、保守を担当する現場のエンジニアが、タブレットを使って基盤設備の各部分を認識させると、自動的にその保守記録や保守手順が画像の上に表示される、ということもできる。ある大手電子機器メーカーの製品設計者は、3Dの拡張現実を使って、ワイヤーハーネスが他の部分に繰り返し接触して擦れてしまい、ハーネスが想定より早く壊れてしまうであろうことを発見した。これは、2次元のデザインソフトではわからなかったことだ。では、このテクノロジーを使って、どうすれば購入前の顧客体験を向上させられるだろうか。また、あなたの事業の生産性を大幅に向上させるのに、このテクノロジーは役立つだろうか。

今日、一般的にウェアラブル技術と言われているものは、リアルタイムでのモニタリングとフィードバックの技術に、デザイン性と持ち運びやすさを組み合わせたものだ。先に紹介したナイキのフューエルバンドがその一例だ。ウェアラブル製品は、睡眠パターンから心拍まで、どんなものでも追跡する。スマートソックスでランニング技術を測定できるようになり、Tシャツの色や保温性も思いのままに変えられるようになるかもしれない。グーグルグラスのようなデジタル眼鏡は、すばらしい可能性を開くだろう。例えば、機械のメンテナンスの際に眼鏡を使用し、レンズ上に機械内部の様子を動画配信することもできる。機械の仕様も併せて表示すれば、診断の精度はさらに上がるし、両手が自由になることで修理もしやすくなる。もし、顧客が製品やサービスをどのように使っているのかを絶えずモニタリングできたら、新たな成長の源を見出すことはできるだろうか。ウェアラブル技術がもたらす新しいデータによって、利益を上げることはできるだろうか。事業の核となる業務でウェアラブル技術を採用すると、エンジニアの生産性はどのくらい上がるだろうか。

テクノロジーの急速な変化は、組織や変革のあり方も変える。いわゆるシェアリング・エコノミーは、大規模な資本集約型産業の見直しを迫り、大企業のビジネスモデルに重要な示唆を与えている。オープンイノベーションは、共通の関心を持つ人々のコミュニティを生み出し、人材発掘の新たな手段にもなり、取り組む課題によっては、本社で策定した計画や社内の資源に頼るよりも、速くかつ安価に進めることができる(2)。ソーシャルメディアや絶え間なく行き来するデータは、組織の壁を越え、階層をフラット化する。では、デジタル技術により変化を遂げた企業において、ミドル層が果たすべき役割は何だろうか。従来の組織のあり方につきまとう限界を乗り越えるには、どうすればよいだろうか。

今こそデジタルマスターを目指して動き出そう

あらゆる業界や企業、プロセス、意思決定、そして個々の仕事に至るまで、テクノロジーはビジネス界の隅々にまで及んでおり、企業の構造や経営のあり方、事業への取り組みや競合との戦い方を根本から変えている。いずれ、テクノロジーは新しいルールを備えた新たな競争の場を創り出し、そこで新たな勝者と敗者が生まれるだろう。

本書で議論したイノベーションのうち、どのテクノロジーがどんな進歩を遂げるのかはまだわからないし、それぞれの影響がどのくらい広く深いのかもまだ明らかではない。どのイノベーションも、それぞれがビジネス界では重要なものになるだろう。そして、それぞれのイノベーションが組み合わさると、その影響はまさに変革的なものになるだろう。

さらに私たちは、もっと変革的なテクノロジーも出てくるという確信を持っている。ただ、そうしたテクノロジーがどんなものかは、まったくわからない。テクノロジーの発展の歴史、とりわけデジタル技術の発展は驚きの連続だった。1世代のうちに、あらゆる知識労働者にとってパソコンがなくてはならない道具になるとは、誰に想像できただろうか。マルチメディア・インターフェース【訳注：文字だけでなく動画や静止画、音声等の複数のメディアを扱えるインターフェース】により、インターネットがオタクのためのネットワークから、世界をつなぐ媒体へと変わることを誰が知っていただろうか。電話機がまったく新しい部類のコンピュータ端末になるとは、誰が予想しただろうか。10年前にはただの娯楽だったソーシャルメディアが、何十億という人々をつなぎ、政府をも転覆させるような強力な組織化の手段になるとは、誰が考えただろうか。

このような革新がもたらす驚きが、近いうちに尽きる気配はない。世界には未来のイノベーターや起業家、発明家、機械いじり好き、オタクなどの人たちがたくさんいて、こうした人々は一段と強力になっていくコンピュータ技術を、ますます安い価格でいつでも手に入れられる。このようなテクノロジーに精通した人々は、ビジネス界を変える何か、ひいては世界を変える何かを考え出す。私たちには、どのような変化があるのかをすべて予測できるような力はない。だが、変化が起こるということは確信を持って言える。本番を迎えるのはこれからなのだ。

こうした変化に備えるための最良かつおそらく唯一の方法は、デジタルマスターになるべく今すぐ動き始めることだ。テクノロジーに（反発している企業は言うまでもなく）関心のない企業や、テクノロジーを自社の活力の源にする方法を見出していない企業は、ますます困難に直面するようになる。今後もイノベーションは数を増し、経営におけるブレークスルーが起こり続けるからだ。

私たちが本書を執筆したのは、あなたの会社がデジタルマスターになるうえで役立ててもらうためだ。本書は決して、テクノロジーに長けた企業になるためにすべきことが全部書かれている設計図ではない。そもそも、そのような設計図は存在しない。企業はどれも違っており、デジタルマスターになる道もそれぞれだ。だが、本書で取り上げた成功企業のパターン、つまりデジタルマスターのDNAは、どんなデジタル変革にも役立てることができる。

本書で紹介したさまざまな例や解説、フレームワークがあなたにとって有意義なものであることを、そして、デジタルによって変化を遂げた新しい世界で、あなたの会社が成功を実現するのに役立つことを願っている。

付録 デジタルマスター・チェックリスト

デジタル変革を進めるには、まず自社の出発点を知る必要がある。あなたの会社は、すでにデジタルマスターだろうか。あるいは初心者、先端派、保守派のいずれだろうか。私たちは、組織のデジタルマスター度を把握するための簡単な質問集を開発した。

まず、自社がソーシャルメディアや、モバイル端末、アナリティクス、組み込み機器などのデジタル技術をどのくらい活用しているかを考えよう。自社は、顧客体験や業務オペレーションに必要なデジタル能力を構築しているだろうか。既存のビジネスモデルをデジタルへと発展させたり、新しいビジネスモデルを立ち上げたりしているだろうか。**表A.1**を用いて、自社のデジタル能力を評価しよう。

次に、自社はデジタル変革をどのくらい進めているかを考えよう。社員を魅了するような変革ビジョンを共有しているだろうか。デジタル変革を適切に統括しているだろうか。テクノロジー・リーダーシップ能力を的確に発揮しているだろうか。**表A.2**を用いて、リーダーシップ能力を評価しよう。

そして、デジタル能力とリーダーシップ能力の数値を使って、**図A.3**のデジタルマスター・マトリックスを作成してみよう。これにより、自社がどこから旅を始めることになるのか、その目安をつけられるだろう。

デジタル能力のスコアは、10〜70の範囲となる。スコアが10〜41の場合は図の下半分に、42〜70の場合は上半分に位置する。

リーダーシップ能力の数値も、10〜70の範囲となる。スコアが10〜42の場合は図の左側に、43〜70の場合は右側に位置する。

同僚にも同じチェックリストに答えてもらい、あなたの回答と比較してみよう。最もうまくできているのはどこだろうか。どの領域で改善が必要だろうか。そして、他部署や異なる階層の人と見方が合う部分、合わない部分は

表 A.1 自社はデジタル能力をうまく築いているか？

各設問について、**1**～**7**の数値で回答しよう。そのうえで、デジタル能力の合計点を計算してみよう。
（**1**＝まったくそうではない　**4**＝標準　**7**＝まったくそのとおり）

設　問	得点
自社は顧客をより深く理解するために、アナリティクス、ソーシャルメディア、モバイル端末、組み込み機器などのデジタル技術を活用している	
自社は製品やサービスの宣伝に、デジタルチャネル（オンライン、ソーシャルメディア、モバイル端末など）を活用している	
自社は製品やサービスをデジタルチャネルで販売している	
自社は顧客にサービスを提供するために、デジタルチャネルを活用している	
テクノロジーによって、顧客対応と業務プロセスを新しい方法で結ぶことが可能になっている	
自社では主要な業務プロセスは自動化されている	
自社では重要な業務オペレーションと顧客情報を一元的に見ることができる	
自社は業務に関してより良い意思決定を行うために、アナリティクスを活用している	
自社は既存の製品やサービスの性能、付加価値を高めるために、デジタル技術を活用している	
自社はデジタル技術を活用して、新たなビジネスモデルを立ち上げたことがある	
合計点	

表 A.2 自社はリーダーシップ能力をうまく築いているか？

各設問について、**1**～**7**の数値で回答しよう。そのうえで、リーダーシップ能力の合計点を計算してみよう。

（**1**＝まったくそうではない　**4**＝標準　**7**＝まったくそのとおり）

設　問	得点
経営幹部は、自社のデジタルの未来に関する変革ビジョンを持っている	
経営幹部とミドルマネジャーは、デジタル変革について同じビジョンを共有している	
全社員がデジタル変革に関する対話に参加する機会がある	
自社はデジタル変革に向けて企業文化を変えようと取り組んでいる	
自社は変革に必要なデジタルスキルに投資している	
デジタルに関する取り組みは、部門や地域横断で進められている	
デジタルに関する取り組みを統括する役割と責任が明確に定義されている	
デジタルに関する取り組みは、共通の業績評価指標（KPI）で評価されている	
IT リーダーとビジネスリーダーがパートナーとして協働している	
IT 部門の仕事ぶりは自社のニーズを満たしている	
合計点	

図 A.3　デジタルマスターに至る4つのレベル

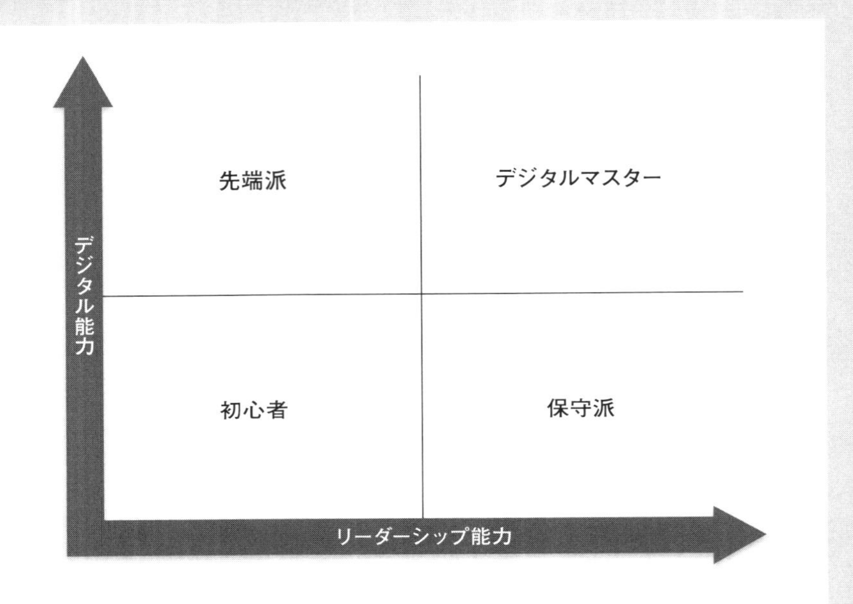

出典：George Westerman, Maël Tannou, Didier Bonnet, Patrick Ferraris, and Andrew McAfee, "The Digital Advantage: How Digital Leaders Outperform Their Peers in Every Industry," Capgemini Consulting and MIT Center for Digital Business, November 2012.

どこだろうか。

もちろん、あなたや同僚は、競合他社と比較した自社の位置について、すぐにもっと深く考えなければならなくなるだろう。序章で議論したように、他業界よりも先を行っている業界もある。そして、時間が経つにつれ、すべての業界が前に進む。それでも、このチェックリストは、自社の強みと弱みを考えるのに役立つだろう。

自社の出発点がわかったら、変革の道筋を描くことができる。あなたの会社は図の上方に進む必要があるだろうか。その場合、第Ⅰ部で述べているデジタル能力に注目しよう。あるいは、図の右方に進む必要があるだろうか。その場合は、第Ⅱ部で説明しているリーダーシップ能力に注目しよう。準備が整ったら、第Ⅲ部を手引きとして活用し、デジタル変革の旅に出発しよう。

訳者あとがき

翻訳者を代表して

グロービス経営大学院　教員　吉田素文

本書 *Leading Digital* は、米国での調査結果や企業幹部とのインタビュー、協働を通じて得られた「(既存産業の大企業の) 理想と現実」の広範な理解と深い分析をもとに、デジタル変革を進める際に、多くの経営者、リーダーが直面する難所や落とし穴を避けるための具体的な対策を示した1冊である。

特に後半では、リーダーが自社の課題を特定するためのチェックリスト、順を追って変革を進めるための「デジタル変革の羅針盤」等、わかりやすく実用性の高いフレームワークを提示しており、きわめて実践的なものとなっている。グロービスでも経営大学院や法人向けの経営者育成プログラムなどにおいて、これらの内容を紹介しており、多くの方に強い関心を持っていただいている。

多くの日本企業の悩み

「『AIやビッグデータを使って何か考えろ』と経営陣から言われて、今あわてていろいろ情報収集をしています」「当社にもデジタル関係の専門部署ができて、エンジニアの採用を始めているようです」「業界に大きな変化が起きており、当社も早急に対応しなければならないと、皆わかってはいるんですが、なかなか進んでいません」等々。

これらはここ数年、我々が多くの企業の方々と戦略や組織上の課題を議論する中でよく耳にする話だ。情報革命（第４次産業革命）への対応は、今やほぼすべての産業で重要かつ喫緊の課題となっている。経営者は「変わる必要性」を訴え、さまざまな取り組みも始まっている。

しかし、そうした企業のほとんどの社員は、これまでと同じような製品・サービスを、これまでと同じやり方で提供する仕事に従事し、あまり変わらない日常を過ごしていることが多い。AI、ビッグデータ、ロボティクスと、新たな情報技術の話はしきりに聞かされるものの、これまでと同じようなペースでものごとが進み、実感できるような変化は起こっていない。
「デジタルの話」は多くの人にとって、「会社としては何かやっているらしいが、自分にはほとんど関係ない」「取り組みを求められるが、何をどうすればよいかがわからない」ことなのだ。デジタル新規事業に直接携わっている人がいたとしても、多くの場合「本格的に動き始めたとたんに、上層部や他部署の無理解、反発にあって、変革がなかなか進んでいない」のが実情である。

一方、我々は消費者として、スマートフォンなどを用いて、数年前までは考えられなかったレベルの便利さを享受している。情報技術を活用した新しいサービスの紹介をメディアで目にしない日はないし、世界中のユニコーン企業がいとも簡単に既存の業界の枠を越えて影響力を拡大する姿を、目の当たりにしている。情報技術を利用した「働き方改革」「HRテック」の取り組みも加速してきた。

自身と自社の今後の行く末に関心があるビジネスパーソンであれば、今起きている情報革命の影響力の大きさとそのスピードの速さを、強く実感しているはずである。にもかかわらず、我々の仕事・職場では、あまり変わらぬ日々が過ぎていく。そんな現状に焦りと不安を抱いている方も多いのではないだろうか。

なぜ変われないのか？

どうしてこうなってしまうのだろうか？　我々が多くの企業のみなさんと格闘する中で実感している現状の課題は、次の2つのパターンのどちらかである。

１つは、さまざまな情報技術の活用を進めてはいるものの、その多くが「既存の製品・サービスをもっとうまく顧客に知ってもらい、届けるためのもの」、もしくは「既存の企業活動の効率性を高めるためのもの」になっているケースである。それはそれで取り組む意義はあるものの、ビジネスモデルは旧来のままで、そこに情報技術を「付け加える」レベルにとどまる取り組みが多い。

我々はこれを「ふりかけモデル」と呼んでいる。情報技術が顧客の求めるもの、産業のあり方自体を大きく変えつつある中で、このアプローチから生み出される効果は限定的だ。情報革命による世界の変化、産業の変化、戦略・ビジネスモデルの変化、そして組織運営のあり方の根底にある本質的意味を認識し、この新たな世界に適応する企業モデルの構築に取り組む（これを我々は「炊き込みご飯モデル」と呼んでいる）企業との差は、開くばかりである。

もう１つは、経営陣も多くの社員も、「変わらなければならない」ことは十分に理解しており、進むべき方向性も見えているものの、うまく進められていないケースである。既存事業が売上げ・利益・資金・人材等の多くを占めている現状において、新たな事業の創造、そして既存事業の変革をどのように進めていくべきかがわからずに立ちすくんでしまう、もしくは拙速に不適切な進め方をして失敗してしまう、といった状態だ。

例えば、デジタル関係の新部署を作り新たなビジネスを企画したものの、既存ビジネスへの悪影響を懸念する社内勢力の抵抗にあって挫折してしまう。新たにオープンイノベーション・ラボを始め、良いアイデアが生まれたが、その後の社内での意思決定に時間がかかりすぎて、推進メンバーがやる気をなくしてしまう。

無料もしくは低価格でサービスを提供してユーザーベースを拡大している最中に、売上げ・利益をベースにした管理会計の仕組みに基づく事業評価がなされ、その社内説明に中心メンバーの多大な時間が割かれてしまう。これらはいずれも、デジタル変革の戦略は立てたものの、実行推進において失敗している状態である。

我々は、企業の現場で起きているこうした問題に対峙する中で、あまりに多くの企業経営者、社員がデジタル革命の本質、そしてデジタル変革の具体的方法について理解できていないことに、また理解する方法がないことに強い問題意識を持った。そこで多くのビジネスパーソンが正しく、かつ実践的な理解を得られる書籍を探し求め、出会ったのが本書である。本書の内容を理解し、実践に移していくことは、企業経営者、ビジネスパーソンにとってよりいっそう重要になり、きわめて必要性・緊急性が高い課題である。
「デジタル革命を踏まえ、我々はどのようなビジネスの姿に転換すべきなのか？」「そうした企業はどういった活動をどのように行い、どのような能力を持った組織であるべきなのか？」そして最も重要なのは、「新しいビジネスモデルと組織の姿にどのように進化していけばよいのか？」といった課題である。

本書の特徴

本書は、こうした問いに答え、伝統的で大規模な企業・組織が「デジタルマスター」に変容するための重要な指針を与えてくれる。特徴は大きく３つある。

①伝統的な大企業がデジタル技術により、いかに優位性を築くのかにフォーカス

本書は、デジタル技術を使ってきわめて高い収益性や生産性、業績を実現している企業をデジタルマスターと定義する。そして「伝統的な、大規模な企業・組織が、いかにしてデジタルマスターに変容するか」にフォーカスし、世界中の多数の事例研究や企業経営者への調査、インタビューをもとに、その難所を明らかにし、乗り越えるための具体的な処方箋を示している。どんな企業でもデジタルマスターになる可能性がある、という勇気と具体的指針を与えてくれるものだ。

第Ｉ部ではデジタルマスターが構築すべきデジタル能力について、優れた顧客体験の創出、強力なビジネスプロセスの構築、ビジネスモデルの変革という３つのポイントを、多数の企業事例を織り交ぜながら解説する。

そして第Ⅱ部では、デジタルマスターが備えるべき組織能力・特性であるリーダーシップ能力について、特に既存の大組織を変えるうえで重要なポイントを詳述している。さらにこの第Ⅱ部を変革のステップに落とし込んで具体化した第Ⅲ部は、伝統的な大企業が置かれた状況と変革における難所を押さえた内容になっており、自社のチェックリストとしても活用できる。

②テクノロジーよりも戦略、そして組織変革にフォーカス

急速に進む情報革命により、多くの企業が新しく高度な情報技術を導入・活用できる可能性が高まっている。

このような環境下では、テクノロジーそのもの以上に、さまざまなテクノロジーの変化が顧客やビジネスの環境にどのような変化をもたらすかを的確に理解し、それに対応した戦略を策定し、俊敏に実行できるかどうかが企業の成否を決めることになる。そのためには、新しい情報技術を使いこなし、これまでとは異なるレベルの高い生産性とスピードを実現するための仕組み、そして人・組織の変容が鍵になる。実際、デジタルマスターはデジタル能力が優れているだけでなく、組織として高いリーダーシップ能力を有している。

しかし、こうしたデジタル革命の中でいかに自社を導くのか、こうありたいという大志とも言うべきデジタルビジョンがないことが概して多い。また、組織の慣性により、組織変革を維持できずに終わってしまうこともしばしばある。そこで本書は、さまざまなテクノロジーがもたらす変化を前提にしながらも、伝統的大企業がどのように「デジタル化」した戦略に転換し、その実現に向けて組織をどのように変えていくべきか、多くの組織内で生じているさまざまな困難とその原因を具体的にひもといたうえで、変革のステップを示している。

そこでの鍵は、トップのリーダーシップの下に、デジタルビジョンを掲げ、ダイナミックに組織を巻き込み、ガバナンスを構築してビジョンの進捗をしっかりとモニタリングするなどの仕組みに落とし込むことだ。

③長年の調査と企業現場との協働に基づく実用的なフレームワークを提供

本書の著者であるジョージ・ウェスターマンやアンドリュー・マカフィーが属するマサチューセッツ工科大学（MIT）は、長年にわたって企業のデジタル・トランスフォーメーションに関する調査を行ってきた。ウェスターマンは、デジタル革命がもたらすさまざまな変化とその対応を研究するMITイニシアチブ・オン・ザ・デジタル・エコノミーのリサーチ・サイエンティストであり、デジタル技術を用いた競争優位性構築に関する研究・教育に長年携わっている。

マカフィーは同イニシアチブの共同チェアマンであり、この分野における第一人者としての評価が高い。その著作は『機械との競争』『ザ・セカンド・マシン・エイジ』など日本語にも訳されている。ディディエ・ボネは、キャップジェミニ・コンサルティングのシニア・バイスプレジデントであり、同社のデジタル・トランスメーション・プログラムのヘッドを務め、戦略、インターネット経済、大企業での事業組織変革分野における25年を超える経験を有している。

冒頭にも述べたように、本書は、広範な調査や深い分析をもとにしつつ、具体的な対策やそこで使えるツールを提唱しており、きわめて実践的である。

グロービス経営大学院は「社会の創造に挑み、変革を導くことができるビジネスリーダー」の育成をミッションとし、「能力開発」「人的ネットワークの構築」「志の醸成」を基本理念に掲げてきた。既に学生数では日本一の経営大学院となっており、社会にインパクトを与える卒業生がどんどん輩出されている。

本書が言うとおり、あらゆるビジネス領域にデジタル変革の影響が及ぶ中で、必然的にリーダーに求められる要件も大きく変わってきている。デジタル・テクノロジーに対する広く深い理解と、それらを前提とした戦略と組織運営、意思決定のあり方に精通することがますます必要になりつつある。

そこでグロービス経営大学院では、その潮流を先取りすることにより、最先端のテクノロジーを理解し、イノベーションを起こすことができる新時代リーダーの輩出を目指し、2016年から「テクノベート」(テクノロジーとイノベートを組み合わせた造語)という名の下に多くの新科目を開講している。本書の内容の紹介や翻訳も、こうした「テクノベートMBA化」の延長線上にある。

また、グロービス・コーポレート・エデュケーション（法人研修部門）でも、デジタル変革の波を乗り越え、次の時代を創り出せる次世代リーダー育成に、数多くの企業と取り組んでいる。

だがその中では、デジタル変革は見逃せない重要なテーマと理解しつつも、その一歩をどのように踏み出すか悩み、躊躇している企業が多いことも事実である。

あらゆる業界や企業、プロセス、意思決定、そして個々の仕事に至るまで、テクノロジーはビジネス界の隅々にまで及んでおり、企業の構造や経営のあり方、事業への取り組みや競合との戦い方を根本から変えている。これからも、テクノロジーは新しいルールを備えた新たな競争の場を作り出し、そこで新たな勝者と敗者が生まれ続けるだろう。

そんな時代において、本書を通じて1人でも多くのビジネスパーソンや企業が、デジタル革命を乗り越え、新たなビジネスモデルを構築し、組織を導くための考え方や着眼点、そして勇気を得ていただけたら、訳者にとって望外の喜びである。

最後に、本書の翻訳・出版にあたっては、グロービス同僚の嶋田毅さん、川上慎市郎さん、ダイヤモンド社書籍編集局第一編集部の木山政行副編集長、アデリー出版企画の東方雅美さんに大変お世話になった。心から感謝申し上げたい。

2018年8月

原注

はじめに

1. Quentin Hardy, "Just The Facts. Yes, All of Them," *New York Times*, March 24, 2012, www.nytimes.com/2012/03/25/business/factuals-gil-elbaz-wants-to-gather-the-data-universe.html?pagewanted=all&_r=0.
2. Marc Andreessen, "Why Software Is Eating the World," *Wall Street Journal*, August 20, 2011, https://www.wsj.com/articles/SB10001424053111903480904576512250915629460

序章

1. "Nike's Just Getting Going: CEO Parker," *Bloomberg*, October 9, 2013, www.bloomberg.com/video/nike-s-just-getting-going-ceo-parker-OdYc8j3aRr2fiNMbiNvpfg.html.
2. Vignette built from public sources and from Maël Tannou and George Westerman, "Nike: From Separate Level Initiatives to Firm Level Transformation," white paper, Capgemini Consulting, 2012, www.capgemini-consulting.com/nike.
3. "Nike's Just Getting Going: CEO Parker."
4. Erica Swallow, "How Nike Outruns the Social Media Competition," Mashable.com, September 22, 2011, http://mashable.com/2011/09/22/nike-social-media/.
5. Asian Paints, "Corporate Information," www.asianpaints.com/company-info/about-us/corporate-information.aspx; currency conversion by oanda.com, accessed May 8, 2014.
6. Capgemini Consulting, "Building a World Leader Through Digital Transformation: An Interview with Manish Choksi," Digital Transformation Review, no. 2, January 1, 2012, https://www.capgemini.com/consulting/resources/digital-transformation-review-2/
7. 同上
8. 同上。George Westerman et al., "Digital Transformation: A Roadmap for Billion Dollar Organizations," white paper, Capgemini Consulting and MIT Center for Digital Business, November 17, 2011, www.capgemini-consulting.com/digital-transformation-a-road-map-for-billion-dollar-organizations, 14–15.
9. Asian Paints, "About Us," https://www.asianpaints.com/more/about-us.html
10. George Westerman et al., "The Digital Advantage: How Digital Leaders Outperform Their Peers in Every Industry," white paper, Capgemini Consulting and MIT Center for Digital Business, November 2012, http://ebooks.capgemini-consulting.com/The-Digital-Advantage/index.html, 9.
11. George Westerman et al., "Digital Transformation," 61.
12. Westerman et al., "The Digital Advantage."
13. Tannou and Westerman, "Nike: From Separate Level Initiatives."
14. Michael Welch and Jerome Buvat, "Starbucks: Taking the 'Starbucks Experience' Digital," Capgemini Consulting, October 4, 2013, www.capgemini.com/resources/

starbucks-taking-the-starbucks-experience-digital.
15. ノースウェスタン・ミューチュアルの事例研究、著者によるインタビュー（匿名）より
16. 著者によるインタビュー（匿名）より
17. Westerman et al., "The Digital Advantage," 6.
18. 同上

第１章
1. George Westerman et al., "Digital Transformation: A Roadmap for Billion Dollar Organizations," white paper, Capgemini Consulting and MIT Center for Digital Business, November 17, 2011, www.capgemini-consulting.com/digital-transformation-a-road-map-for-billion-dollar-organizations.
2. As of spring 2014, Ahrendts is senior vice president for retail and online sales at Apple. Capgemini Consulting, "Burberry's Digital Transformation," Digital Transformation Review, no. 2, January 2012, https://www.capgemini.com/consulting/resources/digital-transformation-review-2/
Austin Carr, "Apple Hires Burberry CEO Angela Ahrendts to Rejuvenate Retail Stores," Fast Company, October 15, 2013, www.fastcompany .com/3019981/apple-hires-burberry-ceo-angela-ahrendts-to-rejuvenate-retail-stores.
3. 同上。バーバリーの創始者であるトーマス・バーバリーは、元々はイギリス軍に販売されたコートのオリジナルデザインを発明した。そのコートは、快適かつ耐水性がある洋服向けの特別なタイプの生地で作られていた。
4. Capgemini Consulting, "Burberry's Digital Transformation."
5. www.burberry.com.
6. http://kisses.burberry.com.
7. Capgemini Consulting, "Burberry's Digital Transformation."
8. Perry Manross, "Three Tenets of a Best Run Business," SAP.info, May 15, 2012, http://en.sap.info/hana-in-memory-sapphirenow-orlando-2012/72972/3.
9. Capgemini Consulting, "Burberry's Digital Transformation."
10. "Burberry Goes Digital," Economist, September 22, 2012, www.economist.com/node/21563353; "How Fashion Retailer Burberry Keeps Customers Coming Back For More," Forbes.com, October 28, 2013, www.forbes.com/sites/sap/2013/10/28/how-fashion-retailer-burberry-keeps-customers-coming-back-for-more.
11. Capgemini Consulting, "Burberry's Digital Transformation."
12. For L2 Thinktank ranking, https://www.l2inc.com/research?search_term=2013&research-vertical=luxury
For Fast Company ranking, https://www.fastcompany.com/most-innovative-companies/2014/sectors/retail
https://www.fastcompany.com/most-innovative-companies/2013/sectors/retail
For Interbrand ranking, www.interbrand.com/en/best-global-brands/2013/Best-Global-

Brands-2013.aspx.
13. Michael Welch and George Westerman, "Caesars Entertainment: Digitally Personalizing the Customer Experience," white paper, Capgemini Consulting, April 25, 2013,www.capgemini.com/resources/caesars-entertainment-digitally-personalizing-the-customer-experience.
14. Capgemini Consulting, "Allianz: Creating a Digital DNA," Digital Transformation Review, no. 4, May 2013, www.capgemini-consulting.com/digital-transformation-review-4.
15. Michael Fitzgerald, "How Starbucks Has Gone Digital," MIT Sloan Management Review, April 4, 2013, http://sloanreview.mit.edu/article/how-starbucks-has-gone-digital/.
16. Martha Heller, "How Vail Resorts Uses IT to Profile Skiers," Cio.com, June 26, 2013, www.cio.com/article/734940/How_Vail_Resorts_Uses_IT_to_Profile_Skiers_.
17. ペルソナは、顧客体験において同じパターンの行動をとる集団を指す。あるペルソナの行動パターンは、年齢、性別、受けた教育、場所、または他の典型的な人口統計データにかかわらず、共通である。
18. Heller, "How Vail Resorts Uses IT to Profile Skiers." https://www.cio.com/article/2384903/customer-relationship-management/how-vail-resorts-uses-it-to-profile-skiers.html
19. Megan Burns, "The State of Customer Experience 2011," Forrester Research, February 17, 2011, 1, 3, https://www.forrester.com/report/The+State+Of+Customer+Experience+2011/-/E-RES58635
20. Fitzgerald, "How Starbucks Has Gone Digital."
21. James Wester, "Starbucks Still Feeling a Buzz from Mobile Payments," Mobilepaymentstoday.com, January 28, 2013, https://www.mobilepaymentstoday.com/news/starbucks-still-feeling-a-buzz-from-mobile-payments/
22. Square, Inc., "Starbucks Accelerates Mobile Payments Leadership by Choosing Square for Payments," Square web page, August 8, 2012, https://squareup.com/news/square-starbucks
23. Starbucks, "Starbucks Coffee 2013 Annual Meeting of Shareholders: Adam Brotman," Starbucks, March 20, 2013, http://media.corporate-ir.net/media_files/IROL/99/99518/asm13/ASM_SHOW_FINAL_AdamBrotman.pdf.
24. Sarah Vizard, "P&G Invests 30% of Media Spend in Digital," Marketing Week, January 24, 2014, www.marketingweek.co.uk/sectors/fmcg/pg-invests-30-of-media-spend-in-digital/4009256.article.
25. Gartner, "US Digital Marketing Spending Survey 2013," Gartner, March 6, 2013, https://www.gartner.com/technology/research/digital-marketing/digital-marketing-spend-report.jsp
26. "My Starbucks Idea," http://mystarbucksidea.force.com/.
27. Ashton D, "Introducing Starbucks Runner Reward," My Starbucks Idea blog, August 27,

2012, http://blogs.starbucks.com/blogs/customer/archive/2012/08/27/introducing-starbucks-runner-reward.aspx.
28. Starbucks, "Starbucks CEO Hosts 2013 Annual Meeting of Shareholders," transcript, Yahoo Finance, March 21, 2013, http://finance.yahoo.com/news/starbucks-ceo-hosts-2013-annual-055406090.html.
29. Andrew McAfee, "Big Data: The Management Revolution," Massachusetts Institute of Technology, Center for Digital Business, Conference, Cambridge, MA, December 12, 2012, https://www.youtube.com/watch?v=T5AkD9gzchs#t=40.
30. Welch and Westerman, "Caesars Entertainment," 3.
31. Liz Benston, "Harrah's Launches iPhone App; Caesars Bypasses Check-In," Las Vegas Sun, January 8, 2010, www.lasvegassun.com/news/2010/jan/08/harrahs-launches-iphone-app-caesars-bypasses-check/.
32. Capital One, "News Release," http://phx.corporate-ir.net/phoenix.zhtml?c=70667&p=irol-newsArticle&ID=1080986&highlight=.
33. Trefis Team, "Capital One Buys Data Analytics Firm to Tap Spending Trends at Local Businesses," Forbes, December 6, 2012, www.forbes.com/sites/greatspeculations/2012/12/06/capital-one-buys-data-analytics-firm-to-tap-spending-trends-at-local-businesses/.
34. Julie Shicktanz, "One Year After Its FinovateSpring 2011 Demo, Bankons Inks Deal with Capital One," Finovate blog, May 7, 2012, http://finovate.com/2012/05/one-year-after-its-finovatespring-demo-bankons-is-acquired-by-capital-one.html.
35. John Adams, "Cap One's Jamison Discusses Issuer's New Digital Innovation Lab," PaymentSource.com, November 28, 2011, https://www.paymentssource.com/news/cap-ones-jamison-discusses-issuers-new-digital-innovation-lab
36. nGenera, "Business Analytics: Six Questions to Ask About Information and Competition," SAS.com, 2008.
※以下より氏名登録するとホワイトペーパーをダウンロード可能
https://www.sas.com/en_ie/whitepapers/ngenera-business-analytics-six-questions-103541.html
37. www.google.com/financeのデータによると、2000年の純利益は4億6,700万ドル、2010年の純利益は27億4,300万ドルで、10年で19.32%のCAGRを達成している。
38. Michael Welch and Jerome Buvat, "Starbucks: Taking the 'Starbucks Experience' Digital," Capgemini Consulting, October 4, 2013, www.capgemini.com/resources/starbucks-taking-the-starbucks-experience-digital.
39. Fred Bernstein, "Technology That Serves to Enhance, Not Distract," New York Times, March 20, 2013, www.nytimes.com/2013/03/21/arts/artsspecial/at-cleveland-museum-of-art-the-ipad-enhances.html?pagewanted=all&_r=2&.
40. RightNow/Harris Interactive, Customer Experience Impact Report, RightNow/Harris Interactive, 2011.
41. Forrester, North American Technographics Customer Experience Online Survey, 2010,

www.forrester.com/North+American+Technographics+Customer+Experience+Online+Survey+Q4+2010+US/-/E-SUS805.

第２章

1. Codelco information based on author interviews with CIO Marco Orellana, 2011, and published sources.
2. Marco Orellena, "Digital Codelco," PowerPoint presentation, 2013, http://tinyurl.com/mn8csbq.
3. Christina Torode, "Codelco CIO Transforms Business with Business Process Automation," video interview, SearchCIO, June 15, 2011, http://searchcio.techtarget.com/news/2240036877/Codelco-CIO-transforms-business-with-business-process-automation.
4. Orellena, "Digital Codelco," 30.
5. Torode, "Codelco CIO Transforms Business."
6. Alexei Barrionuevo and Simon Romero, "Trapped 68 Days, First Chilean Miners Taste Freedom," New York Times, October 12, 2010, www.nytimes.com/2010/10/13/world/americas/13chile.html?pagewanted=all&_r=0; Faaiza Rashid, Amy Edmondson, and Herman Leonard, "Leadership Lessons from the Chilean Mine Rescue," Harvard Business Review, July–August 2013, http://hbr.org/2013/07/leadership-lessons-from-the-chilean-mine-rescue/ar/1, 113–119.
7. Orellana, "Digital Codelco."
8. Torode, "Codelco CIO Transforms Business."
9. 同上
10. James P. Womack, Daniel T. Jones, and Daniel Roos, The Machine That Changed the World (New York: Free Press, 2007); Steven Spear and H. Kent Bowen, "Decoding the DNA of the Toyota Production System," Harvard Business Review, September 1999, http://hbr.org/1999/09/decoding-the-dna-of-the-toyota-production-system/ar/1.
11. Erik Brynjolfsson and Andrew McAfee, The Second Machine Age: Work, Progress, and Prosperity in a Time of Brilliant Technologies (New York: W. W. Norton & Company, 2014).
12. 例として以下を参照。Zeynep Ton, The Good Jobs Strategy: How the Smartest Companies Invest in Employees to Lower Costs and Boost Profits (Boston: New Harvest, 2014).Notes 259
13. J. March, "Exploration and Exploitation in Organizational Learning," Organization Science 2 (1991): 71–87; M. Benner and M. Tushman, "Exploitation, Exploration, and Process Management: The Productivity Dilemma Revisited," Academy of Management Review 28, no. 2 (2003): 238–256.
14. Erik Brynjolfsson and Adam Saunders, Wired for Innovation: How Information Technology Is Reshaping the Economy (Cambridge, MA: MIT Press, 2010), chap. 3.
15. Brynjolfsson and McAfee, The Second Machine Age, chap. 9.

最近の研究によると、過去30年間にわたりテクノロジーによる労働需要の空洞化が生じている。（介護やハウスクリーニングなどの）定型的な手作業を伴う業務については人の手によって行われているものもまだあるが、文書処理や経理業務といった中程度のスキルを必要とする業務はコンピュータへの置き換えが急速に進んでいる。教育や財務分析など認知的タスクを伴う非定型業務については、コンピュータに置き換わるという脅威には従来さらされていなかったが、状況は急速に変化している。

16. Capgemini Consulting, "UPS: Putting Analytics in the Driver's Seat—Interview with Jack Levis," Digital Transformation Review, no. 5, Gearing Up for Digital Operations, January 2014, www.capgemini-consulting.com/digital-transformation-review-5.
17. Nadira A. Hira, "The Making of a UPS driver," CNN Money, November 7, 2007, http://money.cnn.com/magazines/fortune/fortune_archive/2007/11/12/101008310/.
18. Capgemini Consulting, "UPS: Putting Analytics in the Driver's Seat."
19. 同上
20. 同上
21. 同上
22. 著者らによる匿名の対象者とのインタビューによる
23. Asian Paints vignette adapted from George Westerman et al., "Digital Transformation: A Roadmap for Billion Dollar Organizations," white paper, Capgemini Consulting and MIT Center for Digital Business, November 2011, 14–15, and Capgemini Consulting, "Building a World Leader Through Digital Transformation: An Interview with Manish Choksi," Digital Transformation Review, no. 2, January 1, 2012, 42–47.
24. Capgemini Consulting, "Building a World Leader Through Digital Transformation."
25. Michael Welch and George Westerman, "Caesars Entertainment: Digitally Personalizing the Customer Experience," white paper, Capgemini Consulting, April 25, 2013, www.capgemini.com/resources/caesars-entertainment-digitally-personalizing-the-customer-experience.
26. Capgemini Consulting, "Building a World Leader Through Digital Transformation," Digital Transformation Review, no. 2, July 1, 2011, www.capgemini.com/resources/digital-transformation-review-no-1-july-2011, 42.
27. 同上
28. Association of Certified Fraud Examiners, Report to the Nations on Occupational Fraud and Abuse: 2012 Global Fraud Study (Austin TX: Association of Certified Fraud Examiners, 2012).
29. G. Collins, "Safeguarding Restaurants from Point-of-Sale Fraud: An Evaluation of a Novel Theft Deterrent Application Using Artificial Intelligence," Journal of Hotel Business Management 2 (2013): 105.
30. Lamar Pierce, Daniel Snow, and Andrew McAfee, "Cleaning House: The Impact of Information Technology Monitoring on Employee Theft and Productivity," MIT Sloan Research Paper No. 5029-13, August 24, 2013.
31. Lamar Pierce and Michael Toffel, "The Role of Organizational Scope and Governance

in Strengthening Private Monitoring," Organization Science 24, no. 5 (October 2013): 1558–1584.
32. Michael Schrage, "Q&A: The Experimenter," MIT Technology Review, February 18, 2011, www.technologyreview.com/news/422784/qa-the-experimenter/.
33. K. Nagayama and P. Weill, "7-Eleven Japan, Inc: Reinventing the Retail Business Model," MIT Center for Information Systems, January 2004.
34. Dan Siroker, A/B Testing: The Most Powerful Way to Turn Clicks into Customers (New York: Wiley, 2013).
35. James A. Cooke, "Kimberly-Clark Connects Its Supply Chain to the Store Shelf," Supply Chain Quarterly, Q1, 2013, www.supplychainquarterly.com/topics/Strategy/20130306-kimberly-clark-connects-its-supply-chain-to-the-store-shelf/?utm_medium=email&utm_campaign=Preview+-+Q1+2013+-+2013+Mar+15&utm_content=Preview+-+Q1+2013+=+2013+Mar+15+CID_3581e3c0e4a6dd35057267737b0b40fc&utm_source=Email % 20marketing % 20software&utm_term=Kimberly-Clark % 20connects % 20its % 20supply% 20chain% 20to% 20the% 20store% 20shelf.
36. "Zara: A Case of Rapid-Fire Fast Fashion Strategy," IPR Plaza, December 2012. http://ipr-plaza.com/state2/flow14 950.
37. 著者らによるエールフランス社セバスチァン・ベイグニューとのインタビューによる
38. 同上

第3章

1. Mark W. Johnson, Seizing the White Space: Business Model Innovation for Growth and Renewal (Boston: Harvard Business Press, 2010).
2. Michael Fitzgerald, Nina Kruschwitz, Didier Bonnet, and Michael Welch, "Embracing Digital Technology: A New Strategic Imperative," MIT Sloan Management Review, October 8, 2013.
3. Tom Kaneshige, "Hailo Picks Up Speed as a Digital Disrupter for Taxis," CIO.com, March 7, 2013, www.cio.com/article/729877/Hailo_Picks_up_Speed_as_a_Digital_Disrupter_for_Taxis.
4. Capgemini Consulting, "Hailo: Digitally Disrupting a Traditional Market—An Interview with Ron Zeghibe, Co-Founder and Executive Chairman," July 26, 2013, www.capgemini-consulting.com/hailo-digitally-disrupting-a-traditional-market.
5. 同上
6. C. Zott, R. Amit, and L. Massa, "The Business Model: Theoretical Roots, Recent Development and Future Research," working paper WP-862, IESE Business School, University of Navarra, Madrid, June 2010.
7. Alexander Osterwalder and Yves Pigneur, Business Model Generation: A Handbook for Visionaries, Game Changers and Challengers (New York: John Wiley & Sons, 2010); Mark W. Johnson, Seizing the White Space: Business Model Innovation for Growth and Renewal (Boston: Harvard Business Press, 2010); Constantinos C. Markides, Game-

Changing Strategies: How to Create New Market Space in Established Industries by Breaking the Rules (San Francisco: Jossey-Bass, 2008); Henry W. Chesbrough, Open Business Models: How to Thrive in the New Information Landscape (Boston: Harvard Business Press, November 2006).

8. Henning Kagermann, Hubert Osterle, and John Jordan, IT-Driven Business Models: Global Case Studies in Transformation (New York: John Wiley & Sons, 2011); James McQuivey and Josh Bernoff, Digital Disruption: Unleashing the Next Wave of Innovation (Amazon Publishing, 2013).
9. Thomas Eisenmann, Geoffrey Parker, and Marshall W. Van Alstyne, "Strategies for Two-Sided Markets," Harvard Business Review, October 2006, http://hbr.org/2006/10/strategies-for-two-sided-markets/ar/1. MITデジタルビジネスセンターの同僚であるGeoff ParkerとMarshall Van Alstyneがツーサイド・プラットフォーム理論に関する先駆的研究を実施している。また、以下も参照のこと。Andrei Hagiu and Julian Wright, "Multi-Sided Platforms," working paper 12-024, Harvard Business School, Boston, October 12, 2011; Andrei Hagiu, "Strategic Decisions for Multisided Platforms," MIT Sloan Management Review, winter 2014, http://sloanreview.mit.edu/article/strategic-decisions-for-multisided-platforms/.
10. Sangeet Paul Choudary, Geoffrey Parker, and Marshall Van Alstyne, "Outlook 2014: Platforms Are Eating the World," Wired, December 26, 2013, www.wired.com/insights/2013/12/outlook-2014-platforms-eating-world/.
11. Tomio Geron, "Airbnb and the Unstoppable Rise of the Share Economy," Forbes, January 23, 2013, www.forbes.com/sites/tomiogeron/2013/01/23/airbnb-and-the-unstoppable-rise-of-the-share-economy/.
12. Thomas Friedman, "Welcome to the 'Sharing Economy,'" New York Times, July 20, 2013, www.nytimes.com/2013/07/21/opinion/sunday/friedman-welcome-to-the-sharing-economy.html?_r=0.
13. Marriott Hotels, "Welcoming the Collaboration Generation into More Marriott Hotels: Workspace on Demand Expands," press release, Market Watch, September 23, 2013, www.marketwatch.com/story/welcoming-the-collaboration-generation-into-more-marriott-hotels-workspace-on-demand-expands-2013-09-23.
14. Zipcar, "Zipcar Reports Fourth Quarter and Full Year 2012 Results," press release, GlobeNewswire, February 15, 2013, http://globenewswire.com/news-release/2013/02/15/523986/10021911/en/Zipcar-Reports-Fourth-Quarter-and-Full-Year-2012-Results.html.
15. Beth Gardiner, "Jump In and Drive: Car Hire by the Minute Pulls on to UK Roads," Guardian, August 22, 2013, www.theguardian.com/environment/2013/aug/22/on-street-car-hire.
16. Tim Worstall, "Explaining the Avis Takeover of Zipcar," Forbes, February 2, 2013, www.forbes.com/sites/timworstall/2013/01/02/explaining-the-avis-takeover-of-zipcar/; Hagiu, "Strategic Decisions for Multisided Platforms."

17. Eisenmann, Parker, and Van Alstyne, "Strategies for Two-Sided Markets" ; see also Hagiu and Wright, "Multi-Sided Platforms" ; Hagiu, "Strategic Decisions for Multisided Platforms."
18. "The Last Kodak Moment," Economist, January 14, 2012, www.economist.com/node/21542796.
19. Australia Post, Annual Report 2012, auspost.com.au, 2012, http://auspost.com.au/media/documents/australia-post-annual-report-2011-12.pdf.
20. 同上
21. eBoks, "70-årig er e-Boks-bruger nummer fire million," e-boks.com, November 13, 2013, www.e-boks.com/dk/news.aspx?articleid=337.
22. eBoks, "Save at Least 80% on Postage—and Save Paper," eBoks home page, accessed April 25, 2014, www.e-boks.com/international/default.aspx.
23. Maël Tannou and George Westerman, "Nike: From Separate Level Initiatives to Firm Level Transformation," white paper, Capgemini Consulting, 2012, www.capgemini-consulting.com/nike.
24. Mark McClusky, "The Nike Experiment: How the Shoe Giant Unleashed the Power of Personal Metrics," Wired, June 22, 2009, archive.wired.com/medtech/health/magazine/17-07/lbnp_nike?currentPage=all.
25. Austin Carr, "Nike: The No. 1 Most Innovative Company of 2013," Fast Company, February 11, 2013, www.fastcompany.com/most-innovative-companies/2013/nike.
26. Trefis Team, "Why Nike Will Outpace the Sports Apparel Market's Growth," Forbes.com, May 3, 2013, www.forbes.com/sites/greatspeculations/2013/05/13/why-nikes-growth-will-outpace-the-sports-apparel-markets/.
27. Maël Tannou and George Westerman, "Volvo Cars Corporation: Shifting from a B2B to a 'B2B+B2C' Business Model," Capgemini Consulting, June 22, 2012, www.capgemini.com/resources/volvo-cars-corporation-shifting-from-a-b2b-to-a-b2bb2c-business-model.
28. Bertrand Dimont, "Mobile Insurance: Are You Well Positioned for This Emerging Channel?" Capgemini Consulting, 2012, http://ebooks.capgemini-consulting.com/Mobile-Insurance/files/assets/basic-html/page5.html.
29. Tokio Marine Holdings, "Evolving to Drive Growth," annual report, Tokio Marine Holdings, 2013, http://ir.tokiomarinehd.com/en/AnnualReport/IRFilingDataDownPar/0/IRFilingDownPar/0/PDFile/AR13_e_All% 20pages.pdf.
30. Franklin Rios, "How Analytics Can Transform Business Models," interview by Renee Boucher Ferguson, MIT Sloan Management Review, April 16, 2013.
31. Renee Boucher Ferguson, "Luminar Insights: A Strategic Use of Analytics," MIT Sloan Management Review, February 2014.
32. Entravision Q4 2013 Analyst Call Transcript from SeekingAlpha, http://seekingalpha.com/article/2057273-entravision-communications-management-discusses-q4-2013-results-earnings-call-transcript.
33. 同上

第４章

1. Case vignette based on interviews conducted by George Westerman with Jean-Pierre Remy and Nicolas Gauthier in 2011, 2013, and 2014. Information used with permission.
2. Hugh Schofield, "Minitel: The Rise and Fall of the France-Wide Web," BBC News Paris, June 27, 2012, www.bbc.co.uk/news/magazine-18610692.
3. Based on author interviews with CEO Jean-Pierre Remy. Used with permission.
4. George Westerman et al., "Digital Transformation: A Roadmap for Billion Dollar Organizations," white paper, Capgemini Consulting and MIT Center for Digital Business, November 17, 2011, www.capgemini-consulting.com/digital-transformation-a-road-map-for-billion-dollar-organizations, 63.
5. Didier Bonnet, George Westerman, and Michael Welch, "The Vision Thing: Developing a Transformative Digital Vision," white paper, Capgemini Consulting and MIT Center for Digital Business, 2013, www.capgemini.com/resources/the-vision-thing-developing-a-transformative-digital-vision.
6. 同上
7. Jennifer Van Grove, "How Starbucks Is Turning Itself into a Tech Company," VentureBeat, June 12, 2012, http://venturebeat.com/2012/06/12/starbucks-digital-strategy/.
8. Salesforce, "Burberry's Social Enterprise," video, Salesforce YouTube Channel, uploaded April 7, 2012, www.youtube.com/watch?v=XErGxMYuF2M.
9. Capgemini Consulting, "Beauty and Digital: A Magical Match—An Interview with Marc Menesguen," Capgemini Consulting Digital Leadership Series, 2012, http://ebooks.capgemini-consulting.com/Marc-Menesguen-Interview/index.html.
10. Michael Welch and George Westerman, "Caesars Entertainment: Digitally Personalizing the Customer Experience," Capgemini Consulting, April 25, 2013, www.capgemini.com/resources/caesars-entertainment-digitally-personalizing-the-customer-experience.
11. Commonwealth Bank of Australia, Annual Report, 2012, 5, https://www.commbank.com.au/about-us/shareholders/pdfs/annual-reports/2012_Commonwealth_Bank_Annual_Report.pdf.
12. Michael Schrage, Who Do You Want Your Customers to Become? " (Boston: Harvard Business Review Press, 2012).
13. Novartis, Annual Report, Novartis, 2012, www.novartis.com/investors/financial-results/annual-results-2012.shtml.
14. Proctor & Gamble, Annual Report, 2012, 5, www.pginvestor.com/Cache/1001174630.PDF?Y=&O=PDF&D=&fid=1001174630&T=&iid=4004124.
15. Boeing, "The Boeing Edge," Boeing Company website, accessed April 25, 2014, www.boeing.com/boeing/commercial/aviationservices/integrated-services/digital-airline.page.
16. 同上
17. See, for example, Alexander Osterwelder and Yves Pigneur, Business Model Generation:

A Handbook for Visionaries, Game Changers and Challengers (New York: John Wiley & Sons, 2010); and Mark W. Johnson, Seizing the White Space: Business Model Innovation for Growth and Renewal (Boston: Harvard Business Press, 2010).
18. Banco Santander, Annual Report, 2012, www.santanderannualreport.com/2012/en/, 7.
19. General Electric, Annual Report, 2011, 7, https://www.ge.com/sites/default/files/GE_AR11_EntireReport.pdf.
20. Progressive, "Progressive Background," Progressive Company website, accessed April 25, 2014, www.progressive.com/newsroom/press-kit/progressive-background/.
21. Ian Ayres, Super Crunchers (New York: Bantam Dell, 2007), 33.
22. Progressive, "Innovative Auto Insurance Discount Program to Be Available to 5,000 Minnesotans," Progressive, August 8, 2004, www.progressive.com/newsroom/article/2004/August/TripSense/.
23. Progressive, "Good Drivers Finally Get the Savings They Deserve as Progressive Unveils Snapshot Discount Countrywide," Progressive Company Website, March 14, 2011, www.progressive.com/newsroom/article/2011/March/snapshot-national-launch/.
24. J. Barney, "Firm Resources and Sustained Competitive Advantage," Journal of Management 17, no. 1 (1991): 99–120.
25. Westerman et al., "Digital Transformation" ; Didier Bonnet, Andrew McAfee, and George Westerman, "Companies Must Use Digital Technologies to Transform, Not Substitute," Financial Times, March 29, 2012, www.ft.com/cms/s/0/4fc3a520-79d4-11e1-9900-00144feab49a.html.
26. To perform this analysis, two expert coders jointly identified prototypical examples of substitution, extension, and transformation in each of four technologies: social media, mobile, analytics, and embedded devices. Subsequently, they independently coded interviews for each company to identify the most transformative initiative in each company by technology type. Where coding differed for a company, the two coders met to discuss the differences and identify a single answer for each technology for that company.
27. Westerman et al., "Digital Transformation," 63.
28. "Prisa Grasps Liberty Lifeline," Variety.com, November 29, 2010, http://variety.com/2010/biz/news/prisa-grasps-liberty-lifeline-1118028069/.
29. Westerman et al., "Digital Transformation," 56.
30. Capgemini Consulting, "Building a World Leader Through Digital Transformation: An Interview with Manish Choksi," Digital Transformation Review, no. 2, January 1, 2012, www.capgemini-consulting.com/digital-transformation-review -ndeg2, 42–47.
31. 同上

第5章

1. Frederick F. Reichheld and Rob Markey, *Loyalty Rules: How Today's Leaders Build Lasting Relationships* (Boston: Harvard Business School Press, 2001).

2. See, for instance, Michael Beer, High Commitment, *High Performance: How to Build a Resilient Organization for Sustained Advantage* (San Francisco: Jossey-Bass, 2009).
3. Rosabeth M. Kanter et al., *The Challenge of Organizational Change: How Companies Experience It and Leaders Guide It* (New York: Free Press, 1992).
4. For individual and team renewal, see Francis J. Gouillart and James N. Kelly, *Transforming the Organization: Reframing Corporate Direction, Restructuring the Company, Revitalizing the Enterprise, Renewing People* (New York: McGraw Hill, 1995). For psychological alignment, see Beer, *High Commitment, High Performance.*
5. Andrew McAfee, *Enterprise 2.0: New Collaborative Tools for Your Organization's Toughest Challenges* (Boston: Harvard Business Press, 2009).
6. Capgemini Consulting, "Conviviality Goes Digital at Pernod Ricard," unpublished case study, 2014.
7. 同上
8. Pernod Ricard, "87% of Pernod Ricard's Employees Recommend Their Company," press release, 2013, http://pernod-ricard.com/8931/press/news-press-releases/headlines/87-of-pernod-ricard-s-employees-recommend-their-company.
9. Capgemini Consulting, "Conviviality Goes Digital at Pernod Ricard."
10. 同上
11. 同上
12. 同上
13. 同上
14. 同上
15. 同上
16. McAfee, *Enterprise 2.0.*
17. Interview with authors, interviewee asked to remain anonymous.
18. Apple, "Serving Up Innovation," 2014, www.apple.com/iphone/business/profiles/kraft-foods/.
19. Mark Fidelman, "The World's Top 20 Social Brands," *Forbes*, November 20, 2012, www.forbes.com/sites/markfidelman/2012/11/20/the-worlds-top-20-social-brands/.
20. Stuart Elliott, "Coke Revamps Web Site to Tell Its Story," *New York Times*, November 11, 2012, www.nytimes.com/2012/11/12/business/media/coke-revamps-web-site-to-tell-its-story.html?_r=0.
21. David F. Carr, "Coca-Cola on Chatter: Beyond the Secret Formula," *Information Week*, September 20, 2012, www.informationweek.com/social-business/social_networking_private_platforms/coca-cola-on-chatter-beyond-the-secret-f/240007735?pgno=1.
22. Nestlé, "Digital Acceleration Team II," video, uploaded June 13, 2013, www.youtube.com/watch?v=b2KjwoxhvAs.
23. L'Oréal, "Digital for All: Sustainable Development," L'Oréal website, April 17, 2012, www.loreal.com/news/digital-for-all.aspx.
24. Popsi'it, "Management: Innovation Participative: Vos Idées Valent de l'OR," *Popsi'it*

blog, February 2014, http://blog.popsiit.com/wp-content/uploads/2014/02/19022014_art__001.pdf, 36–39.
25. George Westerman and Deborah Soule, "Learning to Foster Breakthrough Innovation: The Evolution of EMC's Innovation Conference," MIT Center for Information Systems Research, November 18, 2010.
26. EMC, "EMC Unites Thousands for Fourth Annual Innovation Conference," press release, October 20, 2010, www.emc.com/about/news/press/2010/20101020-01.htm.
27. Westerman and Soule, "Learning to Foster Breakthrough Innovation."
28. See, for instance, Henry William Chesbrough, *Open Innovation: The New Imperative for Creating and Profiting from Technology* (Boston: Harvard Business School Press, 2006).
29. Bruce Brown and Scott Anthony, "How P&G Tripled Its Innovation Success Rate," *Harvard Business Review*, June 2011, http://hbr.org/2011/06/how-pg-tripled-its-innovation-success-rate/ar/1.
30. Procter and Gamble, "What Is Connect and Develop?" Procter and Gamble website, 2014, https://www.pgconnectdevelop.com/
31. Brown and Anthony, "How P&G Tripled Its Innovation Success Rate."
The remaining quotes in this chapter are from interviewees who asked to remain anonymous.

第6章

1. P&G Corporate Video, YouTube, "QA with Bob McDonald—Investing in Digital Technologies at P&G," March 2011, https://www.youtube.com/watch?v=8m5LgZX27c4.
2. Jennifer Reingold, "Brainstorm Tech Video: P&G's Bob McDonald Talks Tech," Fortune, July 19, 2011, http://fortune.com/2011/07/19/brainstorm-tech-video-pgs-bob-mcdonald-talks-tech/.
3. Peter Weill and Stephanie L. Woerner, "The Future of the CIO in a Digital Economy," MIS Quarterly Executive, June 2013, http://cisr.mit.edu/locker/WeillWoernerMISQE2013FutureofCIO.pdf.
4. I CIO, "Creating the World's 'Most Tech-Enabled Corporation,'" April 2012, www.i-cio.com/big-thinkers/filippo-passerini/item/creating-the-world-s-most-tech-enabled-corporation.
5. Ken McGee, "Interview with Filippo Passerini," Gartner Fellows Interviews, January 2012, https://www.gartner.com/doc/1901015.
6. Heller Search Associates, "The Anticipator CIO: Procter & Gamble's Filippo Passerini," April 2014, http://blog.hellersearch.com/Blog/bid/196094/The-Anticipator-CIO-Procter-Gamble-s-Filippo-Passerini.
7. I CIO, "CEO & CIO United," April 2012, www.i-cio.com/features/april-2012/p-and-g-ceo-bob-mcdonald-and-cio-filippo-passerini.
8. 同上
9. "P&G's Global Business Services Organization Earns Praise," P&G Corporate

Newsroom, September 21, 2011, http://news.pg.com/blog/innovation/pgs-global-business-services-organization-earns-praise.
10. Filippo Passerini, 'Transforming the Way of Doing Business via Digitization," slideshare, November 2, 2011, www.slideshare.net/ericakirichenko/filippo-passerini-goind-digital.
11. TechWeb, "Procter & Gamble CIO Filippo Passerini: 2010 Chief of the Year," December 3, 2010, https://www.informationweek.com/it-leadership/procter-and-gamble-cio-filippo-passerini-2010-chief-of-the-year/d/d-id/1094572
12. Passerini, "Transforming the Way of Doing Business via Digitization."
13. TechWeb, "Procter & Gamble CIO Filippo Passerini."
14. I CIO, "Creating the World's 'Most Tech-Enabled Corporation.' "
15. 同上
16. 同上
17. Information Week, "2010 CIO of the Year," December 2010.
18. McGee, "Interview with Filippo Passerini."
19. Information Week, "2010 CIO of the Year."
20. Wikipedia, s.v. "governance," last updated March 14, 2014, http://en.wikipedia.org/wiki/Governance.
21. Capgemini Consulting, "Burberry's Digital Transformation," Digital Transformation Review, no. 2, January 2012, 10, www.capgemini-consulting.com/resource-file-access/resource/pdf/Digital_Transformation_Review____Edition_2.pdf.
22. 説明的な洞察を得るための 2012 年のグローバル調査データの追加分析。5つの調査項目の合計において 25.9 対 17.2 の差。
23. 本研究のインタビュー調査で、ビジネスのペースが5年前よりもはるかに速くなっていることが報告された（1= はるかに遅い～ 7 = はるかに速い、の中で 5.6）。
24. Maël Tannou and George Westerman, "Volvo Cars Corporation: Shifting from a B2B to a 'B2B+B2C' Business Model," Capgemini Consulting, June 22, 2012, www.capgemini.com/resources/volvo-cars-corporation-shifting-from-a-b2b-to-a-b2bb2c-business-model.
25. 企業の許可を得て記載。話し手は匿名を希望
26. 同上
27. Jennifer Van Grove, "How Starbucks Is Turning Itself into a Tech Company," Venture Beat, June 12, 2012, http://venturebeat.com/2012/06/12/starbucks-digital-strategy/.
28. Pete Blackshaw, "How Digital Acceleration Teams Are Influencing Nestlé's 2000 Brands," interview by Michael Fitzgerald, MIT Sloan Management Review, September 22, 2013.
29. George Westerman et al., "Digital Transformation: A Roadmap for Billion Dollar Organizations," white paper, Capgemini Consulting and MIT Center for Digital Business, November 17, 2011, www.capgemini-consulting.com/digital-transformation-a-road-map-for-billion-dollar-organizations.
30. 同上

第７章
1. See, for example, Rosabeth M. Kanter, Barry A. Stein, and Todd D. Jick, The Challenge of Organizational Change: How Companies Experience It and Leaders Guide It (New York: Free Press, 1992).
2. アシュリー・マシン、ザック・ミアン、リオイズ・ビニエット、著者によるインタビューより書き下ろし。許可を得て使用。
3. D. Preston and E. Karahanna, "Antecedents of IS Strategic Alignment: A Nomological Network," Information Systems Research 20, no. 2 (2009): 159–179.
4. 私たちの調査分析では、合計で 22.97 対 17.37 となった。
5. 私たちの調査分析では、「デジタル変革の命運をコントロールしている」という質問に７段階で回答してもらった結果、デジタルマスターは平均 5.72、非マスターは平均 4.74 となった。
6. George Westerman, "IT Is from Venus, Non-IT Is from Mars," Wall Street Journal, April 2, 2012, https://www.wsj.com/articles/SB10001424052702304450004577277050027813514
7. Richard Hunter and George Westerman, The Real Business of IT: How CIOs Create and Communicate Value (Boston: Harvard Business Press, 2008), 13.
8. Capgemini Consulting, "Burberry's Digital Transformation," Digital Transformation Review, no. 2, January 2012, https://www.capgemini.com/consulting/resources/digital-transformation-review-2/
9. Westerman, "IT Is from Venus."
10. Hunter and Westerman, The Real Business of IT.
11. John Allspaw and Paul Hammond, "10 Deploys Per Day: Dev and Ops Cooperation at Flickr," Slideshare, 2009, www.slideshare.net/jallspaw/10-deploys-per-day-dev-and-ops-cooperation-at-flickr
12. Damon Edwards, "What Is DevOps?" Dev2Ops, February 23, 2010, http://dev2ops.org/2010/02/what-is-devops/.
13. Christina Farr, "An Idiot's Guide to DevOps," Venture Beat, September 30, 2013, http://venturebeat.com/2013/09/30/an-idiots-guide-to-devops/.
14. Charles Bobcock, "DevOps: A Culture Shift, Not a Technology," Information Week, April 14, 2014, www.informationweek.com/software/enterprise-applications/devops-a-culture-shift-not-a-technology/d/d-id/1204425.
15. George Westerman et al., "Digital Transformation: A Roadmap for Billion Dollar Organizations," white paper, Capgemini Consulting and MIT Center for Digital Business, 2011, 39, www.capgemini-consulting.com/digital-transformation-a-road-map-for-billion-dollar-organizations.
16. ７段階スケールの質問に対するデジタルマスターと非マスターの平均的な回答
17. Capgemini Consulting, "Burberry's Digital Transformation."
18. ７段階スケールの質問に対するデジタルマスターと非マスターの平均的な回答
19. Capgemini Consulting, "Digital Leadership: An Interview with Markus Nordlin, CIO of

Zurich Insurance," 2013, http://ebooks.capgemini-consulting.com/Digital-Leadership-Zurich-Insurance/.
20. Nick Clayton, "E.U. 'Grand Coalition' to Fight IT Skills Shortage," Wall Street Journal, March 6, 2013, http://blogs.wsj.com/tech-europe/2013/03/06/e-u-grand-coalition-to-fight-it-skills-shortage/.
21. Gartner, "Gartner Reveals Top Predictions for IT Organizations and Users for 2013 and Beyond," Gartner, October 24, 2012, www.gartner.com/newsroom/id/2211115.
22. Marianne Kolding, Mette Ahorlu, and Curtis Robinson, "Post-Crisis: e-Skills Are Needed to Drive Europe's Innovation Society," IDC, November 2009, http://uploadi.www.ris.org/editor/1282837623IDCWP.pdf
23. Gartner, "Key Findings from US Digital Marketing Spending Survey," Gartner, March 6, 2013, www.gartner.com/technology/research/digital-marketing/digital-marketing-spend-report.jsp
24. Barbara Spitzer et al., "The Digital Talent Gap," Capgemini Consulting, 2013, www.capgemini.com/resources/the-digital-talent-gap-developing-skills-for-todays-digital-organizations.
25. Jeanne W. Ross, Peter Weill, and David Robertson, Enterprise Architecture as Strategy: Creating a Foundation for Business Execution (Boston: Harvard Business Review Press Books, 2006).
26. 著者によるインタビュー（匿名）より
27. Ross et al., Enterprise Architecture as Strategy; George Westerman and Richard Hunter, IT Risk: Turning Business Threats into Competitive Advantage (Boston: Harvard Business School Press, 2007).
28. Westerman and Hunter, IT Risk.
29. Brad Stone, The Everything Store: Jeff Bezos and the Age of Amazon (New York: Little, Brown and Company, 2013), 133.
ブラッド・ストーン（著），井口耕二（翻訳），滑川海彦（その他，監修）『ジェフ・ベゾス 果てなき野望――アマゾンを創った無敵の奇才経営者』日経 BP 社（2014）
30. 7段階スケールの質問に対するデジタルマスターと非マスターの平均的な回答
31. Erik Brynjolfsson and Andrew McAfee, "Investing in the IT That Makes a Competitive Difference," Harvard Business Review, July–August 2008, 98–107.
32. Hunter and Westerman, The Real Business of IT.
33. P. Weill, C. Soh, and S. Kien, "Governance of Global Shared Solutions at Procter & Gamble," MIT Center for Information Systems Research, Research Briefings vol. VII, no. 3A (December 2007).
34. John Furrier, "Google Engineer Accidently Shares His Internal Memo about Google+ Platform," Silicon Angle, October 12, 2011, http://siliconangle.com/furrier/2011/10/12/google-engineer-accidently-shares-his-internal-memo-about-google-platform/.
35. Hunter and Westerman, The Real Business of IT.

36. Capgemini Consulting, "Building a World Leader Through Digital Transformation," Digital Transformation Review, no. 2, January 2012, https://www.capgemini.com/consulting/resources/digital-transformation-review-2/

第8章

1. Michael Fitzgerald et al., "Embracing Digital Technology: A New Strategic Imperative," MIT Sloan Management Review, 2013, http://sloanreview.mit.edu/projects/embracing-digital-technology/.
2. 同上
3. 同上
4. Andy Grove, Only the Paranoid Survive: How to Exploit the Crisis Points That Challenge Every Company (New York: Crown Business, 1999).
『パラノイアだけが生き残る――時代の転換点をきみはどう見極め、乗り切るのか』アンディ・グローブ著（日経BP社、2017年）
5. Didier Bonnet and Jerome Buvat, "Digital Leadership—Hailo: Digitally Disrupting a Traditional Market," An Interview with Ron Zeghibe, 2013, https://www.capgemini.com/consulting/resources/hailo-digitally-disrupting-a-traditional-market/
6. Fitzgerald et al., "Embracing Digital Technology."
7. Joe Gross, "Allianz: Creating a Digital DNA," in Digital Transformation Review, no. 4, Accelerating Digital Transformation, Capgemini Consulting, May 2013, www.capgemini-consulting.com/digital-transformation-review-4.
8. 例えば、以下が参考になる
Michael D. Michalisin, Robert D. Smith, and Douglas M. Kline, "In Search of Strategic Assets," International Journal of Organizational Analysis 5, no. 4 (1997): 360–387.
9. American Bankers Association, "ABA Survey: Popularity of Online Banking Explodes," American Bankers Association, September 2011, www.ababj.com/197-new-products-a-services/tech-topics-plus5/3250-aba-survey-popularity-of-online-banking-explodes.
10. Kevin S. Travis et al., "U.S. Muti-Channel Customer Research 2012: The Rise of the Virtually Domiciled," Novantas Research, 2012, http://novantas.com/wp-content/uploads/2014/01/Novantas_US_Multi_Channel_Research_2012.pdf.
11. Rupert Jones, "Barclays to Sell Customer Data," Guardian, June 24, 2013, www.theguardian.com/business/2013/jun/24/barclays-bank-sell-customer-data.
12. 現在のビジネスモデルを分析するには、アレックス・オスターワルダーとイブ・ピニョールのビジネスモデル・キャンバスを使うとよい。『ビジネスモデル・ジェネレーション ビジネスモデル設計書』（日本語版：翔泳社、2012年）
ほかにも、ビジネスモデルの構造を考えるうえで以下が役立つ
Joseph V. Sinfield et al., "How to Identify New Business Models," MIT Sloan Management Review, winter 2012; Raphael Amit and Christoph Zott, "Creating Value Through Business Model Innovation," MIT Sloan Management Review, spring 2012.
新しいビジネスモデルを起こすうえでは、以下を参考にしたい

Alexander and Pigneur, "Business Model Generation" ; Mark W. Johnson, Seizing the White Space: Business Model Innovation for Growth and Renewal (Boston: Harvard Business Press, 2010); Constantinos C. Markides, Game-Changing Strategies: How to Create New Market Space in Established Industries by Breaking the Rules (San Francisco: Jossey-Bass, 2008), 23–54;
『新版：ブルーオーシャン戦略－競争のない世界を創造する』W・チャン・キム、レネ・モボルニュ著、ダイヤモンド社刊、2015年
『イノベーションのジレンマ－技術革新が巨大企業を滅ぼすとき』クレイトン・クリステンセン、翔泳社、2001年
新しいビジネスモデルから守り対処するには、コンスタンチノス・マルキデス著 Game-Changing Strategies が参考になる
Markides, Game-Changing Strategies, 121–141.
13. George Westerman et al., "The Vision Thing: Developing a Transformative Vision," Capgemini Consulting, June 11, 2013,
http://www.capgemini-consulting.com/the-vision-thing-developing-a-transformative-digital-vision;
Morten T. Hansen, Collaboration: How Leaders Avoid the Traps, Build Common Ground, and Reap Big Results (Boston: Harvard Business Press, 2009), chapter 4.
14. Michael Fitzgerald, "How Starbucks Has Gone Digital," MIT Sloan Management Review, April 4, 2013,
http://sloanreview.mit.edu/article/how-starbucks-has-gone-digital/.
15. Fitzgerald et al., "Embracing Digital Technology" (unpublished survey data).
16. Gross, "Allianz: Creating a Digital DNA."

第9章

1. Michael Fitzgerald et al., "Embracing Digital Technology: A New Strategic Imperative," MIT Sloan Management Review, 2013, http://sloanreview.mit.edu/projects/embracing-digital-technology/.
2. Robert S. Kaplan and David P. Norton, The Balanced Scorecard: Translating Strategy into Action (Boston: Harvard Business School Press, 1996).
ロバート・S. キャプラン（著），デビッド・P. ノートン（著），吉川 武男（翻訳），『バランス・スコアカード—新しい経営指標による企業変革』生産性出版 (1997/12)
3. Tim Kastelle, "Is Your Innovation Problem Really a Strategy Problem?" Harvard Business Review, February 11, 2014, http://blogs.hbr.org/2014/02/is-your-innovation-problem-really-a-strategy-problem/.
4. Jeff Gothelf, "How We Finally Made Agile Development Work," Harvard Business Review, October 11, 2012, http://blogs.hbr.org/2012/10/how-we-finally-made-agile-development-work/.
5. Michael Fitzgerald, "How Starbucks Has Gone Digital," MIT Sloan Management Review, April 4, 2013, http://sloanreview.mit.edu/article/how-starbucks-has-gone-

digital/.
6. 実験内の統制群は、試験されている治療を受けていないグループである。これは、結果に対する治療の効果を分離し、実験結果の代替解釈を排除するのに役立つ。可能な限り、統制群を使用することが望まれる。統制群なしで実験を行う必要がある場合は、結果の使用には十分注意する必要がある。テストした治療以外の多くの要因が結果を説明するかもしれない。A／Bテスト（またはスプリット・テスト）は、デジタル実験の標準的なリアルタイム・テスト方法となっている。例えば、一部のユーザーに対し、特定のWebページまたはモバイル・アプリをわずかに異なるバージョンに変更することによって行える。ユーザーの行動は、標準サイトまたはアプリの多数のユーザーと比較される。新しいバージョンでより良い結果が得られた場合（クリック数の増加、訪問数の増加、購入数の増加など）、元のものと置き換わる可能性がある。新しいバージョンの結果が劣っている場合は、テストを段階的に廃止して、ほとんどのユーザーに変化に気づかれないようにすることができる。A／Bテストは、GoogleやAmazon.comなど多くの大手インターネット企業で使用されている。デザインカラー、レイアウト、イメージ選択、テキストなどの主観的な課題にデータに基づく根拠を置くことができる。
7. Jeanne W. Ross, Peter Weill, and David Robertson, Enterprise Architecture as Strategy: Creating a Foundation for Business Execution (Boston: Harvard Business Press, 2006).
8. George Westerman and Richard Hunter, IT Risk: Turning Business Threats into Competitive Advantage (Boston: Harvard Business Press, 2007).
9. George Westerman and Michael Welch, "Caesars Entertainment: Digitally Personalizing the Customer Experience," white paper, Capgemini Consulting, April 25, 2013, www.capgemini.com/resources/caesars-entertainment-digitally-personalizing-the-customer-experience.
10. A. G. Lafley and Roger Martin, Playing to Win: How Strategy Really Works (Boston: Harvard Business Review Press, 2013).
A・G・ラフリー（著），ロジャー・マーティン（著），酒井泰介（翻訳）『P&G式「勝つために戦う」戦略』朝日新聞出版 (2013/9/6)
11. Fitzgerald, "How Starbucks Has Gone Digital."
12. 以下を参照：Bryan Maizlish and Robert Handler, IT Portfolio Management Step-by-Step: Unlocking the Business Value of Technology (New York: John Wiley & Sons, 2005); Robert J. Benson, Tom L. Bugnitz, and William B. Walton, From Business Strategy to IT in Action (New York: John Wiley & Sons, 2004); Catherine Benko and F. Warren McFarlan, Connecting the Dots: Aligning Projects with Objectives in Unpredictable Times (Boston: Harvard Business Review Press, 2003).
13. 以下を参照：George Westerman and Garrett Dodge, "Vendor Innovation as a Strategic Option," MIT Sloan School of Management, Research Briefing, March 2008, http://cisr.mit.edu/blog/documents/2008/03/14/2008_03_1c-vendorinnoasstrategicop-westerman.pdf/.
14. CFO Research Services, "Uncrossing the Wires: Starting—and Sustaining—the

Conversation on Technology Value," CFO Research Services, March 2012, http://docs.media.bitpipe.com/io_10x/io_101990/item_457981/Cisco_CFO_SearchCIO_UncrossingTheWires_031312.pdf.
15. 測定尺度の翻訳の問題は、多くの分野、特に情報技術でよく見られる。これを正しく行うことで、ITとビジネスの関係性が変わり、企業がITから得られる価値を高めることができる。この方法の事例と助言につき以下を参照した：Richard Hunter and George Westerman, The Real Business of IT: How CIOs Create and Communicate Value (Boston: Harvard Business Press, 2008).

第10章

1. Michael Fitzgerald et al., "Embracing Digital Technology: A New Strategic Imperative," *MIT Sloan Management Review*, 2013, http://sloanreview.mit.edu/projects/embracing-digital-technology/.
2. George Westerman et al., "Digital Transformation: A Roadmap for Billion Dollar Companies," white paper, Capgemini Consulting and MIT Center for Digital Business, November 17, 2011, www.capgemini.com/resources/digital-transformation-a-roadmap-for-billiondollar-organizations.
3. Marc Menesguen, "Beauty and Digital: A Magical Match," *Digital Transformation Review*, no. 1, July 2011, www.capgemini.com/resources/digital-transformation-review-no-1-july-2011.
4. John Young and Kristin Peck, "Pfizer: Think Digital First," *Digital Transformation Review*, no. 3, November 2012, http://ebooks.capgemini-consulting.com/Digital-Transformation-Review-3/index.html#/1/.
5. David F. Carr, "Coca-Cola on Chatter: Beyond the Secret Formula," *Information Week*, September 20, 2012, https://www.informationweek.com/enterprise/coca-cola-on-chatter-beyond-the-secret-formula/d/d-id/1106423
6. Ninon Renaud, "La Société Générale phosphore sur la transition numérique," *Les Echos*, July 9, 2013, www.lesechos.fr/09/07/2013/LesEchos/21474-120-ECH_la-societe-generale-phosphore-sur-la-transition-numerique.htm.
7. Ibid.
8. Alison Boothby, "The End of the Workplace as We Know It?" *Simply-communicate*, January 25, 2013, www.simply-communicate.com/news/event-reviews/engagement/end-workplace-we-know-it.
9. Jorgen Sundberg, "Social Media from the Top: Influential CEO Leadership," Enviableworkplace.com, September 27, 2013, http://enviableworkplace.com/ceos-and-social-media/.
10. Jacob Morgan, "ING Direct CEO Gives Employees 'the Right to Bitch,' " CloudAve, March 19, 2013, www.cloudave.com/27297/ing-direct-ceo-gives-employees-the-right-to-bitch/.
11. Mark Fidelman, "How This CIO Helped Bayer Become Social," *Forbes*, May 28, 2012,

www.forbes.com/sites/markfidelman/2012/05/28/how-this-cio-helped-bayer-become-social/.
12. "Video: What Digital Transformation Means for Business," *MIT Sloan Management Review*, August 06, 2013, http://sloanreview.mit.edu/article/video-what-digital-transformation-means-for-business/.
13. Laura Snoad, "The Vital Connection Between Staff and the Bottom Line," *Marketing Week*, November 10, 2011, www.marketingweek.co.uk/analysis/essential-reads/the-vital-connection-between-staff-and-the-bottom-line/3031707.article.

第11章

1. Joe Gross, "Allianz: Creating a Digital DNA," Digital Transformation Review, no. 4, Accelerating Digital Transformation, Capgemini Consulting, May 2013, www.capgemini-consulting.com/digital-transformation-review-4, 13.
2. Coca Cola, "The Board of Directors of the Coca-Cola Company Elects Robert A. Kotick as Director," press release, February 16, 2012, www.coca-colacompany.com/press-center/press-releases/the-board-of-directors-of-the-coca-cola-company-elects-robert-a-kotick-as-director.
3. Jack Neff, "Nestle Hires Pete Blackshaw as Global Digital Chief," Ad Age, February 4, 2011, http://adage.com/article/news/nestle-hires-nielsen-s-blackshaw-global-digital-chief/148679/.
4. L'Oréal, "Reveal," home page, accessed April 25, 2014, www.reveal-thegame.com.
5. Joshua Bjurke, "HR Must Step Up Recruitment/Motivation Game to Keep Employees," Recruiter, June 19, 2013, www.recruiter.com/i/hr-must-step-up-recruitment-motivation-game-to-keep-employees/.
6. Capgemini Consulting, "Beauty and Digital: A Magical Match—An Interview with Marc Menesguen," Capgemini Consulting Digital Leadership Series, 2012, http://ebooks.capgemini-consulting.com/Marc-Menesguen-Interview/index.html.
7. Jeanne C. Meister and Karie Willyerd, "Intel's Social Media Training," HBR Blog Network, February 3, 2010, http://blogs.hbr.org/2010/02/intels-social-media-employee-t/.
8. Bryon Ellen, "A New Odd Couple: Google, P&G Swap Workers to Spur Innovation," Wall Street Journal, November 19, 2008, http://online.wsj.com/news/articles/SB122705787917439625.
9. 同上
10. Warc, "Reverse Mentoring Popular in India," Warc, December 21, 2012, www.warc.com/LatestNews/News/Reverse_mentoring_popular_in_India.news?ID=30801.
11. Kering, "Digital Academy," Kering.com, 2012, www.kering.com/en/talent/digital-academy.
12. Capgemini Consulting, "Burberry's Digital Transformation," Digital Transformation Review, no. 2, January 2012, http://www.capgemini-consulting.com/digital-

transformation-review-ndeg2.
13. Heather Clancy, "GE, Quirky Collaborate on Sustainable Innovations via M2M," Business Green, April 16, 2013, www.greenbiz.com/blog/2013/04/16/ge-quirky-collaborate-sustainable-innovations-m2m.
14. Ryan Kim, "Walmart Labs Buys Mobile Agency Small Society," Gigaom, January 2012, http://gigaom.com/2012/01/04/walmart-labs-buys-mobile-developer-small-society/.
15. Dale Bus, "Mondelez Pairs Brands with 2013 Class of Mobile Futures Startups," January 8, 2013, Brandchannel.com, www.brandchannel.com/home/post/2013/01/08/Mondelez-Mobile-Futures-2013-Class-010813.aspx.
16. Jeanne Ross, Peter Weill, and David Robertson, Enterprise Architecture as Strategy: Creating a Foundation for Business Execution, (Boston: Harvard Business Press, 2006).
17. George Westerman and Richard Hunter, IT Risk: Turning Business Threats into Competitive Advantage (Boston: Harvard Business Press, 2007).
18. Ross et al., Enterprise Architecture as Strategy
19. Richard Hunter and George Westerman, The Real Business of IT: How CIOs Create and Communicate Value (Boston: Harvard Business Press, 2008).
20. Capgemini Consulting, "Burberry's Digital Transformation."
21. Michael Fitzgerald et al., "Embracing Digital Technology: A New Strategic Imperative," MIT Sloan Management Review, 2013, http://sloanreview.mit.edu/projects/embracing-digital-technology/.
22. George Westerman et al., "Digital Transformation: A Roadmap for Billion Dollar Companies," Capgemini Consulting, November 27, 2011, www.capgemini-consulting.com/digital-transformation-a-road-map-for-billion-dollar-organizations.
23. Jack Neff, "Walmart Brings Bricks and Mortar to Battle with Amazon," Ad Age Digital, November 2011, http://adage.com/article/digital/walmart-brings-bricks-mortar-battle-amazon/230986/.
24. Ruddick Graham, " 'Success Online? It's All About Shops Actually,' " Telegraph, April 20, 2013, www.telegraph.co.uk/finance/newsbysector/retailandconsumer /10007746/Success-online-Its-all-about-shops-actually.html.
25. Andrew McAfee and Michael Welch, "Being Digital: Engaging the Organization to Accelerate Digital Transformation," Digital Transformation Review, no. 4, May 2013, www.capgemini-consulting.com/digital-transformation-review-4.
26. John Gibbons, "Employee Engagement: A Review of Current Research and Its Implications," Conference Board, November 2006, www.conferenceboard.ca/e-library/abstract.aspx?did=1831.
27. ゲーミフィケーションは、ゲームの仕組みや報酬システムを通じて、事業がユーザーの行動に影響を与えたり行動を測定したりするのに役立つ。
28. Mario Herger, "Gamification Facts and Figures," Enterprise Gamification Consultancy, August 23, 2013, http://tinyurl.com/ksnnrsd.
29. McAfee and Welch, "Being Digital: Engaging the Organization to Accelerate Digital

Transformation."
30. Fitzgerald et al., "Embracing Digital Technology."
31. Rory Cellan-Jones, "Fail Fast, Move On: Making Government Digital," BBC News, July 18, 2013, www.bbc.com/news/technology-23354062.

おわりに

1. Over the years, experts sometimes argue that Moore's Law is coming to an end. However, over the past decades, these predictions have proven to be untrue. See, for example, Rebecca Henderson, "Of Life Cycles Real and Imaginary: The Unexpectedly Long Old Age of Optical Lithography," *Research Policy* 24, no. 4 (July 1995): 631–643. However, even if Moore's Law slows, digital technology's growth trajectory will not screech to an abrupt stop. It will continue to advance powerfully into the future, bringing new business practices, capabilities, and customer demands with it.
2. See, for example, Henry William Chesbrough, *Open Innovation: The New Imperative for Creating and Profiting from Technology* (Boston: Harvard Business School Press, 2006).

索引

【カ行】

【サ行】

【タ行】

【ナ行】

【ハ行】

【マ行】

【ヤ行】

【ラ行】

【ワ行】

［著者］
ジョージ・ウェスターマン（George Westerman）
マサチューセッツ工科大学（ＭＩＴ）のデジタル・エコノミー・イニシアチブのプリンシパル・リサーチ・サイエンティスト。スローン経営大学院で「非ITの経営幹部ためのITエグゼクティブコース」を担当している。デジタルビジネスに関する2冊のベストセラーを持つ。

ディディエ・ボネ（Didier Bonnet）
世界的コンサルティング会社キャップジェミニのシニア・バイス・プレジデント。

アンドリュー・マカフィー（Andrew McAfee）
マサチューセッツ工科大学（ＭＩＴ）デジタル・エコノミー・イニシアチブの共同ディレクター。ハーバード・ビジネス・スクールで教えるとともに、ハーバード大学のバークマン・センター・フォー・インターネット・アンド・ソサエティのフェローも務める。著書に『機械との競争』『ザ・セカンド・マシン・エイジ』『プラットフォームの経済学』（共著、日経BP社）がある。

［訳者］
グロービス
1992年の設立来、「経営に関する『ヒト』『カネ』『チエ』の生態系を創り、社会の創造と変革を行う」ことをビジョンに掲げ、各種事業を展開している。
グロービスには以下の事業がある。（http://www.globis.co.jp）
●グロービス経営大学院
・日本語（東京、大阪、名古屋、仙台、福岡、オンライン）
・英語（東京、オンライン）
●グロービス・マネジメント・スクール
●グロービス・コーポレート・エデュケーション
（法人向け人材育成サービス／日本・上海・シンガポール・タイ）
●グロービス・キャピタル・パートナーズ（ベンチャーキャピタル事業）
●グロービス出版（出版／電子出版事業）
●GLOBIS知見録／GLOBIS Insights（オウンドメディア、スマホアプリ）
その他の事業：
●一般社団法人G1（カンファレンス運営）
●一般財団法人KIBOW（震災復興支援活動、社会的インパクト投資）
●株式会社茨城ロボッツ・スポーツエンターテインメント（プロバスケットボールチーム運営）

［訳者一覧］

吉田素文（よしだ・もとふみ）

グロービス経営大学院教員。立教大学大学院修了、ロンドン・ビジネススクールSEP(Senior Executive Program）修了。大手私鉄会社を経て現職。グロービス経営大学院の講義、企業の経営者育成、コンテンツ開発、講師育成、経営教育方法の研究･開発･実践に従事。著書『ファシリテーションの教科書』（東洋経済新報社)、共著書『MBAクリティカル・シンキング』（ダイヤモンド社)。

許勢仁美（こせ・めぐみ）

グロービス･ファカルティ本部主任研究員。東京大学卒業、INSEAD AIEP修了。アクセンチュア株式会社、国際協力機構（JICA-JOCV）を経て、グロービスに入社。一貫して、人、組織、地域の能力開発に携わる。現在は、テクノベート、異文化マネジメントなどをテーマに、領域横断での研究・コンテンツ開発に携わる。

御代貴子（みよ・たかこ）

グロービス・デジタル・プラットフォーム プロジェクトリーダー。慶應義塾大学卒業、グロービス経営大学院（MBA）修了。大手小売業のシステム開発に従事した後、グロービスに参画。法人向けコンサルティング部門、スクール部門を経て、現在はアセスメント＆データアナリティクス事業のプロジェクトリーダー。人事組織系領域の研究にも携わる。

牛田亜紀（うしだ・あき）

グロービス・グローバルエデュケーション部門コンサルタント、ファカルティ部門研究員。早稲田大学卒、神戸大学大学院修了（MBA)、英イーストアングリア大学開発学修士。鉄道会社を経て、南米チリにて観光開発支援、コスタリカにて外務省専門調査員として経済政策分析等に携わる。現在は日系企業のグローバル人材育成プログラム開発、グローバルリーダーに関する調査研究等に従事。

君島朋子（きみじま・ともこ）

グロービス経営大学院教員。国際基督教大学卒業、東京大学大学院修了、法政大学大学院修了。マッキンゼー・アンド・カンパニーにてコンサルティングに従事。その後グロービスに参画し、プログラム開発統括、法人部門ディレクターを経て、現在ファカルティ本部長。主に人材マネジメントと女性の活躍推進についての研究に携わる。共著書として『ビジネススクールで教えている武器としてのITスキル』（東洋経済新報社)。

木村純子（きむら・じゅんこ）

グロービス・コーポレート・エデュケーション部門シニアコンサルタント。早稲田大学卒業、グロービス・オリジナルMBAプログラム（GDBA）修了。大手教育会社にて法人営業、人事制度設計に従事した後、グロービスに参画。現在は法人向けコンサルティング部門にて経営リーダー育成、アセスメント開発に従事。人事組織系領域の研究にも携わる。

林恭子（はやし・きょうこ）

グロービス経営大学院教員。筑波大学大学院博士課程前期修了（MBA)。モトローラにて半導体や携帯電話の法人事業、ボストン コンサルティング グループにて経営コンサルタントの採用・能力開発に携わった後、グロービスへ。プログラム開発部門を経て現在は経営管理本部長。リーダーシップ、キャリア、ダイバーシティ、パワーと影響力等の領域を研究。

■翻訳・編集協力
アデリー出版企画　東方雅美

■企画協力
グロービス　嶋田毅
グロービス　川上慎市郎

一流ビジネススクールで教える
デジタル・シフト戦略
——テクノロジーを武器にするために必要な変革

2018年9月12日　第1刷発行

著　者——ジョージ・ウェスターマン＋ディディエ・ボネ
＋アンドリュー・マカフィー
訳　者——グロービス
発行所——ダイヤモンド社
〒150-8409　東京都渋谷区神宮前6-12-17
http://www.diamond.co.jp/
電話／03·5778·7232（編集）　03·5778·7240（販売）
装丁————デザインワークショップジン
本文デザイン—岸和泉
DTP————中西成嘉
製作進行——ダイヤモンド・グラフィック社
印刷————勇進印刷（本文）・加藤文明社（カバー）
製本————ブックアート
編集担当——木山政行

ISBN 978-4-478-10312-8